NORDISCHE
MYTHEN

Wolfgang Korn hat Geschichte und Politische Wissenschaften studiert und arbeitet als Wissenschaftsjournalist und Autor in Hannover. Er schreibt für Zeitungen und Zeitschriften (u.a. für GEO, Die Zeit und Spiegel GESCHICHTE) und hat eine Reihe von Sachbüchern und Jugendsachbüchern zu archäologischen, historischen und gesellschaftlichen Themen veröffentlicht. Für *Das Rätsel der Varusschlacht* erhielt er 2009 den Deutschen Jugendliteraturpreis, *Die Weltreise einer Fleeceweste* wurde in Österreich als Wissenschaftsbuch des Jahres ausgezeichnet und in zehn Sprachen übersetzt.

WOLFGANG KORN

NORDISCHE MYTHEN

STREITBARE **GÖTTER**
SAGENHAFTE **STÄTTEN**
TRAGISCHE **HELDEN**

INHALT

12 Der nordische Kult zwischen alten Mythen, Neubelebung und Wissenschaft

18 Die Quellen der nordischen Mythenwelten
Woher wissen wir eigentlich von den Germanen, ihren Göttern und dem Lebensbaum Yggdrasil?
36 Loki – Verführer und Gefährte der Götter, Dämon oder gar Teufel?
44 Götter- und Riesennamen und ihre Schreibweise

46 Kinder der Eiszeit?
Ursprung von Landschaften und Menschen des Nordens
64 Der Kosmos der nordischen Mythen: Schöpfungsgeschichte

66 Mysteriöse Megalith-Kulturen
Menhire, Hünengräber und Steinkreise
76 Riesen – Verkörperung der Naturkräfte und Gegenspieler der Götter
90 Megalithen: einzeln oder in Reihen, gestapelt oder gestreckt – aber immer aus Stein

92 Die nördliche Bronzezeit
Felszeichnungen, Handel mit den Göttern und eine Himmelsscheibe
102 Nerthus – Erdgott und/oder Njörd – Gott des Meeres und der Schiffe
111 Bronzezeit in Mittel- und Nordeuropa
122 Donar/Thor – hammerschwingender Heilsbringer

124 Von den Kelten über die Gallier zur irischen Anderwelt
Grausame Krieger, weise Priester und Dämonen

150 Die dunklen Anfänge der Germanen
Mooropfer, Heilige Haine und grausame Barbaren – oder: je weiter aus dem Norden, desto wilder!
162 Asen gegen Wanen
170 Wodan/Odin – Inkarnation von Wut und Weisheit?
177 Balder – der tragische Gott des Guten
180 Frija/Frigg – oberste Göttin, Gemahlin Wodans

182 Wodan-Münzen, Völkerwanderungen und germanische Wochentage
Gold-Brakteaten zeigen die germanische Götterwelt
189 Tyr – Oberhaupt, Krieger, Verbannter
198 Heimdall – Wächter über Asgard
206 Freyja – Göttin der Liebe und Fruchtbarkeit, aber nicht mit Frija/Frigg zu verwechseln

208 Von Beowulf zu König Artus
Die britisch-angelsächsischen Mythenwelten
220 König Artus
228 Beowulf – Hört! Denkwürd'ger Taten

230 Die Wikinger – die letzten wahren „Nördlinge"?
Entdecker, Eroberer – aber auch Kulturbringer?
240 Walhall und die nordischen Jenseitsvorstellungen
246 „ᚠ-ᚢ-ᚦ-ᚨ-ᚱ-ᚲ" – Futhark, die Runenschrift

250 Die Nibelungen
Gnadenlose Helden, magische Schätze und grausame Rache
262 Die Thidrekssaga und andere nordische Niflungendichtungen
272 Macht, Ehre und Rache – das mittelhochdeutsche Nibelungenlied

274 Nationalismus und nordischer Mythos
Sigurd, Hermann und Vercingetorix – Ahnherren der Nationen?
284 Vercingetorix – Vorbild für Asterix und Obelix
292 Das Rolandslied und andere Sagen um Karl den Großen

294 Nordische Nibelungentreue oder Lust am Untergang?
Das 20. Jahrhundert im Zeichen der Nibelungen
302 Weltuntergang: von Ragnarök zur Götterdämmerung
314 Welteislehre, Thule und das „Nordische Atlantis"

316 Fazit

326 Literaturverzeichnis
328 Register
333 Bildnachweis

EINLEITUNG

DER NORDISCHE KULT ZWISCHEN ALTEN MYTHEN, NEUBELEBUNG UND WISSENSCHAFT

Oxford in den 1940er-Jahren. Obwohl der erbitterte Krieg gegen Nazideutschland auf dem Britischen Empire lastet, treffen sich die Literaturwissenschaftler des „Inklings"-Kreises um C.S. Lewis und John Ronald Reul Tolkien jeden Donnerstagabend, meistens im gemütlichen Pub „Eagle and Child." Diesem Kreis, der zugleich aus Freunden von Fantasy und Mythen sowie harten Text-Kritikern besteht, hat Tolkien schon seinen „Hobbit" vorgestellt, dem nach und nach Zeitreisen und weitere Fantasygeschichten folgen. Begonnen hatte Tolkien mit diesen Erzählungen, die in einer halb erfundenen, halb der nordischen Mythologie entlehnten Welt namens Mittelerde spielen, schon mitten in der letzten Auseinandersetzung mit den Teutonen, in den Schützengräben des Ersten Weltkriegs. Während fast alle seiner ehemaligen Schulkameraden an der Front fielen, ersann der junge Tolkien eine Parallelwelt mit unsterblichen Wesen. Doch erst im Jahr 1937 traute er sich, die erste dieser Fantasygeschichten zu veröffentlichen: „Der kleine Hobbit".

Vor allem jedoch ist Tolkien Adolf Hitler ganz persönlich böse. Nicht nur weil der Europa und dann auch nach und nach den Rest der Welt in einen neuen Krieg hineinzog, sondern darüber hinaus, weil er die Welt der nordischen Mythen, aus denen Tolkien seine Figuren erwachsen ließ, nachhaltig in Misskredit brachte. „Ich habe den größten Teil meines Lebens (...) auf das Studium germanischer Belange verwendet (...) Und ich glaube besser zu wissen als die meisten, was an diesem ‚nordischen' Unfug Wahres ist", schreibt er in einem seiner zahlreichen Briefe. „Jedenfalls habe ich in diesem Krieg einen heißen, persönlichen Groll (...) gegen diesen verdammten kleinen Ignoranten Adolf Hitler. Weil er den edlen nordischen Geist, jenen vortrefflichen Beitrag zu Europa, den ich immer geliebt und in seinem wahren Lichte zu zeigen versucht habe, ruiniert, missbraucht und verdorben hat, sodass er nun für immer verflucht ist."

„Für immer verflucht" – ein hartes Urteil, noch dazu von einem der größten Kenner und Verehrer der nordischen Mythologie. Würde sie sich jemals wieder davon befreien können? Immerhin hat Tolkien sein Urteil schon dadurch wieder revidiert, dass er ab 1954 nach und nach seine Romantrilogie „Herr der Ringe" veröffentlichte. Doch die wichtigen Fragen hinter Tolkiens „Abrechnung" sind auch heute noch so aktuell wie zu seiner Zeit: Was können, was sollen, was dürfen die nordischen Mythen uns heute noch bedeuten? Welche Rolle können Mythen in einer globalisierten Multi-Media-Welt überhaupt noch spielen?

Viele nordische Kultstätten lassen sich mittlerweile in ihrer Funktion eindeutig erklären, manche jedoch nicht wie die „Steine von Ale" (bei Ystad, Schweden) – war die wegen ihrer Bootsform titulierte „Schiffsetzung" aus dem 6. Jh.n.Chr. wirklich eine Begräbnisstätte?

WAS MACHT DIE NORDISCHEN MYTHEN AUS?

Mythen sind dem Wortsinn nach erst einmal Erzählungen. Die Menschen erzählen Geschichten, um sich abends am Lagerfeuer zu unterhalten, um ihrem Leben einen Halt zu geben, um eine Ordnung in das Chaos zu bringen, in dem die Welt sich zu befinden scheint. Mythische Erzählungen beginnen mit einem Anfang, aber nie mit „dem" Anfang. Zu jeder Geschichte findet sich eine Vorgeschichte, zu der wiederum ein Erzähler eine weitere Vorgeschichte kundtut, den eingeweihten Zuhörern reichen häufig nur Andeutungen, um zu verstehen. Die Mythen gleichen häufig erzählten Bildern, welche die zum Teil tragischen Geschehnisse in der Welt umschreiben und erklären. Das ganze Spektrum der nordischen Mythen reicht jedoch von den allerältesten Opferriten, von denen wir durch die Archäologie erfahren, bis zu den Götter- und Heldensagen, die sich vor allem im Mittelalter herausbildeten und bis heute in immer neuen Gestaltungen nacherzählt werden. Eines ist dabei offensichtlich: Die Welt des Nordens mit ihren Mooren, Flüssen, Seen, Bergen und Wäldern, aber auch Grabhügeln, Hünengräbern und Burgruinen erscheint in diesen Mythen und Legenden von Anfang an viel geheimnisvoller, dunkler und schicksalsträchtiger als das klassische Altertum, das vor allem in der Mittelmeerregion beheimatet ist. Hoch im Norden existieren neben den Menschen- auch Anderswelten, die von Feen, Riesen und Zwergen, Drachen und Monstern bevölkert sind. Die nordischen Götter können auch weise und tapfer sein, erscheinen häufig jedoch recht zwielichtig. Denn sie sind den Menschen nicht immer wohlgesonnen, und so sind es vor allem Heroen, die das Schicksal herausfordern – der Lohn ist nicht immer der Sieg, sondern ewiger Ruhm. Dieser begründet sich in den Geschichten, die über Generationen von Mund zu Mund gingen, bis die Heldenlieder um Kö-

Runenstein verbaut in der Edskirche, Uppland, Schweden.

nig Artus und die Nibelungen im frühen Mittelalter aufgeschrieben und in der Zeit des beginnenden Nationalismus neu entdeckt wurden. Noch heute bilden sie die Quellen für moderne Fantasyliteratur von Tolkien bis Dan Brown. Gleichzeitig dringen Sprachwissenschaftler in die verschiedensten Fassungen der Chroniken und Heldenlieder keltischen und germanischen Ursprungs. Und Archäologen sowie Frühgeschichtler sichten die materiellen Überbleibsel der menschlichen Kulturen, die vielerorts bis in die späte Steinzeit zurückreichen.

Die Mythologie ist jedoch bei Weitem keine einheitliche Lehre, sondern sie steckt voller Widersprüche. So stammt das Göttergeschlecht der Wanen einmal vom Erdgott Njörd und seiner namenlosen Schwester ab, dann jedoch von Nerthus, einer Gottheit, die männlich, weiblich oder auch androgyn dargestellt wird. Diese Göttergeschichten sind nicht auf eine eindeutige Logik hin konstruiert, sondern sie lieferten Erklärungen für die häufigen Wechselfälle des Lebens unserer Vorfahren. Es ist sicher kein Zufall, dass vieles über die nordischen Mythen durcheinandergeworfen wird. Historische Fakten besonders aus der Völkerwanderungszeit werden mit Heldengestalten und Göttermythen vermischt. So hat schon im 12. Jahrhundert Geoffrey von Monmouth König Artus' Tafelrunde nach Stonehenge verlegt, das von keinem Geringeren als dem Zauberer Merlin errichtet worden sein soll. Bis in unsere Zeit kommt es auch zu leichtfertigen Namensanleihen. So nennt sich eine Versicherung offensichtlich nach der Göttin Iduna. Die steht zwar für Jugend und Unsterblichkeit – denn die

Ein unbekannter Künstler illustrierte Friedrich Gottlieb Klopstocks „Hermanns Schlacht" (1769): Neben dem siegreichen Hermann und seinen Germanen mit römischen Feldzeichen und Trophäen sind auch Thusnelda und Gefährtinnen sowie der fiktive Oberdruide Brenno vor einem Altar zu sehen.

EINLEITUNG 15

Götter bewahren nur ihre Unsterblichkeit, solange sie die Goldenen Äpfel verzehren, die sich im Besitz der Iduna befinden. Doch was anscheinend in den Quellen übersehen wurde: Wenn sich der Weltuntergang ankündigt, also der Katastrophen- sprich der Versicherungsfall eintritt, macht sich Iduna davon und flüchtet mit ihrem Gemahl in die Unterwelt. Bei den Externsteinen schließlich, die von Esoterikern und Anhängern nordischer Kulte besonders zur Sommer- und Wintersonnenwende als Kraftorte genutzt werden, ist es heftig umstritten, ob sie in vorchristlicher Zeit überhaupt jemals eine Bedeutung hatten. Damit sollte klar sein: Die nordische Mythologie ist kein leicht zugänglicher Steinbruch, aus dem sich jeder einfach bedienen kann. Außerdem müssen echte Mythen, darauf hat der Begründer der Tiefenpsychologie C.G. Jung hingewiesen, aus Stoffen bestehen, die unsere unbewussten Muster, Ängste und Wünsche ansprechen. Das wiederum impliziert die Fragen, wie viel Kult und Schamanismus in der nordischen Mythologie steckt? Wie stark hat das Christentum diese nordischen Wurzeln wirklich gekappt, und wo hat es diese nur beerbt?

Keltische Kultfiguren aus dem ersten nachchristlichen Jahrhundert. Unter den 3 bis 5 Zentimeter großen Bronzen sind zwei stilisierte Figuren reitender Krieger und vier, teilweise fein gearbeitete Pferdefiguren. (Privatsammlung)

Das große Bildsachbuch „Nordische Mythen" stellt das Phänomen „Nordischer Kult" in seiner ganzen Bandbreite von den ältesten Kultstätten bis zu modernen Nibelungen-Adaptionen dar. Einerseits werden wie in einem Handbuch die wichtigsten Götter- und Heldengestalten, Bräuche sowie Sagenstoffe aufgenommen, andererseits ist es Zeit für einen aufgeklärten Blick auf unser nordisches Erbe, der mit den Fragen beginnt: Wann zog es die ersten Menschen in den Norden? Wer waren sie, und warum ließen sie sich hier nieder? Die nächste Phase der nordischen Kultur wurde mit Großsteingräbern, Menhiren und Henge-Monumenten, den ältesten Kulturdenkmalen in unserer Landschaft, eingeleitet. Dienten die Steinbauwerke in erster Linie als Bestattungsorte, Kultanlagen, Opferplätze, Observatorien oder einfach als Markierung des neu erschlossenen Siedlungsgebietes? Auf diese Fragen haben Wissenschaftler verschiedenster Disziplinen in den vergangenen zwei Jahrzehnten neue, zum Teil völlig unerwartete Antworten gefunden. Und die folgende Epoche, die Bronzezeit Nordeuropas, wird gerade von Archäologen und Historikern neu entdeckt. Anlass sind einzigartige Funde wie die Himmelsscheibe von Nebra.

Kelten und Germanen, deren Epochen darauf folgten, stammten von der nordeuropäischen Bevölkerung der Bronzezeit ab. Doch während die Welt der Kelten durch ihre vielfältigen Hinterlassenschaften in aller Breite rekonstruiert werden kann, fällt das materielle Erbe der Germanen sehr gering aus, und ihre Götter und Mythen sind uns nur aus Nacherzählungen viel späterer Epochen bekannt. Auch die nachfolgenden Heldensagen, manchmal nur als Legenden abgetan, bilden eine Form von Mythen. In ihnen steckt ein historischer Kern – sonst wären sie ja beliebig. Aber zugleich verdichten sich in ihnen geschichtliche Erfahrungen und eine Erwartungshaltung gegenüber der jeweiligen Epoche, in der diese Geschichten erzählt oder schriftlich bewahrt wurden. So birgt das Nibelungenlied nicht nur eine der ältesten Mythen unserer Kultur, voller unvergesslicher Helden, Verräter und Rächer, es stellt zugleich auch ein heiß umkämpftes Feld der Deutung dar!

König Artus und die Ritter seiner Tafelrunde, Siegfried von Xanten, König Etzel und Dietrich von Bern sind die Helden der alten Sagen Europas. Sie führen zurück in die Zeit der europäischen Völkerwanderung, als Briten und Sachsen, Hunnen und Burgunden, Wikinger und Franken gegeneinander um Land und Macht, aber auch um Kriegerethos und den rechten Glauben kämpften. Lange Zeit wurden die Nibelungen mit Rache und Treue bis in den Untergang gleichgesetzt, doch inzwischen ist auch eine andere, recht zivile Interpretation dieser Dichtung vorstellbar. Deshalb fragen wir zum Schluss: Wofür stehen der „Norden" und seine Mythologie heute? Sind wir dem Erbe verpflichtet oder sollten wir lieber entsprechend zur globalen Öffnung unserer Wirtschaft auch eine Öffnung der Kultur anstreben? Doch beginnen wollen wir mit der Frage, wie uns dieses Kulturerbe überhaupt überliefert bzw. nicht überliefert wurde.

DIE QUELLEN DER NORDISCHEN MYTHENWELTEN

WOHER WISSEN WIR EIGENTLICH VON DEN GERMANEN, IHREN GÖTTERN UND DEM LEBENSBAUM YGGDRASIL?

Aus neun Welten besteht der gesamte Kosmos, der vom Lebensbaum Yggdrasil zusammengehalten wird: Er verbindet die Götterwelt Asgard mit der Menschenwelt Midgard, und seine Wurzeln reichen bis zum Brunnen der Weisheit und in die Dunkelwelt Niflheim hinab. So stellten sich die Germanen und ihre Nachfahren – Wikinger, später dann die Isländer – ihre Götterwelt vor, so wird es zumindest in frühmittelalterlichen Quellen dargelegt. Die Germanen selbst waren ein Volk, das zwar wild, aber unverdorben war: treu, unbestechlich und kampfbereit. So steht es jedenfalls bei Tacitus, dem antiken Autor, der gleich ein ganzes Buch über dieses Volk verfasste und damit dessen Namensgebung festigte: „Germania".

Tatsache ist: Es gibt nur wenige schriftliche Quellen zu den nordischen Götter- und Heldenmythen, auch zeitgenössische Berichte über die ihrerseits weitgehend schriftlosen Völker der Germanen und Kelten sind rar. Von einer großen Bibliothek des kontinentalgermanischen „Heidentums", die Karl der Große sammelte, dessen Sohn Ludwig der Fromme jedoch aus Eifer verbrennen ließ, ist des Öfteren die Rede. Doch diese Behauptung widerspricht der Tatsache, die auch von den Verfechtern dieser „Heiden-

Vorangehende Doppelseite: Der Norden mit seinen unzugänglichen Bergregionen und schroffen Felsenküsten schien immer viel geheimnisvoller, dunkler und schicksalsträchtiger zu sein als die südeuropäischen und orientalischen Landschaften.

Karl der Große ließ einerseits die alten heidnischen Lieder für die Nachwelt aufzeichnen, andererseits zerstörte er die germanisch-heidnischen Kulte, Stätten und Rituale. Büstenreliquiar Karls des Großen (768–814), König der Franken und seit dem Jahr 800 römischer Kaiser, gestiftet 1349 von Kaiser Karl IV. (Aachen, Domschatzkammer)

Bibliothek" anerkannt wird, dass erst Karl der Große die Schrift im Frankenreich einführen ließ. Die nordischen Kulturen außerhalb des römischen Reiches hatten bis zu diesem Zeitpunkt ihre Rituale sowie Götter- und Heldengeschichten, abgesehen von wenigen Runen-Inschriften, mündlich weitergegeben. Durchaus zutreffend scheint jedoch, dass Karl, der sich selbst in der Dichtkunst versuchte, die überlieferten Heldenepen vor dem Vergessen retten wollte. Davon berichtet sein Biograf Einhard: „Auch die uralten heidnischen Lieder, in denen Taten und Kriege der alten Könige besungen wurden, ließ er aufschreiben, um sie für die Nachwelt zu erhalten." Doch langfristig vollendete sein Sohn und Thronfolger Ludwig der Fromme nicht nur, was Karl der Große begonnen hatte: die Eliminierung der germanischen-heidnischen Kulte, ihrer Gesänge, Rituale und heiligen Plätze. Er ließ auch die Heldenepen vernichten – überdauert hat aus dieser Zeit nur das Hildebrandslied.

Die „Merseburger Zaubersprüche" (rechte Buchseite unten). Die im 9. und 10. Jahrhundert entstandene Handschrift stammt aus dem Skriptorium des Klosters Fulda. Die „Zaubersprüche" gelten als das älteste Schriftzeugnis der althochdeutschen Sprache und sind in eine christliche Sammelhandschrift eingebunden.

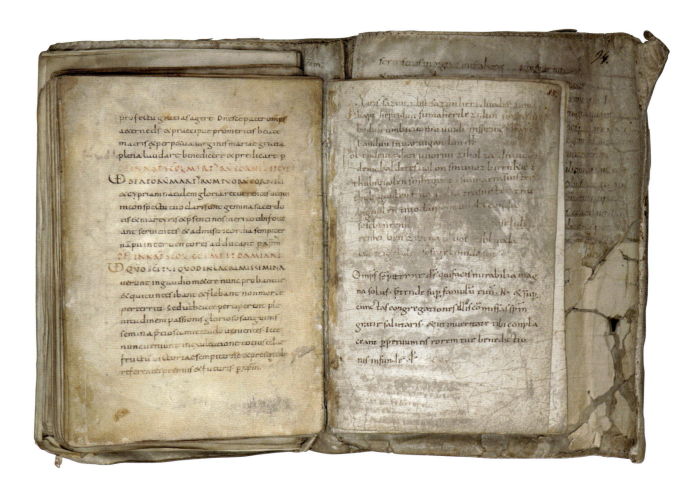

Demgegenüber kam im äußersten Nordeuropa das Christentum nicht nur erst später an als auf dem Kontinent – Island trat ihm erst per Volksentscheid im Jahre 1000 bei. Auch wurden die bis dahin praktizierten kulturellen Bräuche dort weniger stark bekämpft. Während Karl der Große germanische Heiligtümer wie den legendären Sachsenbaum vernichten ließ, bemühten sich die Geistlichen in Irland, auf den Britischen Inseln, in der Bretagne und in Island mehr um eine Art Synthese. Ganz im Sinne der Tradition, die Papst Gregor im Jahr 601 vorgab, denn der hatte listig geantwortet, als der Erzbischof von Canterbury, Augustinus, ihm über die Schwierigkeiten der Bekehrung der Angelsachsen berichtete: „Augustinus möge zwar die Götzenbilder zerstören, die Tempel jedoch mit Weihwasser besprengen und sie mit Altären und Reliquien ausstatten (...) Auf diese Weise hoffen wir, dass die Menschen sich wie zuvor an diese Stätten begeben und den einzig wahren Gott kennen- und verehren lernen." So nutzte das Christentum vielerorts die Aura der Megalithe sowie anderer alter Kultplätze und instrumentalisierte sie für die eigene Religion, indem bei-

Kontinuität „heiliger" Orte: Da die Christianisierung vielerorts nur schleppend voranging und alte Traditionen weiterhin einen hohen Stellenwert hatten, wurden unzählige Megalithanlagen auf Geheiß der Kirche zerstört oder „umfunktioniert", wie beispielsweise beim Menhir von Saint Uzec, dem aus seiner Spitze ein Kreuzsymbol geschlagen wurde.

DIE QUELLEN DER NORDISCHEN MYTHENWELTEN

spielsweise aus der Menhirspitze ein Kreuz geschlagen wurde wie bei dem acht Meter hohen Menhir von Saint Uzec in der Nordbretagne. Selbst bei den Heiligen griffen sie auf alte Traditionen zurück. So geht die irische Heilige Brigit (Bridgid, Brigitte), Enkelin des heiligen Patrick, auf die keltische Fruchtbarkeitsgöttin gleichen Namens zurück. Und so kam es, dass vor allem christliche Mönche im hohen Norden alte Geschichten und Legenden sowie heidnische Göttermythen das erste Mal schriftlich niederlegten und sie später in Abschriften bewahrten.

Die Quellen auf dem europäischen Kontinent dagegen – von Votivsteinen germanischer Söldner in römischem Dienst, über einige wenige in germanischer Sprache wie die Merseburger Zaubersprüche bis zu den Texten christlicher Würdenträger über die Fortexistenz heidnischer Praktiken – lassen nur Rückschlüsse auf Eigenschaften germanischer Götter und Rituale zu. Der größte Teil erzählerischer Überlieferungen ist also nordeuropäischen Ursprungs, geht folglich auf die Nordgermanen zurück, geografisch auf Skandinavien und Island. Die hauptsächlichen Quellen zu den Göttermythen lassen sich deshalb leicht aufzählen: die Dichtungen des Codex Regius, auch Lieder-Edda oder ältere Edda genannt, die sogenannte Snorri- oder Prosa-Edda, auch jüngere Edda genannt, die altnordisch-isländische Saga-Literatur sowie einige historische Werke mit mythischen Einlassungen wie die „Saxo Grammaticus". Und über die alten Germanen selbst erfahren wir in einigen historischen und geografischen Studien antiker Autoren von Strabon über Plinius dem Älteren bis zu Tacitus. Doch wie zuverlässig sind diese Quellen?

DIE ISLÄNDISCHEN SAGAS UND DIE BESIEDLUNG ISLANDS

Die isländischen Sagas liefern uns ein lebendiges Bild vom nordgermanischen Leben im 9. und 10. Jahrhundert, in ihnen wurden jedoch tatsächliche Geschichte und Legenden miteinander verbunden, beispielsweise über die Besiedlung Islands um das Jahr 870 herum, als die Nordmänner das Land der Vulkane, Geysire und Elfen erreichten. Laut der Saga „Landnámabók" (Landnahmebuch), die vom Historiker Ari Þorgilsson (1067–1148) verfasst wurde, war der erste skandinavische Siedler dort ein Mann namens Ingolf. Er vollzog das Inbesitznahmeritual, indem er einen verzierten Holzpfeiler, der zu einem Hochsitz in seiner Heimat gehört hatte, ein Stück vor der Küste über Bord warf. Wo das Holz anstrandete, sollte er sein Haus errich-

Die raue, mitunter unwirtlich erscheinende Landschaft Islands, mit ihren heißen Quellen und zahlreichen noch heute aktiven Vulkanen, hat sicherlich ihren Anteil an der Ausgestaltung der frühen mythischen Sagenwelt.

ten. Es dauerte allerdings über ein Jahr, bis er den Pfeiler wiederfand – in der „Rauchbucht", benannt nach den heißen Quellen dort. Reykjavík, so der isländische Name, wurde tatsächlich eine prosperierende Siedlung und schließlich Hauptstadt der Insel.

Was an dieser Gründungsgeschichte, die unter anderem die Verwandtschaftsbeziehungen von über 400 Personen nachvollzieht, ist historische Tatsache, was überlieferte Legende? In den folgenden Jahrzehnten kamen mehr und mehr Siedler aus Norwegen, die hauptsächlich von der Weidewirtschaft, dem Fischfang und der Jagd auf Robben, Toralks, dem inzwischen ausgestorbenen Pinguin des Nordens, und Wale lebten. Darüber berichtet recht glaubhaft die „Egils saga": „Es kamen auch oft Wale an die Küste dort, und man konnte sie schießen nach Belieben. Alle diese Tiere waren zahm an den Jagdplätzen, denn sie waren den Menschen nicht gewohnt." Die Isländer hielten engen Kontakt zum norwegischen Festland, wo sie ihre Felle und Stoßzähne gegen benötigte Güter eintauschen konnten und weiter als freie Männer galten. Erst ein gutes halbes Jahrhundert später, als rund 20 000 Menschen auf der Insel siedelten, gingen die Isländer dazu über, ihre Angelegenheiten in einem „Althing" selbst zu regeln. „Thing" bedeutet in allen skandinavischen Sprachen „Versammlung", „Zusammenkunft" oder auch „Gericht", und Althing (isländisch „Alpingi") heißt noch heute das isländische Parlament. Nach dem „Íslendingabók", einer weiteren Saga über die Landnahme, wurde Grímur Geitskór von den ersten Siedlern – was ja nicht stimmen kann – beauftragt, einen Platz für die Volksversammlung ausfindig zu machen. Er entschied sich für die Ebene Pingvellir rund 40 Kilometer nordöstlich von Reykjavík, wo sich zwischen dem See Pingvallavatn und der Schlucht Almannagjá einst viele Reitpfade kreuzten. Nun fand das Althing jedes Jahr an zwei Wochen nahe der Sommersonnenwende statt, an dem alle „Goden" (meist adelige Vorsteher der lokalen Gemeinden) mit ihrer Gefolgschaft freier Männer teilzunehmen hatten. Hier wurden unter Leitung des gewählten Gesetzessprechers Strei-

tigkeiten geregelt, wichtige Gesetze und Entschlüsse per Abstimmung entschieden. Im Anschluss verwandelte sich das Althing in ein Volksfest, bei dem auch Geschäfte zwischen den Sippen, die sich ja sonst kaum trafen, sowie Ehen eingefädelt wurden. Diese Menschen hatten ihre Glaubensvorstellungen aus ihrer Heimat – Skandinavien, vor allem Norwegen – mitgebracht. In dieser Welt entstanden die heute als zuverlässigste Quelle für die nordische Götterwelt und ihre Mythen geltenden Edda-Werke. Doch Edda ist nicht gleich Edda. Es stellt sich sogar die Frage, ob es nicht einem großen Irrtum gleichkommt, Edda als ein Synonym für die Sammlung nordischer Mythen zu betrachten. Wir müssen uns mit dem Leben und Wirken von Snorri Sturluson beschäftigen – und mit der Gelehrtenwelt seiner Zeit, dem hohen Mittelalter.

SNORRI STURLUSON, SEINE EDDA UND DIE NORDISCHEN GÖTTER

Reykholt auf Island. Die Stadt, deren Name (reykur = Rauch) auf die zahlreichen heißen Quellen der Umgebung hinweist, war der Heimatort von Snorri Sturluson. Hier kann noch ein über 800 Jahre altes, von Steinplatten kreisrund eingefasstes Becken besichtigt werden. Zu dem alten Bad, das sich Snorri an einer der Thermalquellen hatte errichten lassen, gehört auch ein unterirdischer Zugang – genau dort wurde der berühmte Gelehrte umgebracht. Nicht, weil er Gelehrter war, sondern weil er auch ein mächtiger und gefürchteter Politiker war.

Das von Steinplatten eingefasste „Thermalbad", das sich Snorri Sturluson vor gut 800 Jahren in seinem Heimatort Reykholt hatte einrichten lassen.

Snorri wurde 1179 im westisländischen Hvammur geboren, wo die Sturlusons in Feindschaft mit den Loftssons lebten. Als Kind wurde Snorri in die Familie von Jón Loftsson gegeben, was als eine versöhnliche Geste oder aber auch eine Art Pfand gedeutet werden kann. Jedenfalls war der Sitz der Loftssons, Hof Oddi, gleichzeitig Zentrum der Bildung und der politischen Macht in Island – was auf Snorri abfärbte, denn er sollte seinen persönlichen Ehrgeiz mit Politik, Bildung und einer vielversprechenden Heirat kombinieren. Als Snorri mit 21 Jahren nach Hvammur zurückkehrte, war sein Vater tot und die Familie verarmt. Doch durch die Heirat mit Herdis, Tochter von Bersi dem Wohlhabenden, kam Snorri wieder zu Reichtum und nach dem Tod Bersis zu dessen Godentitel. Mit 28 zog er auf den Großgrundbesitz Reykholt. Er vereinbarte mit dem Besitzer, für ihn und seine Familie zu sorgen, dafür sollte er dessen Besitz erben.

Snorri wurde im Jahr 1215 zum Gesetzessprecher der Thingsitzungen gewählt und anschließend Repräsentant seiner Heimatinsel am norwegischen Hof, wo König Håkon mit dem ebenfalls mächtigen Herzog Skúli um die Macht rang. Mit ungefähr 40 Jahren begann Snorri mit dem Schreiben. Er kannte die alten heidnischen Dichtungen und Erzählungen seiner Heimat genauso gut wie die Bibel und die Werke der Gelehrten des frühen Mittelalters. Die Geschichte Islands war ihm ebenso vertraut wie die untrennbar damit verbundene des Königreichs Norwegen. So verfasste Snorri auch die „Heimskringla", die als norwegische Königssaga nicht nur historischen, sondern auch literarischen Wert besitzt. Ob er dazu die Nähe der Mächtigen suchte oder ob ihm das Gelehrtendasein nicht reichte, Snorri beteiligte sich weiter am Ränkespiel um Macht, Einfluss und Reichtum. Weil er Kontakt zu beiden norwegischen Herrschern unterhielt, verstrickte er sich aber immer tiefer in deren Intrigenpolitik. Als Skúli einen Aufstand gegen den König anzettelte und dabei getötet wurde, vermutete der König, Snorri habe auch gegen ihn intrigiert, und gab den Befehl, ihn zu töten. Obwohl das Anwesen Snorris in Reykholt befestigt war, gelang es einer Horde Angreifer, in der Nacht des 22. September 1241 einzudringen und den Hausherren zu ermorden.

„Gylfis Täuschung". König Gylfi, verkleidet als Gangleri, befragt die Götter Odin, Vili und Ve. Miniatur aus der Snorra-Edda (Codex Upsaliensis), um 1300. (Universitätsbibliothek Uppsala)

Den Quellen nach wurde Island seit dem späten 9. Jahrhundert vor allem durch Auswanderer aus Norwegen und anderen skandinavischen Ländern bevölkert. Archäologische Funde aus dem 7. Jahrhundert deuten allerdings auf eine noch frühere Besiedelung hin.

Deckblatt einer Ausgabe der Snorri-Edda (auch Prosa-Edda oder jüngere Edda genannt) aus dem Jahr 1666

Als sein für die Nachwelt wichtigstes Werk sollte sich seine Edda erweisen. „Dieses Buch heißt Edda. Snorri Sturluson hat es auf die Art zusammengestellt, die hier eingerichtet ist. Zuerst von den Asen Ymir, danach die ‚Sprache der Dichtkunst' und die Benennung vieler Dinge ..." So steht es in der ältesten Handschrift aus der Zeit um das Jahr 1300, welche die Werke Snorri Sturlusons wiedergibt. Was genau Edda bedeutet, ist bis heute selbst unter Experten strittig: Edda bezeichnet im Altisländischen die Urgroßmutter – der Titel wäre ein Hinweis auf sehr alte Inhalte; der Begriff kann auch eine Ableitung von odr, der Dichtung, sein. Oder er weist auf den südisländischen Hof Oddi hin, wo Snorri einen wichtigen Teil seiner Jugend verbracht hat. Aber auf jeden Fall ist das Wort Edda kein Synonym für eine Sammlung von Göttermythen, es stammt auch nicht aus der heidnischen Zeit, so der Literaturwissenschaftler und Edda-Experte Arnulf Krause: „Edda ist kein Begriff aus ferner germanischer Vorzeit, sondern im gelehrten Island des Hochmittelalters angesiedelt."

Doch skandinavische Altertums- und Handschriftenforscher setzten seit dem 17. Jahrhundert Edda einfach mit der Namensgebung oder der Idee vorchristlicher Mythengesänge gleich. So erfolgreich, dass auch eine Sammlung überlieferter Götterlieder zu einer Edda erklärt wurde: Neben der Snorri- oder Prosa-Edda existiert nun auch die „ältere", die Lieder-Edda. Doch Sturlusons Edda war, wenn überhaupt, nur zum Teil als Mythographie gedacht. Denn sie besteht zu drei Vierteln aus einer Anleitung zur Dichtkunst. „Der authen-

> **„Im Mythos benutzt eine übermenschliche Intelligenz die unbewussten Gedanken und Träume der Menschen als Hieroglyphen, um sich an die Ungeborenen zu wenden."**
>
> HENRY DAVID THOREAU

tische Gebrauch des Mittelalters war der, allein Snorris Edda als Edda zu benennen", erklärt Krause. „Die von Snorri gemeinte Bedeutung dieses ungewöhnlichen Wortes dürfte ‚Poetik' gewesen sein, so wurde es auch von den Zeitgenossen verstanden." Das erklärt auch die sonst etwas befremdlich wirkende Aufteilung des Buches: Den ersten Teil bildet mit „Gylfis Täuschung" (isländisch: Gylfaginning) eine Art Mythographie. Aus ihr schöpften die Dichter ihr „Material": mythische Geschichten und Motive, Namen von Göttern und Örtlichkeiten sowie typische Umschreibungen. Als zweiter Teil folgt eine Stillehre (die „Sprache der Dichtkunst") und als dritter Teil eine Art Vers-Lexikon im „Verzeichnis der Versarten". Snorri schrieb, so lässt sich daraus schlussfolgern, also eine Art Anleitung für die Dichtkunst, die von den Skalden (norwegisch-isländische Dichter und Sänger) betrieben wurde.

DIE JÜNGERE EDDA, DIE LIEDER-EDDA

Die Lieder-Edda besteht aus einer Sammlung von Dichtungen unbekannter Autoren, die das erste Mal um das Jahr 1270 niedergeschrieben wurde – wegen dieser überlieferten Handschrift, die im 17. Jahrhundert an die königliche Bibliothek von Kopenhagen übergeben wurde, wird sie auch Codex Regius genannt. In der inzwischen wieder in Island befindlichen Handschrift finden sich nicht nur Götterlieder, darunter beispielsweise eine Schöpfungsgeschichte in der „Völuspá" „Der Seherin Weissagung", sondern auch Heldenlieder: Besungen werden neben nordischen Helden wie

Helge auch die Nibelungen. Doch wie weit reichen die Lieder der Edda zurück? Philologen, die die Sprache der einzelnen Edda-Fassungen wieder und wieder analysiert haben, sind überzeugt, dass Lieder wie die Völuspá bis auf die Zeit um 1000 zurückgehen können, also bis in die vorchristliche Zeit hinein. Und mit Sicherheit fußen sie auf der langen Tradition der mündlichen Gesänge, die Ausdruck einer speziell auf Island ausgeprägten Leidenschaft sind: der Skaldendichtung.

Die Skaldendichtung soll zunächst – wieder eine unüberprüfbare Legende – mit Bragi Boddason um das Jahr 800 in Norwegen aufgekommen sein, also mitten in der Wikingerzeit. Es handelte sich ursprünglich um eine spontane, improvisierte Dichtung, bei der einzelne Begriffe, Namen oder Ereignisse sprachlich umkreist wurden. Viele bekannte Skalden, denen göttliche Inspirationen nachgesagt wurden und die an den norwegischen Königs- und Herzogshöfen tätig waren, kamen jedoch aus Island. Die Skaldendichtung gilt als wichtigste historische Quelle der mittelalterlichen skandinavischen Geschichte und rangiert hinsichtlich des Quellenwertes noch vor den Sagas. Auch Snorri urteilt dazu in seiner „Heimskringla": „Wir legen großen Wert auf das, was in diesen Gedichten vor den Häuptlingen selbst oder ihren Söhnen vorgetragen wurde, und wir halten alles für wahr, was sich in diesen Gedichten über ihre Kriegszüge und Schlachten findet. War es nämlich auch Skaldenart, die Männer besonders zu preisen, vor denen sie standen, während sie ihr Gedicht vortrugen, so würde es doch kaum einer von ihnen gewagt haben, von diesem Herrscher Taten zu erzählen, die alle, die sie hörten, ja, auch der Herrscher selbst, als offenbare Fantasie oder Lüge erkennen müssten." Doch wie weit können die Ereignisse, Motive und Götternamen, die besungen werden, zurückreichen? Wie weit wurden Lebenswirklichkeit und Gedanken über das Königtum im 12. und 13. Jahrhundert auf die von den Skalden beschriebenen früheren Zustände übertragen? Und wie weit vermischten sich in der Skaldendichtung ab dem 10. Jahrhundert heidnische mit christlichen Elementen, wie weit werden Erstere von Letzteren dominiert?

Odin mit seinen Raben Hugin und Munin. Illustration von Jakob Sigurdsson zu einer Eddafassung des 18. Jahrhunderts.

DIE QUELLEN DER NORDISCHEN MYTHENWELTEN

LOKI – VERFÜHRER UND GEFÄHRTE DER GÖTTER, DÄMON ODER GAR TEUFEL?

Loki gilt als eine der zwiespältigsten, ja, widersprüchlichsten Göttergestalten der nordischen Mythologie – es ist nicht einmal klar, ob er ein Gott, Riese oder Dämon ist. Denn er soll vom Riesen Fárbauti gezeugt worden sein, gehört also nicht zum Göttergeschlecht der Asen, ist ihnen aber durch eine Blutsbruderschaft mit Odin verbunden. Trotzdem gilt Loki als listig, mitunter wankelmütig, streitsüchtig oder auch boshaft – das war aber nicht von Anfang an so.

In der Völkerwanderungszeit soll Loki als Kulturbringer verehrt worden sein, denn er wurde mit dem menschenfreundlichen römischen Gott Saturn gleichgestellt. Auch in der ältesten schriftlichen Quelle, einem isländischen Skaldengedicht aus dem 9. nachchristlichen Jahrhundert, wird er als uneingeschränkter Freund der Asen eingeführt. Bekannt ist uns Loki jedoch vor allem durch die Edda, die ihn ohne Einschränkung „Verleumder aller Asen, Urheber allen Betrugs und Schande aller Götter und Menschen" nennt. So hat er von den Riesen Asgard als unüberwindliche Festung für die Götter ausbauen lassen – mit einer List. Denn die Erbauer wollten nicht weniger als die schöne Göttin Freyja als Lohn, worauf Loki zum Schein eingeht. Kurz vor Vollendung der Burg entführt er den Hengst Savadilfari, das wichtigste Arbeitstier, und da er so die Fertigstellung des Bauwerks dauerhaft verhindert, braucht er sein Versprechen nicht einzulösen. Dauerhaft ist in der Folge jedoch auch die Feindschaft zwischen Riesen und Asengöttern. Dank seiner Überredungskunst gelingt es Loki, die Zwerge mit falschen Versprechungen dazu zu bewegen, dass sie für Odin den Speer Gungnir und den Ring Draupnir, für Thor seinen Hammer Mjölnir und für Thors Gattin Sif das berühmte Goldhaar schmieden. Als Strafe für seine Täuschungen dürfen die Zwerge Loki schließlich den Mund zunähen – doch die Fäden können nur für kurze Zeit Lokis Mundwerk bändigen. Auch soll Loki mit der Riesin Angrboda (die „Angstmachende") die größten Feinde von Menschen und Göttern gezeugt haben: die Midgardschlange, die Höllengöttin Hel und den gefährlichen Fenriswolf (Sumpf-Wolf). Und es ist am Ende Loki, der den blinden Hödr dazu überredet, einen Mistelzweig auf den Götterliebling Balder abzuschießen, der ihn tötet.

So wundert es nicht, dass Loki schließlich mit Luzifer gleichgestellt wurde – doch dies ist vor allem eine Projektion der christlichen Chronisten in die germanische Mythologie hinein, die eine solche Polarität von Gut und Böse gar nicht kannte.

Bis heute wird über seine historische Herkunft und seine eigentliche Bedeutung in der Forschung gestritten. Bis heute spielt Loki aber auch in der skandinavischen Alltagskultur eine Rolle: Er gilt als die Verkörperung des Kaminfeuers. Dies beruhe aber, sagen einige Forscher, auf einer Verwechselung mit Logi, dem Riesen. Denn Logi ist die Personifizierung des Feuers.

Hodr tötet Balder durch Lokis Beeinflussung. Illustration von Jakob Sigurdsson zu einer Eddafassung des 18. Jahrhunderts.

DAS GEHEIMNIS DER GEDÄCHTNISKÜNSTLER

Eine vergleichbare Situation, die bis heute heftigste Debatten auslöst, haben wir bei der ältesten abendländischen Dichtung überhaupt, der „Ilias". Dort streiten Historiker, Archäologen und Urgeschichtler um die Frage, ob Homer mit seinen Dichtungen Ende des 8. Jahrhunderts v. Chr. die mindestens 400 Jahre zurückliegende Welt der mykenischen Hochkultur oder das näherliegende archaisch-rückständige „Dark Age" der Griechen (10. und 9. Jahrhundert v. Chr.) schildern wollte. Die zentralen Fragen dabei: Wie weit kann Oral-History, mündliche Geschichtsschreibung, zurückreichen? Halten konkrete Erinnerungen in oralen Gesellschaften sich nicht länger als drei Generationen?

Seit Ethnologen vor Ort die Gedächtniskunst von Erzählern und Sängern schriftloser Kulturen untersuchen, sind sie überrascht, denn so umfangreiche und weit zurückreichende Erinnerungen hätten sie nur bei Menschen mit schriftlichen Aufzeichnungen vermutet. Auch die griechischen Erzähler vor Homer hatten zwar keine Schrift, aber durchaus „Überlieferungsmedien" zur Verfügung. Aus dem Fundus an Göttermythen und Heldengeschichten wurden, angereichert mit den Chroniken der Adelsgeschlechter, immer längere Geschichten gewoben, als Gedächtnisstützen dienten dabei Versmaße wie das Hexameter und sogenannte „Formeln" – alle wichtigen Orte und Namen werden in immer gleichen Umschreibungen angeführt. Der Fluss Skamander wurde zum „hoch-ufrigen Skamandros", der trojanische Held Hektor zum „strahlenden Hektor" und Waffen zum „kalten Erz". Genauso verhielt es sich im frühmittelalterlichen Norden mit der Lieder-Edda und den anderen Skaldendichtungen. „Die älteren Lieder zeigen deutlich, dass ihre Vermittlung auf Singen, Hören und Auswendiglernen angelegt war", urteilt der Mittelalterexperte Jörg Oberste. „Die Kürze der Erzählung, die verbindende Vers- und Reimstruktur und die immer wiederkehrenden Sprachmuster und Metaphern erleichterten den auswendigen Vortrag und das

Die um 1150 errichtete Stabkirche in Urnes, deren Ursprung noch vor das Jahr 1100 zurückgeht, liegt am östlichen Ufer des Lustrafjords in Westnorwegen, einem Seitenarm des Sognefjords. Die älteste norwegische Stabkirche vereint Spuren keltischer Kunst mit Traditionen der Wikinger und Bauformen der Romanik.

Wiedererkennen von Bekanntem." Als eines der beliebtesten Hilfsmittel der nordischen Sänger und Erzähler gelten typische Umschreibungen, sogenannte Kenningar („kenna" = altnordisch für „kennzeichnen"): Das Meer ist die „Walstraße", die Axt der „Kummer des Waldes", das Schwert wird zur „Wundenhacke", „Er tötete viele Männer" heißt wenig mitfühlend: „Er fütterte die Raben", ein „Hagel von Pfeilen" wird zum „Schwarm zorniger Bienen", und die Mistel wird zu „Balders Fluch", weil alle das Schicksal des beliebten Wodan-Sohnes kannten. Darüber hinaus versuchen Sprach- und Religionsforscher seit über einem Jahrhundert, Intentionen und Zuverlässigkeit dieser Schriften zu deuten.

Einen Meilenstein über Snorris Edda setzte der Religionsforscher Walter Baetke (1884–1978). In seiner „Götterlehre der Snorra-Edda" von 1950 entwickelte er die These einer Odin-Theologie: Snorri habe Odin zu einem Allvater erhoben, als ob die Germanen unter seinem Namen doch einem ihnen noch unbekannten Christengott huldigten. Und damit habe er indirekt dann doch alle heidnischen Momente dieser religiösen Mythologie aburteilen wollen. Die norwegische Philologin Anne

Detail des reichen Schnitzwerks am Portal der Stabkirche von Urnes aus dem 12. Jahrhundert. Tier- und Pflanzenwerk lassen vor allem den Einfluss der Wikinger erkennen. Heidnische und christliche Motive gehen hier eine wunderbare Symbiose ein.

Holtsmark (1896–1974) kommt in ihrer Studie über Snorris Mythologie im Jahr 1964 sogar zu der Schlussfolgerung, dass er sich konsequent von aller heidnischen Überlieferung distanziert und sie mit Satanskulten verglichen habe.

Erst in jüngster Zeit wandelt sich das Urteil über die von Christen aufgezeichneten Quellen zur nordischen Mythologie, indem stärker berücksichtigt wird, dass sich die skandinavische Gesellschaft in der Zeit der ersten Edda-Aufzeichnungen noch immer im Umbruch befand, denn der Übergang von den alten heidnischen Regeln, Traditionen, Riten und Erzählungen zu christlichen vollzog sich nur langsam, worauf Jörg Oberste hinweist: „Auch wenn in der neuen Hochreligion die alten Götter keinen Platz mehr hatten, so bewahrte man doch in den traditionellen Erzählungen wichtige Bausteine der eigenen Herkunft, Kultur und Identität. Die vorsichtigen Versuche späterer Dichter, auch christliche Motive in die Heldensage einzuweben, könnte der Versuch sein, die neue Religion mit der eigenen Kultur zu versöhnen, ohne alles Wissen und alle Werte der Vorfahren beiseitezulegen."

Wie langlebig diese Gesänge sein können, dafür fand der Reiseschriftsteller Lawrence Millman, der in den 1980er-Jahren der Spur der Wikinger folgte, auf den Färöer Inseln ein grandioses Beispiel. An dem Tag, an dem die Fischer die ihnen erlaubte Anzahl an Walen gefangen hatten, versammelte sich am Abend die ganze Bevölkerung von Midvagur zu einem Grindadarsur, einer rituellen Walfangfeier. Nach einem Kreistanz und rauen Gesängen, so Millman, „folgte eine Ballade mit 200 Versen über Sigurd den Drachentöter, in der Sigurds Heldentaten aus der finsteren Vergangenheit so erzählt wurden, als hätten sie sich erst heute Morgen auf einer Moräne in Midvagur zugetragen". Doch auch im besten Fall, wie bei den Nibelungen, führen uns die nordischen Dichtungen nur bis in die Zeiten der Völkerwanderungen, wesentlich ältere Quellen über nordische Völker finden wir nur bei griechischen und römischen Autoren, allen voran Caesar und Tacitus.

CAESAR UND TACITUS: RÖMER ODER BARBAR?

Caesars „Gallischer Krieg" heißt im Original „Commentarii De Bello Gallico", also Kommentare über den Gallischen Krieg. Es sind sieben jährliche Dienstberichte, die er erst nach dem Ende seines Feldzuges zu einem Gesamtwerk vereinte. Darin beschreibt Caesar anschaulich Verhandlungen, Intrigen und Schlachten während seines Feldzuges 58 bis 51 v. Chr., in dem er weite Teile Galliens unterwarf. Allerdings wird bei ihm die grausame Unterwerfung der Gallier zur notwendigen und friedenstiftenden Maßnahme erhoben. Detailliert beschreibt er außerdem die Lebensweise der Gallier, Germanen und Britannier. Die Gallier waren in seinen Augen Barbaren: schlecht gekleidet, schlecht ernährt, streitsüchtig und deshalb unfähig, ein gemeinsames Staatswesen hervorzubringen, woraus er folgerte, dass ihre Unterwerfung eine friedenstiftende Maßnahme sei. Und was sie von den Germanen unterschied: Die Gallier schienen unterwerfbar zu sein – und es gab viele Berichte über Gold, das sie horten sollten.

Gut eineinhalb Jahrhunderte nach Caesar kam Publius Cornelius Tacitus, der etwa von 55 bis 113 n. Chr. lebte und ein hoher römischer Verwaltungsbeamter und Geschichtsschreiber war, zu der Einschätzung, dass die Germanen zwar wild, aber unverdorben seien, treu, unbestechlich, kampfbereit und die Frauen überdies bescheiden. Denn er nutzte seine Darstellung der Germanen in seiner „Germania" als Lehrstück vom „edlen Wilden": „Dieses Volk ist ohne Falsch und Trug, offenbart noch stets bei zwanglosem Anlass die Geheimnisse des Herzens; so liegt denn aller Gesinnung unverhüllt und offen da." Tacitus strich besonders bestimmte positive Eigenschaften der Germanen heraus, um damit indirekt den Verfall der römischen Gesellschaft zu kritisieren. Damit wollte Tacitus sagen: Diese wichtigen Charaktereigenschaften besitzen wir Römer leider nicht mehr, und nun sind wir auch noch dabei, die Germanen zu verderben: „Manche Germanen haben wir auch schon so weit gebracht, dass sie Geld nehmen."

Barbaren oder edle Wilde? Nicht wenige Germanen befanden sich in römischen Diensten, und nicht selten kämpften sie auf Seiten der Römer gegen andere Germanen. Ausschnitt aus dem Reliefband der Trajanssäule in Rom (113 n. Chr.) mit Szenen der Dakerkriege Trajans (1. Krieg, 1. Feldzug 101 n. Chr.).

Tacitus allerdings war nie selbst in Germanien gewesen, er bezog seine Informationen aus Mitteilungen, die ihm Feldherren, Offiziere und Verwaltungsbeamte der angrenzenden Provinzen mitteilten, und aus der Literatur, allen voran Caesars „Gallischer Krieg" und „Die Germanischen Kriege" von Plinius d. Ä.. „Tacitus' Germanenbild stellt eine Mischung aus seriöser Information und Barbarenklischees dar", urteilt der Historiker Wolfgang Reinhard, „wobei die reinblütigen, genügsamen und sittenstrengen Germanen möglicherweise den Römern im Hinblick auf den unterstellten Zusammenhang von altväterlicher Anspruchslosigkeit und militärischer Tüchtigkeit als Vorbild dienen sollten."

Doch wo beginnt eigentlich das „Nordische"? Seit wann und wie werden unser Verhalten und Denken im Gegensatz zu anderen Kulturen von nordischen Einflüssen geprägt? Was können wir abseits der schriftlichen Quellen erfahren? Welche Zeugnisse stammen aus der Zeit der Germanen, Kelten und Gallier und deren Vorfahren? Wenn wir dem nordischen Mythos wirklich grundlegend auf die Spur kommen wollen, müssen wir zunächst viel tiefer „graben", als es die schriftlichen Quellen zulassen, wir müssen eintauchen in die Welten der Archäologie, Paläontologie und Geologie.

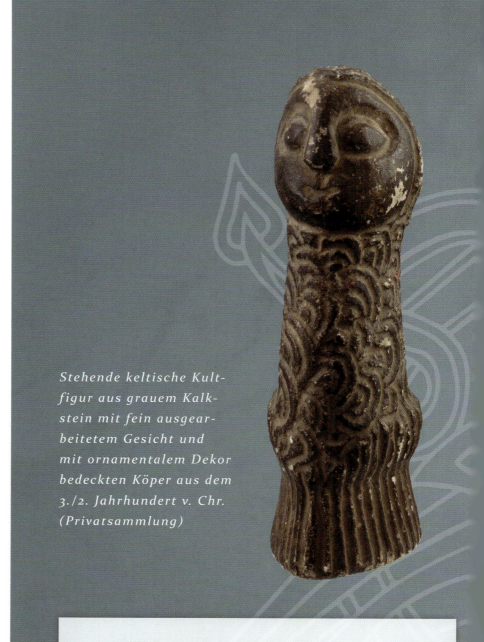

Stehende keltische Kultfigur aus grauem Kalkstein mit fein ausgearbeitetem Gesicht und mit ornamentalem Dekor bedeckten Köper aus dem 3./2. Jahrhundert v. Chr. (Privatsammlung)

Riesen und andere mythologische Wesen	
Ymir (Urriese)	
Angrboda	Angerbode
Bestla	
Borr	Boer
Buri	
Mimir	
Nidhögg	
Wafthrudnir	

GÖTTER- UND RIESENNAMEN UND IHRE SCHREIBWEISE

Gebräuchlichste Schreibweise	andere Schreibweisen	nordgermanische Abweichungen
Balder		
Bragi	Braga	
Forseti		
Freyja	Freia	
Frija		Frigg(a)
Gridur		
Heimdall		
Höd		
Hönir		
Iduna	Idun	
Jörd		
Lodur	Lodurr	
Loki		
Nanna		
Njörd	Niord	
Rinda		
Sif		
Skadi	Skade	
Tyr	Tiwaz	
Thor		Donnar
Ull	Ullr	
Wodan	Wotan	Odin
Wali	Vali	
Wili	Vili	
We	Ve	
Widarr	Vidar	

KINDER DER EISZEIT?

Ausbruch des Eyjafjallajökulls auf Island.

*„Nur aus der höchsten Kraft der Gegenwart
dürft Ihr das Vergangene deuten:
nur in der stärksten Anspannung eurer
edelsten Eigenschaften werdet Ihr erraten,
was in dem Vergangenen wissens-
und bewahrungswürdig und groß ist."*

FRIEDRICH NIETZSCHE

URSPRUNG VON LANDSCHAFTEN UND MENSCHEN DES NORDENS

Alles Leben entstammt laut Überlieferungen der nordischen Völker dem Eis. Aus den Gletschermassen des eisigen Niflheim (Nebelheim) soll bei Kontakt mit der angrenzenden Feuerglut der Urriese Ymir entstanden sein. Auch die Ur-Kuh Audhumbla sei aus dem Eis gekommen und habe weitere Lebewesen aus ihm freigeleckt. Haben sich diese und ähnliche Vorstellungen, die sich eindeutig von denen der biblischen und anderen orientalischen Schöpfungsgeschichten unterscheiden, als eine Art Kollektiv-Erinnerung an das wechselhafte Klima in grauer Vorzeit in den nordischen Mythen verankert? Oder sind die Geschichten um Eis und Glut nur, wie es beispielsweise Walter Hansen in seinem Reisebericht „Ansagard" schildert, die erst seit dem frühen Mittelalter gesammelten Erfahrungen, welche die Isländer auf ihrer von Vulkanen und Eis geprägten Heimatinsel gemacht haben? Bei aller Skepsis, die viele Kulturwissenschaftler gegen eine solche, gewaltige Zeiträume überbrückende Erzählung hegen, ist der Zusammenhang nicht von der Hand zu weisen: Der Norden, so lässt es sich im Grunde zusammenfassen, ist die Region, die in der Vergangenheit etliche Male von großen Eisflächen bedeckt war.

Vorangehende Doppelseite: Sich abwechselnde Warm- und Kaltzeiten bestimmten in der Vergangenheit das Klima des Nordens und formten die Landschaft nachhaltig.

Geologisch gesehen werden die vergangenen zwei Millionen Jahre auf unserem Planeten der Epoche des Eiszeitalters (im Fachjargon Quartär) zugerechnet – und diese Epoche hält bis heute an. Eiszeitalter heißt allerdings nicht, dass es durchgehend kalt bleiben muss. Immer wieder wurden und werden die Eiszeiten (Glazial) von unterschiedlich langen Warmzeiten (Interglazial) unterbrochen, die Jahresdurchschnittstemperaturen in ihrem Verlauf ähneln einer Seismograf-Nadel bei einem nahenden Erdbeben. Wie viele dieser Eiszeiten es gab, hängt von der Zählweise ab: sechs, 13 oder gar 19, je nachdem wie viele Kältespitzen zu einem Zyklus zusammengefasst werden. Wenn es, wie in der letzten Eiszeit, im Durchschnitt nur vier Grad kälter war als heute, hatte das globale Auswirkungen auf die Pflanzen- und Tierwelt: Kühlere Luft konnte nur wenig Feuchtigkeit aufnehmen, es bildeten sich weniger Wolken, und es kam zu geringeren Niederschlägen, sodass die davon abhängigen Wälder weltweit verdorrten. Der Meeresspiegel sank um bis zu 130 Meter, die Britischen Inseln waren mit Dänemark und dem europäischen Festland verbunden. Über Nordeuropa bildete sich eine gewaltige Eisdecke, die vom Nordpolarkreis bis in die norddeutsche Tiefebene reichte. Diese bis zu 3000 Meter dicken Gletschermassen trugen auf ihrem Weg nach Süden ganze Bergspitzen ab und schoben Geröll und riesige Steine bis weit ins Landesinnere hinein. Außerdem formten sie Becken aus, in denen sich später die vielen Seen Nordeuropas bildeten, und sie schürften gewaltige Täler aus.

So entstanden die Landschaften, die in Legenden, Geschichten und Dichtungen immer viel geheimnisvoller, dunkler und schicksalsträchtiger erscheinen als die südeuropäischen und orientalischen: schwer zugängliche Bergregionen mit schroffen Felsenküsten und weite Urstromtäler, die von Flüssen, Seen und endlosen Mooren durchzogen werden. In ihnen dienen Findlinge seit den waldarmen Perioden der Eiszeit und Nacheiszeit als Landmarken, denn die letzten Eiszeiten haben neben unzähligen kleinen und mittelgroßen Steinen auch riesige Findlinge zurückgelassen, die weit-

Imposantes Relikt der Saale-Eiszeit: der gut 330 Tonnen schwere und vor rund 250 000 Jahren hier „gestrandete" Giebichenstein bei Stöckse.

hin sichtbar in der Landschaft thronen. Mit seiner Größe von 7,5 mal 4,5 mal 2,7 Metern und einem Gewicht von ungefähr 350 Tonnen ist der Giebichenstein bei Stöckse nördlich des Steinhuder Meeres der gewaltigste unter ihnen im norddeutschen Tiefland. Der Findling wurde bereits mit den Gletschern der vorletzten Eiszeit von Skandinavien an diesen Ort geschoben.

Die Eiszeitalter hinterließen ihre Spuren auch bis tief in den Untergrund hinein, das zeigt sich beispielsweise im heutigen Braunkohlerevier von Schöningen. Die während der Warmzeiten entstandenen üppigen Schichten aus Tier- und Pflanzenresten wurden jedes Mal, wenn sich die Gletscher der Eiszeiter bis nach Mitteldeutschland schoben, von riesigen Mengen an Steinen, Sanden und Lößsedimenten zugedeckt und zusammengepresst. Die ältesten archäologisch interessanten Funde, die Braunkohlebagger in Schöningen freilegten, wurden in rund 15 Metern Tiefe an der Basis der „Holstein-Warmzeit" gemacht und sind deutlich älter als 400 000 Jahre. Im Uferbereich eines ehemaligen Sees lagen Skelettreste von Steppenelefanten,

KINDER DER EISZEIT?

Wildrind, Wildpferd und Rothirsch. Daneben fanden Archäologen aber auch schon Abschläge von Feuersteinen sowie kleine Steinwerkzeuge, Zeichen für die Anwesenheit des *Homo erectus*, der vor rund 600 000 Jahren Mitteleuropa erreicht hatte.

Das berühmte „Wildpferd-Jagdlager von Schöningen" mit den ältesten bisher gefundenen Speeren der Menschheit wurde während der folgenden Warmzeit, der „Reinsdorf-Warmzeit" (420 000 bis 350 000 v. Chr.), eingerichtet, bis auch diese wiederum von einer Kaltzeit abgelöst wurde, welche die Menschen vertrieb. So ging es einige Male hin und her, und auf diese Weise sind in den vergangenen 500 000 Jahren sechs Klima-Großzyklen (jeweils eine Warm- und eine Kaltzeit) in der Erde eingeschlossen. Die letzten

130 000 Jahre waren klimatisch gesehen ohnehin sehr ungleich verteilt. Die vorletzte Warmzeit dauerte nur rund 10 000 Jahre, und es folgte die letzte, rund 100 000 Jahre während Kaltzeit. Immer wieder zwangen Kaltphasen in den folgenden 300 000 Jahren die frühen Menschen zumindest zeitweise zur Abwanderung in den Mittelmeerraum. Bis sich schließlich eine neue Homo-Spezies herausbildete, die sich anscheinend besser an das überwiegende Kaltklima nördlich der Alpen anpasste.

Das „Wildpferd-Jagdlager von Schöningen" ist ein Glücksfall für die Archäologie: Die sogenannten „Schöninger Speere" (rechts: Schöninger Speer VII in Fundlage) gelten als die ältesten erhaltenen Jagdwaffen der Menschheit. Die rund 400 000 Jahre alten Wurfspeere wurden in den 1990er-Jahren in gut 15 Metern Tiefe, mitten im Braunkohletorf des Tagebaus Schöningen bei Helmstedt entdeckt.

DIE NEANDERTALER – DIE ERSTEN WAHREN NÖRDLINGE?

Der *Homo neanderthalensis* ging vor rund 250 000 bis 200 000 Jahren aus der lokalen Spezies des *Homo erectus*, dem *Homo heidelbergensis*, hervor und erreichte vor 100 000 bis 80 000 Jahren seine „klassische" Ausprägung. Das hat die Forschung anhand der rund 300 bis heute entdeckten Neandertaler-Individuen in den letzten Jahrzehnten klar herausgearbeitet und sein einstiges Aussehen folgendermaßen präzisiert: Zwischen der starken Kopfbehaarung lugten die vorstehenden Augenbrauenwülste und die breite Nase hervor, ihr von Fellwesten geschützter Körper war kompakt gebaut, mit breiten Schultern und gedrungenen Gliedmaßen. Mehr als 50 klar diagnostizierbare Unterschiede im Skelett unterscheiden den Neandertaler vom modernen Menschen – etwa der lang gestreckte Schädel und die extrem dicken Knochen. Dabei wird deutlich, dass die in der Alltagssprache vorgenommene Gleichsetzung von „Neandertaler" mit „Unterentwickeltem" schlichtweg falsch ist.

Die Neandertaler lebten meistens in Familiengruppen von zehn bis 20 Mitgliedern und waren keine ausgesprochenen Höhlenmenschen, was ihnen allerdings immer wieder angedichtet wird. Sie wohnten in den hel-

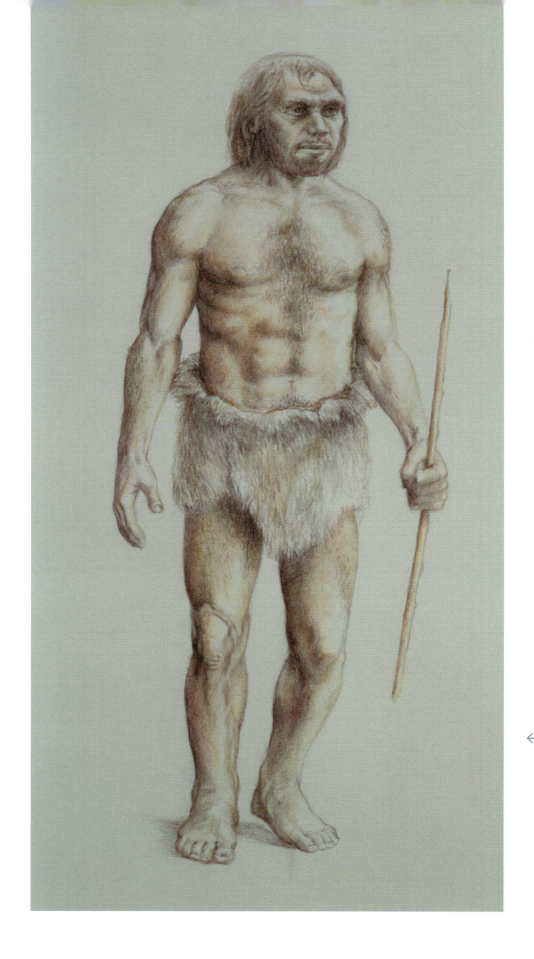

len, vorderen Bereichen von Höhlen, häufiger jedoch in Zeltbehausungen im Freien. Denn wichtiger als die Ausstattung des Platzes für das Basislager war seine strategische Lage. Es wurde so ausgesucht, dass sich im Umkreis von einigen Stunden Wanderung optimale Plätze zum Sammeln von Wildobst, Beeren, Nüssen und Pilzen und zum Jagen fanden, dabei bevorzugten diese Menschen Stellen, wo die Wanderwege der Herdentiere durch enge Täler führten. Anhand der Steinmaterialien und ihrer geologischen Herkunft fanden die Archäologen heraus, dass der Aktionsradius der Gruppen zwischen zehn und 20 Kilometer betrug. Ein Drittel der Rohstoffe stammte sogar aus 20 bis 80 Kilometer Entfernung, denn die Neandertaler benötigten ausgewählte Steinmaterialien, die sie dann zu Werk-

Im Verlauf der Jahrhunderte hat sich das Bild vom Neandertaler stark gewandelt: Wurde er zunächst als schwarz behaarter, affenähnlicher Mensch rekonstruiert, so gleicht sein Bild heute zunehmend dem eines kräftig gebauten modernen Menschen.

zeugen und Waffen von hoher Qualität verarbeiteten. Aus vorbereiteten Feuersteinknollen fertigten sie mit gezielten Abschlägen klassische Faustkeile, die sie zum Schlagen, Schneiden und Schaben verwendeten und die die Archäologen als „Moustérien" (nach einem wichtigen Fundort im heutigen Frankreich benannt) bezeichnen.

Trotz dieser handwerklichen Meisterschaft, entsprechender Werkzeuge und geeignetem Material (Elfenbein, Geweihe, Zähne) haben sich die Neandertaler offenbar nicht künstlerisch ausgedrückt, bislang wurden zumindest keine erhaltenen Kunstobjekte gefunden. Dafür entwickelte sich ihr Sozialverhalten. Skelettfunde belegen, dass einige Neandertaler längere Zeit mit schwersten Knochenbrüchen überlebten, was ohne intensive Pflege undenkbar wäre. Und ihre Sorge reichte über den Tod hinaus, so legten sie tiefe Gruben an, in denen die Verstorbenen, teilweise in Embryonalstellung, beigesetzt wurden. Ob fehlende Grabbeigaben (bis auf einzelne Schmuckobjekte aus Tierzähnen) bedeuten, dass die Neandertaler keine Jenseitsvorstellungen hatten – darüber wird immer noch heftig disputiert. Genauso über die Frage, ob die Neandertaler Kannibalen waren. Als einzigen möglicherweise in diese Richtung zu interpretierenden Fall wertet der französische Archäologe Alban Defleur seine Funde in der Höhle von Moula-Guercy an der südfranzösischen Rhône. Und nicht weit davon entfernt im burgundischen Châtelperron stießen Archäologen auf Funde, die belegen, dass schon die Neandertaler neue Abschlagtechniken einsetzten, die eigentlich dem modernen Menschen zugerechnet wurden. Aus einem hierfür geeigneten Feuerstein wurden dünne, lange Klingen geschlagen. Sie dienten als effektive Schneidegeräte oder Schaber, die zur Bearbeitung von Tierfellen

Feuersteinschaber aus der Grotte du Noisetier im französischen Département Hautes-Pyrénées

Auch die Kultur des Neandertalers erschließt sich uns mit jedem neuen Fund besser: Bestattungsriten lassen sich erahnen, sind aber nicht bewiesen, wohl aber, dass die Neandertaler geschickte Jäger und Handwerker waren.

genutzt wurden. Außerdem fanden die Forscher steinerne Klingenspitzen, die so klein waren, dass sie nur als Speer- und Pfeilspitzen in Holz geschäftet werden konnten. Um sie dort zu fixieren, verfügen auch schon die Neandertaler über einen Klebstoff: Birkenpech. Daneben stellten sie bereits erste Schmuckgegenstände wie durchbohrte Perlen und verzierte Amulettanhänger mit Ösen her.

Der Neandertaler, so resümiert die Forschung, passte sich in seiner beinahe 200 000-jährigen Entwicklung extrem gut an die damaligen Umweltbedingungen Europas an. Doch konnten sich die Neandertaler wirklich während der Kältephasen der letzten Eiszeiten in Mitteleuropa behaupten? Vor ca. 70 000 bis 65 000 Jahren führte eine neue Vereisung Nordeuropas dazu, dass auch die meisten Neandertaler in den Südwesten Europas flüchten mussten.

Vor ca. 60 000 Jahren wurde es wieder wärmer, und sogleich wanderten sie entlang der großen Flüsse Richtung Norden (Deutschland) und Osten (Ukraine), um den großen Herden zu folgen. Dabei kamen sie mindestens bis in die Region der heutigen Lüneburger Heide, denn am nördlichen Stadtrand von Lüneburg wurde 1993 beim Autobahnbau der nördlichste Neandertaler-Fund gemacht: eine große Ansammlung von Faustkeilen, die der Zerlegung von Jagdbeute dienten und eindeutig dem Neandertaler zugeordnet und grob in die Zeit vor 57 000 Jahren eingeordnet werden konnten.

Doch vor 43 000 Jahren wurde es schon wieder kühler, und die Neandertaler wanderten erneut Richtung Süden. Zu dieser Zeit tauchten in Osteuropa neue Einwanderer aus Afrika auf. Bis vor einigen Jahren glaubten die Wissenschaftler, dass der Neandertaler vor ca. 35 000 Jahren durch den *Homo sapiens sapiens* langsam aber konsequent verdrängt wurde und das folgende Jungpaläolithikum (Aurignacien-Kultur) schon ganz vom *Homo sapiens sapiens* geprägt war, als die ersten Kunstwerke, Musikinstrumente und Höhlenmalereien entstanden. Doch neuere Datierungen von Neandertaler-Skeletten und -Funden zeigen, dass sie bis vor 27 000 Jahren überdauerten. Neandertaler und *Homo sapiens* haben also rund 8000 Jahre nebeneinander gelebt – und sie hatten Kontakt miteinander. Doch kam es auch zur genetischen Vermischung der beiden Spezies?

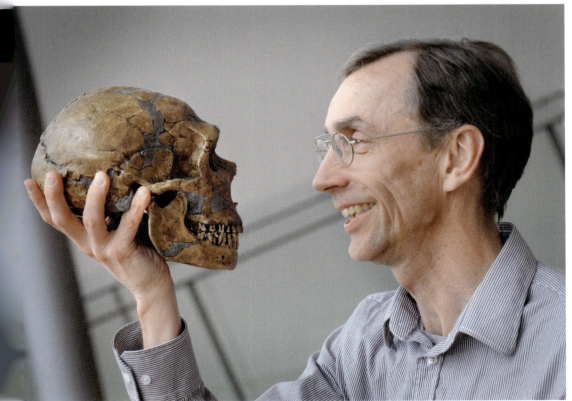

Svante Pääbo, Direktor am Max-Planck-Institut für evolutionäre Anthropologie in Leipzig, zeigt die Rekonstruktion eines Neandertalerschädels.

Der Leipziger Anthropologe Svante Pääbo hatte mit seinem Team die einmalige Gelegenheit, aus den

KINDER DER EISZEIT?

Knochen einer in Sibirien gefundenen Neandertalerin das vollständige Genom zu sequenzieren. Die gewonnenen Daten verglichen sie in einem nächsten Schritt mit den Daten des „1000 Genome Project". Dort werden die vollständigen genetischen Informationen von 1000 Menschen aus aller Welt gesammelt und publiziert. Das Ergebnis: Verstreut über alle Chromosomen fanden sie genetische Einsprengsel, die vom Sex zwischen den beiden Menschentypen zeugen. Und die Spuren davon finden sich bis heute, denn gut ein Prozent des Erbguts eines Durchschnittseuropäers hat seinen Ursprung im Neandertaler! Allerdings trägt jeder heutige Europäer eine andere Erbschaft des Neandertalers mit sich herum, die einzelnen

Genabschnitte sind deshalb statistisch gesehen eher selten. Mit einer Ausnahme: Neandertaler-Gene, die etwas mit Haut und Haaren zu tun haben, finden sich heute im Erbgut jedes zweiten Europäers. Diese Gene müssen einen evolutionären Vorteil für ihre Träger gebracht haben. Machen wir uns klar: Die dunkelhäutigen, schlankeren und feingliedrigeren Immigranten waren auf das subtropische Klima Afrikas optimiert und taten sich vermutlich schwer mit der Klimaumstellung. Der moderne *Homo sapiens* hatte vermutlich eine schwarze Hautfarbe und war wenig an ein Leben in kalten Breitengraden angepasst. Dagegen stehen die Vorteile des Neandertalers: Seine dichtere Behaarung diente als Schutz gegen die Kälte. Weiteren Kälteschutz boten seine Fettdrüsen in der Haut, welche die Körperhülle zusätzlich isolierten und vermutlich einen Extra-Schutz vor Keimen boten. Und die hellere Hautfarbe erleichterte ihnen darüber hinaus im sonnenarmen Norden die körpereigene Produktion von Vitamin D.

Viele der Eigenschaften von Haut und Haaren heutiger Europäer und Asiaten stammen von unseren Menschenvettern mit den wulstigen Augenbrauen ab. Etwas Beimischung aus dem Genpool der witterungserprobten Neandertaler dürfte dem *Homo sapiens* geholfen haben, ein echter Norde zu werden. Doch was ist dabei in der Psyche passiert? Wie viel nordisch-neandertalsche Seele und Stimmung trugen sie in sich und gaben sie an uns weiter? Zumindest scheint klar: Wir sind Mischwesen! Der Norden ruft uns, doch der Süden lockt weiter tief in uns! Deshalb ist es vielleicht nicht verwunderlich, dass, seit es genug Autos, schnelle Fährverbindungen und Flugzeuge gibt, wir Nordeuropäer so oft es geht in den Süden flüchten. Aber dort, in einer Welt ohne kalte Jahreszeiten, wollen sich dann doch nur die wenigsten dauerhaft niederlassen. Dieses Hin- und Hergerissensein spiegelt sich in den nordischen Schöpfungsmythen wider. Genau auf der Grenzlinie zwischen dem eisigen Niflheim (Nebelwelt) im Norden und dem südlichen, glühenden Muspellsheim (Feuerwelt) entsteht in der Vorstellung der germanischen Kosmologie das Leben.

„Mr. 4 Prozent" nennt das Neandertal-Museum in Mettmann die lebensechte Neandertaler-Figur. Die Nachbildung des Urzeitmenschen trägt moderne Kleidung und beruht auf der Erkenntnis der Wissenschaft, dass alle Menschen Neandertaler-DNS in sich tragen.

Im Folgenden vom *Homo sapiens* bestimmten Jungpaläolithikum (vor 38 000 bis 12 000 Jahren) entstehen auch die ersten Kunstwerke der Menschheit: Aus Geweih- oder Knochenteilen werden mithilfe von Steinklingen und -schabern Mammut, Wollnashorn, Pferd, Bär oder Löwe – drei bis 30 Zentimeter kleine, stilsicher proportionierte Tierfiguren. Tiermotive herrschten vor, weil in den Ritualen die Natur beschworen wurde und die Jäger in den Initiationsriten versuchten, ihre eigenen Ängste zu überwinden, „Aggression" und „Kraft" starden im Mittelpunkt der Kulte. Denn die Menschen mussten sich gegenüber dem rauen Klima, angriffsbereiten Tieren wie Bären und Löwen und der Nahrungskonkurrenz durchsetzen.

Das Klima in Mitteldeutschland ist zu dieser Zeit rau, aber die Landschaft ist nicht etwa wüst. In der Umgebung breiten sich Tundren und Kältesteppen aus, deren Zwergsträucher sich zum Sammeln von Beeren und Wurzeln eignen und deren weite Grasflächen die großen Herden von Rentieren, Mammuts und Moschusochsen anlocken. Von den höher gelegenen Höhlen aus beobachten die Jäger, die mit ihren Familien in Gruppen von bis zu 25 Mitgliedern leben, die Tiere und passen den richtigen Moment für die Jagd ab; das ist genau dann, wenn sie einen Teil der Tiere im Tal einkesseln können. Doch immer neue Kälteeinbrüche zwingen *Homo sapiens* – trotz Neandertaler-Einflüssen – dazu, die Region nördlich der Alpen vorübergehend wieder zu verlassen. In Südfrankreich erreichte die Kunst der Höhlenmalerei einen Höhepunkt: Mehr als 300 Fundorte aus dieser Zeit sind heute bekannt, wie in der Höhle von Lascaux im Tal der Vézère in Südfrankreich. Pferde, ein Hirschrudel und gewaltige Auerochsen scheinen sich auf engstem Raum zu drängen, Pferde, deren dicke Gestalten Winterfell andeuten, begleiten den Besucher dann in den sich verengenden Höhlengang, wo schließlich ein in kräftigem Schwarz gemalter Stier zu wachen scheint, aus dessen Körper mithilfe einer Rubbeltechnik sechs braune Kühe freigelegt wurden. Die Bilder von Lascaux scheinen aus Träumen oder visionären Erfahrungen zu stammen.

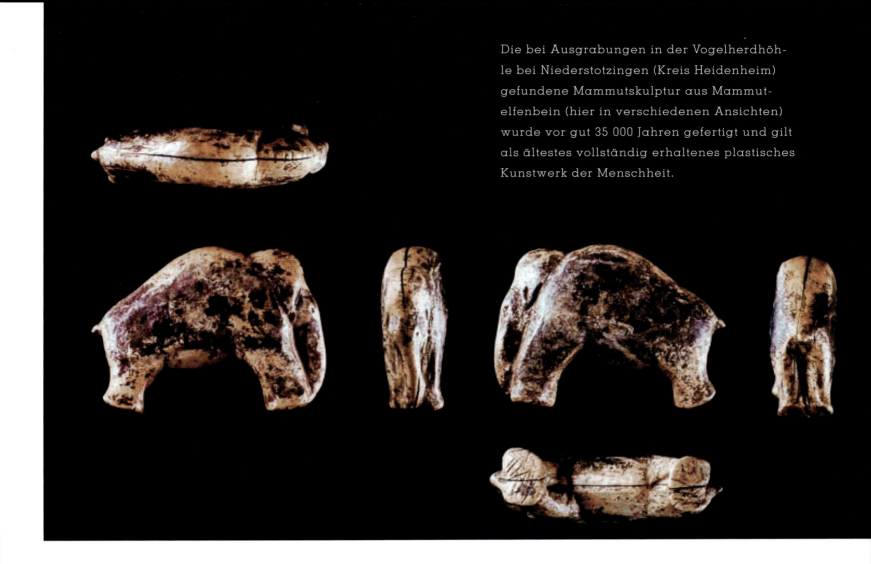

Die bei Ausgrabungen in der Vogelherdhöhle bei Niederstotzingen (Kreis Heidenheim) gefundene Mammutskulptur aus Mammutelfenbein (hier in verschiedenen Ansichten) wurde vor gut 35 000 Jahren gefertigt und gilt als ältestes vollständig erhaltenes plastisches Kunstwerk der Menschheit.

Als die letzte Eiszeit, das Weichsel- oder Würm-Hochglazial, endlich ihren Höhepunkt überschritten hatte, konnten die Gruppen von Jägern und Sammlern endlich auch der Eiszeit nördlich der Alpen trotzen, davon zeugen unter anderem Fundplätze wie Wiesbaden-Igstadt und Mittlere Klause bei Regensburg, die auf 17 000 bis 16 000 v. Chr. datiert werden. Mit ihren runden und ovalen Zelten, die mit Fellen abgedeckt wurden und als mobile Unterkünfte ihrer Sommer- und Winterlager dienten, folgten sie den Herden der Rentiere, aber auch Mammuts und Moschusochsen, bei ihren Wanderungen bis an die Mittelgebirgszone und das heutige Ruhrgebiet. Zwischen 13 000 und 10 000 v. Chr. erreichten mit den Herden endlich auch Jäger des modernen Menschentyps den Norden – ihre Spuren werden ihren Fundorten nach als „Hamburger Kultur" eingeordnet.

In der Höhle von Lascaux können steinzeitliche Höhlenzeichnungen von Tieren und Jägern bewundert werden; seit 1963 allerdings nicht mehr die Originale, sondern Nachbildungen, weil die Atemluft der Besucherströme die ursprünglichen Malereien zu zerstören drohte.

EIN EINBAUM UND VIELE TAUSEND OPFERGEGENSTÄNDE

Am Ende der letzten Eiszeit tauten die großen Gletscher, die sich über Nordeuropa erstreckten, ab und ließen flache Mulden zurück, die sich mit Schmelzwasser füllten. Ab 8000 v. Chr. wurde es noch einmal deutlich wärmer. Während in Mitteleuropa flächendeckende Wälder die einstigen Tundren und Kältesteppen verdrängten, ermöglichten im Norden die entstehenden bewaldeten Seenlandschaften, wie heute noch die Finnische und Mecklenburgische Seenplatte, den Steinzeitmenschen noch viele Jahrhunderte länger eine halbnomadische Lebensweise. Allerdings mussten sie dazu neue Techniken entwickeln. Sie benötigten für die Jagd auf kleinere Beutetiere Pfeil und Bogen, und um Fischfang zu betreiben und ein für die Ernährung ausreichendes Jagdareal zu durchqueren, mussten sie sich auf dem Wasser fortbewegen. Genau aus dieser Zeit stammt das älteste jemals gefundene Boot, der Einbaum von Pesse, der mithilfe der C-14-Methode auf die Zeit 8040 bis 7510 v. Chr. datiert wurde. „Immer wieder kamen Besucher und bezweifelten, ob das überhaupt ein Boot sei", erläutert Vincent van Vilsteren vom niederländischen Drent-Museum, „es könne ja auch ein Nahrungstrog sein." Deshalb begannen die Archäologen des 150 Jahre alten Moor-Museums im Frühjahr 2001 mit einem Experiment. Fast drei Wochen lang ertönte das dumpfe Schlagen von Steinäxten, dann hatten es die vier Männer geschafft. Aus dem Kiefernstamm war ein Einbaum entstanden, der schwimmt und Menschen tragen kann, davon kann sich im Sommer jeder Besucher bei einer Probefahrt überzeugen.

Anhand der freigelegten Feuerstellen und Siedlungsplätze in der Provinz Drente können Archäologen rekonstruieren, dass die damaligen Menschen die meiste Zeit in kleinen Gruppen umherstreunten und nur ein- bis zweimal im Jahr in zentralen Camps an den Seeufern zusammenkamen. Und in diesen Seen, von denen sich die meisten später in Moore verwandelten, finden sich Spuren der ersten Opferhandlungen im Norden. Hier versenkten ab ca. 13 000 v. Chr. nordische Jäger und Sammler ganze Tiere, aber auch Hirschgeweihe, die eigentlich Rohstoff für Nägel, Hammer und Messergriffe abgaben. Und sie opferten ihren eigentlichen Reichtum: Pfeilspitzen, Beile und Messer aus Feuerstein. „Tausende von Funden in den Seen und späteren Mooren", urteilt der Hannoveraner Urgeschichtler Stephan Veil, „die können nicht einfach verloren worden sein." Allein schon die große Zahl der Funde spricht also für Opferhandlungen, hinzu kommt der Zustand einzelner Objekte. So wurde im Moor beim niedersächsischen Wiepenkathen ein Dolch aus Feuerstein in der Scheide gefunden, ordentlich von der Aufhängeschnur umwickelt.

Bereits vor gut 35 000 Jahren scheinen die eiszeitlichen Jäger Spaß an der Musik gefunden zu haben, darauf lässt zumindest diese Schwanenflügelknochen-Flöte schließen, die bei Grabungen im Geißenklösterle, einer Höhle bei Blaubeuren auf der Schwäbischen Alb, gefunden wurde. Die Knochenflöte gilt als das älteste Musikinstrument der Menschheit.

DER KOSMOS DER NORDISCHEN MYTHEN: SCHÖPFUNGSGESCHICHTE

Wie in fast allen Entstehungsmythen der Menschheit herrschte auch nach Vorstellung der nordischen Mythen am Anfang eine Art Leere oder Nichts – wie es in der „Völuspá", dem Lied der Seherin, heißt:

„Da war nicht Sand nicht See, nicht salzge Wellen,
 Nicht Erde fand sich noch Überhimmel,
 Gähnender Abgrund und Gras nirgend."

„Gähnender Abgrund" (altnordisch: „Ginnungagap") wird auch als „gähnende Schlucht" oder „grundlose Gähnung" übersetzt. Gemeint ist weniger die völlige Leere noch vor allem Weltgeschehen, sondern, wie der Altgermanist Jan de Vries Ginnungagap treffend charakterisierte, als „mit magischen Kräften erfüllter Urraum".

Ginnungagap wurde auch zur Trennlinie zwischen dem eisigen Niflheim (Nebelheim) im Norden und dem südlichen glühenden Muspellsheim (Weltfeuerheim), wo der Feuerriese Muspel über die Hitze herrscht. Aus dem nördlichen Eis, das in der angrenzenden Glut zu einem giftigen Strom schmolz, entstand der Riese Ymir (Ymir geht zurück auf die indogermanische Wurzel „jemo" = Zwilling, Zwitter). Gleichzeitig mit ihm entstand oder, nach einer anderen Erzählweise, tauchte aus dem Eis die Ur-Kuh Audhumbla/Audhumla auf. Von deren Milchstrom ernährte sich der Riese und fiel dann in tiefen Schlaf, während aus seinen Achselhaaren oder dem Schweiß seiner linken Achselhöhle ein männliches und ein weibliches Riesenwesen hervorgingen. Währenddessen leckt Audhumbla/Audhumla aus dem Eis, das nach Ginnungagap fließt, den Riesen Buri frei. Der zeugt aus sich selbst Börr, und dieser zeugt mit der Riesin Bestla die Götter Odin, Vili und Ve. Die ersten Götter stammen also von Riesen – die zu dieser Zeit noch friedliche Wesen sind – ab (und auch später kommt es zu zahlreichen Verbindungen von Göttern und Riesen). Ymir wurde schließlich von den Götterbrüdern Odin, Vili und Ve ermordet, sein Blut, das dabei vergossen wurde, glich einer Flutwelle, in der alle Riesen, Ymirs Nachkommen, ertranken – bis auf Bergelmir und seine Gattin, die sich in einem Boot retteten. Sie gründen anschließend das

Geschlecht der Reifriesen. Ymirs Körper war so gewaltig, dass die Götter ihn in das Zentrum von Ginnungagap schafften und daraus die Welt erbauten: Aus seinem Blut entstand das Weltmeer, aus dem Körper die Erde, aus den Knochen die Berge, aus den Haaren die Bäume und aus den Zähnen und Knochensplittern Steine und Felsen. Aus den Maden in Ymirs verrottendem Körper schlüpften die Zwerge (nach einer anderen Version wurden sie aus Brimirs Blut und Blains Gliedern geschaffen). Aus seinem Schädel formten sie das Himmelsgewölbe mit Hörnern an den vier Ecken, die von jeweils einem Zwerg gehalten wurden: Austri (Osten), Westri (Westen), Nordri (Norden) und Sudri (Süden). Anschließend nahmen die drei Brüder Feuerfunken aus Muspelheim und hefteten sie als Gestirne an den Himmel – anderen Funken wurde erlaubt, sich am Himmel frei zu bewegen.

Die drei Asen Odin, Vili und Ve (nach einer anderen Version Odin mit seinen Brüdern Hönir und Lodurr) schufen auch die ersten Menschen Ask und Embla – und zwar aus zwei Baumstämmen, die vom Meer am Ufer strandeten: Odin hauchte ihnen als Luftgott Atem, Leben und Geist ein, Vili gab ihnen als Wassergott klaren Verstand und Gefühl; Ve verlieh ihnen als Feuergott das warme Blut, das blühende Aussehen, die Sprache und das Gehör.

Den Riesen Ymir und die Ur-Kuh Audhumbla/Audhumla bannte der dänische Maler, Bildhauer und Architekt Nicolai Abraham Abildgaard (1743–1809) Ende des 18. Jahrhunderts auf die Leinwand.

MYSTERIÖSE MEGALITH-KULTUREN

Blick in den Gang des jungsteinzeitlichen Hügelgrabs im irischen Newgrange. Die teilrekonstruierte Grabanlage aus der Zeit um 3150 v. Chr. zählt zu den bedeutendsten Megalithbauten weltweit.

> „Die neolithischen Steinkreise auf den windgepeitschten Mooren und Wiesen im Nordwesten Europas haben einen so engen Bezug zur Landschaft, dass man glauben könnte, sie seien aus dem Boden gewachsen."
>
> BRIAN LEIGH MOLYNEAUX

MENHIRE, HÜNENGRÄBER UND STEINKREISE

Dolmen wie der von Poulnabrone im irischen Burren, Ganggräber-Anlagen wie die älteste überhaupt im französischen Barnenez, berühmte Steinkreise wie der von Brodgar auf den Hebriden-Inseln und schließlich das alles überragende Stonehenge – Bauwerke der mysteriösen Megalithkulturen (gr. megas = groß, lithos = Stein) stehen noch heute an vielen Orten, doch es gab sie einmal fast überall in Nordeuropa. Tausende von Dolmen lagen verstreut zwischen Irland und dem heutigen Polen. Auch in Südskandinavien überragten Großsteingräber, zum Großteil gut sichtbar auf Anhöhen errichtet, ganze Landstriche; von einst rund 7000 sollen immerhin noch 2800 übrig sein. Und über 5000 Hünengräber und Dolmen waren es im Gebiet des heutigen Norddeutschlands, einige Hundert davon haben die Zerstörungen der vergangenen zwei Jahrhunderte überdauert. Doch Jahrtausende lang dominierten die überwiegend aus Findlingen errichteten Megalithbauten die Landschaften Nordeuropas; ist es da ein Wunder, dass die Nachfahren sich deren unbekannte Erbauer als Riesen vorstellten?

Vorangehende Doppelseite: Mit einem Durchmesser von 104 Metern ist der um 2700 v. Chr. entstandene Ring von Brodgar größer als Stonehenge.

Rügen im Mittelalter. Dass auf Rügen Hunderte von Steingräbern standen, konnten sich die Bewohner nur damit erklären, dass sie von Riesen errichtet worden waren. So soll sich auf dem Riesenberg, wie der Name schon sagt, die steinerne Grabstätte eines Riesen befunden haben, berichtet Alfred Haas in seiner Sagen- und Märchensammlung: „Die Steine, die den Nobbiner Steinkreis bilden, sind von einer Riesin in der Schürze vom Strand auf das hohe Ufer hinaufgetragen worden, an der Schürze waren seidene Fäden als Bänder." Und das Großsteingrab bei Sassnitz, an dessen Westende zwei große Ecksteine standen, wurde als das Grab zweier Riesenkinder, die im nahe gelegenen See ertranken, gedeutet.

„Sicher ist es, dass diese Steindenkmäler nicht von Menschen unserer Gestalt und auch nicht von Einheimischen errichtet wurden", führte der Bentheimer Forscher und Theologe Johan Picardt 1660 aus. „Es ist vorgekommen, dass eine Kompanie Soldaten versucht hat, einen der oberen Steine zu bewegen bzw. herunterzuwälzen, aber trotz der Anstrengungen dieser 150 Mann rührte sich dieser Stein nicht von der Stelle.

Schlichte Eleganz – Alt Gaarz gilt als einer der schönsten Urdolmen im Ostseeraum.

Hünengrab auf Rügen. Auf der Ostseeinsel gab es einst über 50 Großsteingräber.

Sie sind alle zusammen Begräbnisplätze von grausamen und barbarischen Riesen, Hünen oder Giganten, den Nachkommen von Menschen schrecklicher Gestalt, riesigen Kräften und tierischer Wildheit, die weder Gott noch die Menschen gefürchtet haben, die nur geboren waren zum Unglück des menschlichen Geschlechts." Doch welchen Zweck hatten diese Bauwerke? Noch 1816 bekannte Johann Jacob Grümbke, der intensiv die Geschichte der Insel Rügen erforschte, über den Steinsatz von Nobbin, dass „auf alle Fragen, ob diese Stelle ein Bet-, Opfer-, Begräbnis-, Versammlungs- und Beratschlagungsplatz, oder eine Gerichtsstätte gewesen sey, keine die Wahrheit treffende Antwort gegeben werden kann." Deshalb wandten sich die ersten Forscher zunächst dem Kategorisieren und Zählen zu.

AUF DEN SPUREN SCHWINDENDER HÜNENGRÄBER

Der Schwede Oskar Montelius unterteilte als Erster die Megalithbauten seiner Heimat in drei Gruppen: Dolmen, Ganggräber und Kisten. Später jedoch musste er diese drei Gruppen immer weiter untergliedern, da es zu viele Abweichungen gab. Der Franzose Gabriel de Mortillet kam zu einer ähnlichen Differenzierung und wies auf klare Unterschiede der Megalithgräber innerhalb Frankreichs hin. Während Dolmen im Umland von Paris lang gestreckt sind und einen Vorraum haben, sind es in der Bretagne Gewölbe mit langen Gängen.

Die Erforschung der Megalithbauten gestaltete sich immer mehr zu einem Wettrennen gegen die Zeit, denn im Laufe des 19. Jahrhunderts verschwanden immer mehr Großsteingräber aus der Landschaft. Besonders verheerend war die Entwicklung in Norddeutschland, wo mangels Alternativen die Steine der damals noch zahlreichen Dolmen als Baumaterial für den Straßenbau, für Umgrenzungsmauern und als Grabsteine zweckentfremdet wurden. Nach acht Jahren der Erkundung legte im Jahr 1843 Georg Otto Carl von Estorff im Auftrag des Historischen Vereins für Niedersachsen eine detaillierte archäologische Karte vor, auf der rund 6000 Grabhügel und 219 Großsteingräber erfasst sind, von denen der Großteil jedoch in den folgenden 100 Jahren zerstört wurde. Doch immerhin konnte der deutsche Urgeschichtler Ernst Sprockhoff im Laufe seiner rund 50-jährigen Forschungstätigkeit (ab 1926) noch an die 1000 Großsteingräber in Nord- und Ostdeutschland erfassen. Er übernahm zunächst die Klassifizierung von Oskar Montelius, wandelte sie jedoch für den norddeutschen Raum etwas ab. So unterschied er den kompakteren Urdolmen mit nur einem Deckstein vom erweiterten Dolmen mit zwei Decksteinen und dem Großdolmen mit drei bis fünf Decksteinen. Und er differenzierte das lang gestreckte

Westlich der sachsen-anhaltinischen Stadt Haldensleben befindet sich das größte geschlossene Großsteingräbergebiet Mitteleuropas. Von den einst über 130 Hühnengräbern, die in der Zeit um 3500/3000 v. Chr. errichtet wurden, sind heute noch 83 mehr oder weniger gut erhalten; 48 der überwiegend im 19. Jahrhundert abgetragenen Grabanlagen sind dokumentiert und gelten als gesichert.

MYSTERIÖSE MEGALITH-KULTUREN

Ganggrab mit Kammer vom Hünenbett ohne Kammer. Inzwischen hat sich in Wissenschaftskreisen die Ansicht durchgesetzt, dass drei Kriterien gemäß der Definition des französischen Frühgeschichtlers Jean-Pierre Mohen erfüllt sein müssen, damit Grabbauwerke den Megalithkulturen zugeordnet werden können: ein Tumulus, lokale Begräbnisriten und große Steine.

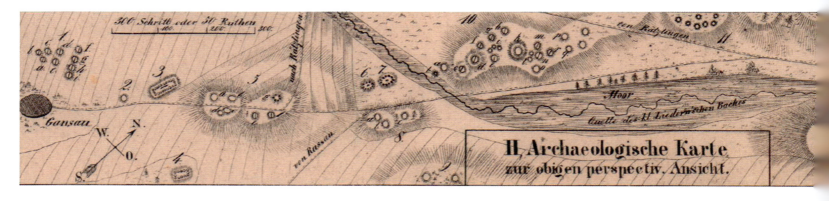

WER WAREN DIE ERBAUER DER ERSTEN MEGALITHANLAGEN?

In der rauen Küstenlandschaft im Nordwesten Irlands lebten schon vom 8. bis ins 5. Jahrtausend v. Chr. hinein Jäger und Sammler, das beweisen freigelegte Feuerstellen, gefundene Waffen und Werkzeuge aus Feuerstein sowie gewaltige prähistorische Abfallhaufen aus Muschelschalen. Und in

Georg Otto Carl von Estorff ist es zu verdanken, dass wir noch heute von den unzähligen Megalithanlagen Norddeutschlands wissen. Der Großteil der von ihm erfassten Grabhügel und Großsteingräber wurde im Verlauf des 19. Jahrhunderts zerstört.

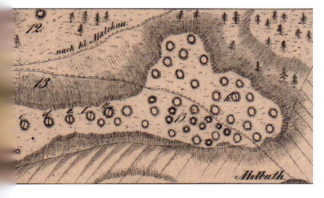

der Bucht von Sligo, auf einer Anhöhe zu Füßen des Berges Knocknarea, liegt nach heutigem Wissen Irlands größtes und ältestes, aber wenig bekanntes Megalithfeld Carrowmore (keltisch: „Ort der vielen Steine"). Über den ganzen Kamm verstreut liegen rund 80 bis 150 Megalithgräber, die jedoch seit ihrer ersten Erkundung durch den Archäologie-Pionier George Petrie 1837 zum Teil zerstört wurden. Ausgrabungen eines schwedischen Teams zwischen 1977 und 1984 unter Leitung von Göran Burenhult unterstrichen die Bedeutung von Carrowmore. Inzwischen ist zumindest der Kernbereich des Geländes rund um ein Besucherzentrum geschützt. Die ältesten Grabkammern konnten auf die Zeit um 4600 v. Chr. datiert werden, die jüngsten um 2500 v. Chr. „Die freigelegten Siedlungen sowie die großen Mengen ungeöffneter Miesmuscheln und Austern, die großartigen Knochennadeln aus Hirschgeweih und der aus Pottwalzähnen gefertigte Schmuck, den man in den Gräbern fand, belegen, dass zumindest die ältesten Monumente von Menschen erbaut wurden, die noch das Leben von Jägern und Sammlern führten", urteilt Burenhult, der bei dieser Einschätzung sicherlich auch das Vorbild der Ertebølle-Kultur seiner Heimat vor Augen hat.

Die nach ihrem Hauptfundort am Ufer des Limfjordes in Nordjütland benannte Ertebølle-Kultur war zwischen ca. 5200 und 2000 v. Chr. vor allem in Dänemark und Südschweden, aber auch in Schleswig-Holstein, Mecklenburg und im nördlichen Niedersachsen verbreitet. Sie fußte im Wesentlichen auf Jagen mit Pfeil und Bogen, Fischen und Sammeln. Das Sammeln im Wattenmeer hinterließ eindrucksvolle, von den Archäobiologen auf diese Zeit datierte Überbleibsel: Muschelabfallhaufen, die bis zu 200 Meter lang, bis zu 20 Meter breit und zwei Meter hoch sind. In ihnen finden sich neben Schalen von Muscheln und Strandschnecken (der Sommernahrung) auch Knochen von Schwänen, Gänsen und Enten (der Winternahrung). Durch den Kontakt mit den angrenzenden Bauerngesellschaften betrieben sie jedoch auch Haustierhaltung und importierten deren Keramikgefäße. In

RIESEN – VERKÖRPERUNG DER NATURKRÄFTE UND GEGENSPIELER DER GÖTTER

Die Stahlskulptur im Steingarten von Hösseringen erinnert an die Sagen von „Hünen"-gräbern – eines ist im Hintergrund zu sehen –, die von Riesen errichtet wurden.

Den Riesen fällt in der nordischen Mythologie eine zwiespältige Rolle zu. Aus einem von ihnen, Ymir, wird die Welt erschaffen; sie gelten als das erste der drei Göttergeschlechter (neben Asen und Wanen), und sie zeugen zusammen mit Göttern weitere Götter. Doch gleichzeitig gelten sie als Ungeheuer, als bösartige Wesen, die mit der Macht ausgestattet sind, die Welt zu vernichten – was sie in der Götterdämmerung dann auch versuchen.

Riesen heißen Angrboda, Baugi, Bergelmir, Bölthorn, Fárbauti, Geirödd, Gilling, Gunnlöd, Hymir, Hyrrokkin und Mjöll, oder auch Ragnhild, Skadi, Skrymir, Thyrm, Utgardaloki, Vaftrudnir oder Vali. Sie werden in der Dichtung „Völuspá" die „Ungeborenen" genannt, weil der ganze Kosmos auf den Urriesen Ymir zurückgehen sollen. Als dieser ermordet wurde, entstanden aus seinen Gliedern, Eingeweiden und Haaren die Welt und alle Lebewesen in ihr. Gleichzeitig ertranken Ymirs Nachkommen in seinem Blut – bis auf Bergelmir und seine Gattin. Diese werden zu den Stammhaltern der Jötunen, dem ersten Riesengeschlecht, das in Jötunheimr (Riesenheim) wohnt, auch Utgard (Außenwelt) genannt. Sie verkörpern die unbändigen Naturkräfte Eis, Feuer, Wasser und Stein sowie Naturkatastrophen wie Stürme oder Erdbeben. Ihrem Charakter und Handeln nach sind sie vor allem gewalttätig und unmäßig, weshalb sie mit den Göttern und Menschen verfeindet sind. Sie sind jedoch nicht dumm, Einzelne von ihnen gelten sogar als weise – wie der Weisheitsriese Mimir oder der Jötun Wafthrudnir, der in einem Wissenswettbewerb von Odin nur besiegt wird, weil dieser nach Dingen fragt, die nur er selbst kennen kann. Es kommt jedoch auch zu etlichen Verbindungen zwischen Göttern und Riesen. So zeugen der Gott Loki und Riesin Angrboda die Ungeheuer Hel und Fenriswolf sowie die Midgardschlange.

Doch Gegensatz und Feindschaft zwischen Göttern und Riesen halten die gesamten Weltenalter über an – bis zur Götterdämmerung: Es sind die Thursen, das zweite Riesengeschlecht, die gegen die von Odin geführten Götter (das jüngere Göttergeschlecht der Asen) in den Krieg ziehen. In diesem Kampf vernichten sich schließlich Naturkräfte und Geistwesen gegenseitig.

In Märchen und Legenden leben Riesen bis in unsere Tage weiter. So soll in Irland das legendäre Volk der Túatha Dé Danann aus Riesen bestanden haben. Erst als diese von den Kelten in die Unterwelt verdrängt wurden, schrumpfte ihre Körpergröße, bis sie Dämonen und Feen wurden. Im deutschsprachigen Raum sind Riesen vor allem Unholde, die mit den Menschen im Streit liegen. So soll an der Stelle, wo heute der „Teufelsbackofen" steht, ein Dolmen mit umringendem Steinkreis im Everstorfer Forst westlich von Wismar, laut Überlieferung ein Riese gewohnt haben. Da er den Bauern die Felder vernichtete, wurde er von ihnen im Schlaf begraben. Nach diesem ersten Begräbnisversuch wachte er jedoch wieder auf und setzte sein Zerstörungswerk fort. Erst als die Bauern die schweren Steine des Dolmen über den begrabenen Riesen zogen, blieb er im Erdreich verborgen.

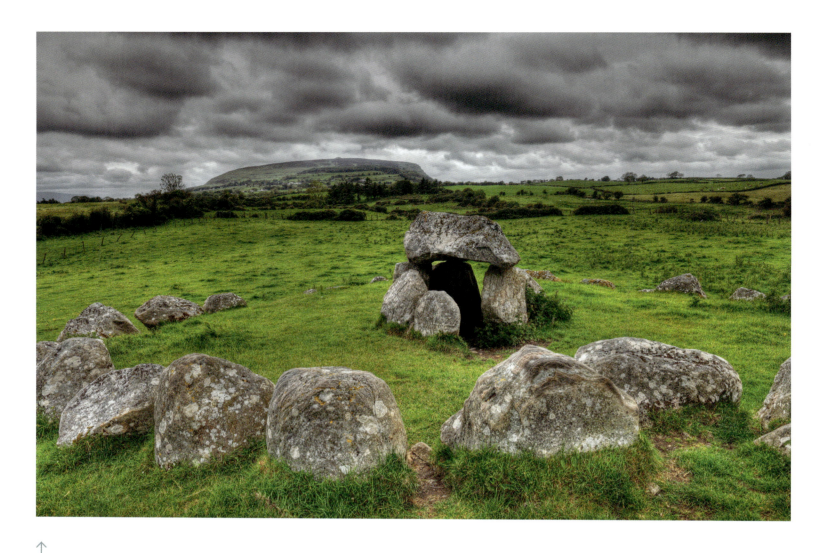

Dolmen mit einem Kreis aus Randsteinen in Carrowmore im County Sligo. Hier gibt es die größte Anhäufung von Megalithanlagen in Irland. Von den einst vermutlich weit über 80 Anlagen sind heute noch 25 mehr oder weniger gut erhalten.

Südskandinavien entwickelten sich die Ertebölle-Menschen zu erfahrenen Bauern, Angehörigen der sogenannten „Trichterbecherkultur" (ca. 4200 bis 2800 v. Chr.), benannt nach dem Gebrauch des charakteristischen Bechers in Trichterform. Bis zu 100 Menschen wohnten zusammen mit ihrem Vieh in Langhäusern von 25 bis 40 Metern, in Dänemark vereinzelt sogar bis zu 70 oder 80 Metern Länge. Das zeigen im Boden gefundene Verfärbungen der einstigen Pfosten und Spuren verbrannten Lehms, mit dem die Seitenwände ausgekleidet waren. Kleine Gebäude, auf Stelzen gebaut, dienten zur Vorratshaltung. Ihre größte Innovation bestand jedoch in neuartigen Zuggespannen: Ihre in ein Joch gespannten Ochsenpaare waren wahre Kraftmaschinen. Mit ihnen konnten sie nicht nur den Pflug über das Feld ziehen, sondern auch Baumwurzeln aus dem Boden reißen und die riesigen Findlinge an die

Seite räumen, welche die letzten Eiszeiten überall in die nordeuropäische Landschaft geschoben hatten. „So entstanden die Sichtachsen, in denen ihre Dolmen und Menhire zur Geltung kamen", urteilt die Archäologin Susanne Friederich. Auf diese Weise sollte sich die Urbarmachung der einstigen Waldgebiete nicht nur in der kultivierten Landschaft selbst, sondern auch in einer bewussten Markierung niederschlagen. Tausende von Grabhügeln, unter denen Großsteinkammern lagen, prägten schließlich die Landschaft Nordeuropas. Die Trichterbecher-Menschen wanderten auch, das zeigen neueste DNA-Analysen von Knochenproben unter anderem aus Megalithgräbern, im späten 4. Jahrtausend v. Chr. ins nördliche Mitteleuropa ein.

SAKRALE LANDSCHAFTSGESTALTUNG

Vor und nach der Megalithzeit finden die Archäologen überwiegend Individualbestattungen. Die in den Megalithgräbern vorgenommene Kollektivbestattung symbolisiere deshalb nach Ansicht vieler Forscher die gemeinschaftliche Kraftanstrengung, die der Übergang von der mesolithischen zur neolithischen Welt, vom nomadischen Jäger und Sammler zum sesshaften Ackerbauern und Hirten darstellte. Doch darüber hinaus dokumentiert sich in ihnen ein neues astronomisches Wissen der Menschen. „Der nach Osten ausgerichtete Kilclooney-Dolmen ist nur einer von vielen, der konstruiert wurde, um das Licht der Morgensonne einzufangen, so positioniert, dass sie das dunkle Innere mit Licht durchflutet", urteilt der Astronom Ken Taylor. Die ersten Megalithgräber mit ihren Langhügeln waren noch den Wohnhäusern nachempfunden und wurden in der Nähe der Siedlungen errichtet, doch je weiter sich das System religiöser Vorstellungen entwickelte, desto komplexer wurden die Rituale, die schließlich, zumindest an einigen Orten, zu einer sakralen Landschaftsgestaltung führten.

Die typische Form gab ihnen ihren Namen – Trichterbecher aus der „Trichterbecherkultur", gefunden im Moorgebiet nahe dem niederländischen Assen.

In der südschwedischen Region Västergötland (auch Falbygden genannt), zwischen den Seen Vähern und Vättern, stehen die Hälfte aller Megalithgräber des Landes, rund 290, 17 Ganggräber allein im heutigen Stadtgebiet von Falköping. Einige Kilometer südwestlich davon thront auf einem Hügel das Ganggrab Luttra. Von dort erblickt man im Umland zahlreiche weitere kleine Hügel, andere Ganggräber der Region. Der schwedische Archäologe Karl-Göran Sjögren ist überzeugt davon, dass diese Landschaft von den neolithischen Bewohnern des späten 4. Jahrtausends v. Chr. in Gebiete untergliedert wurde. Auf dem ebenen Land errichteten die Anwohner ihre Siedlungen und Ackerflächen, auf Anhöhen wurden die Megalithgräber erbaut, in denen die Verstorbenen beigesetzt wurden. Bei der Anlage der Gräber wurde darauf geachtet, dass sie nicht von den Siedlungen aus, den Arealen der Lebenden, zu sehen sind. Sichtkontakt besteht dagegen von den Megalithgräbern zu den entfernt liegenden Bergen, die als Sitz von Ahnengeistern oder Göttern betrachtet wurden. So unterteilte sich die ganze besiedelte Landschaft in Regionen, die den Menschen und ihrer Tätigkeit, und solchen, die den höheren Mächten vorbehalten waren. Die durch Sichtkontakt miteinander verbundenen sakralen Plätze überzogen schließlich das Land netzartig, als sollten sie für einen Ausgleich der Kräfte, für eine Harmonie von Diesseits und Jenseits sorgen.

War die Welt der Trichterbecher-Menschen eine Zeit lang auf diese Weise im umfassenden Sinne „befriedet" worden? Zum einen zwischen den Menschen und den höheren Kräften: Ein höchst differenziertes System aus Ritualen und Tabus, einem Zentralheiligtum und vielen Megalithgräbern sorgte für ein Gleichgewicht zwischen den lebenden Menschen, ihren Ahnen und den Naturgewalten. Zum anderen zwischen den Gemeinschaften: Die einzelnen Gemeinschaften einer Region bauten ihre eigenen Megalithgräber. Doch anstatt mit den Nachbarn zu konkurrieren, unterhielten sie gemeinsam rituelle Erdwerke, in denen die Toten in Ritualen zu Ahnen „reiften", bevor sie dann in den Megalithgräbern der einzelnen Dörfer bestattet wurden.

So komplex diese Rituale auch waren, wir finden keine Hinweise auf einzelne Götter, die hier verehrt worden sein könnten. Nur zahlreiche Symbole wurden auf Steinkisten, Menhiren und Ganggräbern angebracht. In Irland spielten vor allem Rautenmuster, Karos, sternförmige Zeichen, Spiralen und Kreise, die teilweise wie eulenartige oder überdimensionierte

Aus heute lediglich vier Steinblöcken besteht der Dolmen, der nördlich von Ardara bei Kilclooney liegt. Ursprünglich lag die Anlage unter einem Steinhügel.

Augen aussehen, eine große Rolle. Demgegenüber wurden in der Trichterbecherkultur vor allem Strich-Elemente, Fischgrät- und Rauten- sowie Wellen- und Kreismuster bevorzugt. Ganz selten dagegen findet man auf Steinen und Steintafeln der nordischen Kultanlagen auch Menschen oder Götter in betender oder beschwörender Haltung. Und bei diesen Funden erhebt sich zudem die Frage, ob sie nicht in späteren Zeiten angebracht wurden. So zeigt die Grabplatte einer Steinkiste, die einst bei Anderlingen (15 Kilometer südöstlich von Bremervörde) errichtet wurde und heute vor dem Niedersächsischen Landesmuseum in Hannover rekonstruiert steht, drei Gestalten, Strichzeichnungen, die häufig als germanische Götter Fryr, Thor und Tyr interpretiert wurden. Doch tatsächlich haben die Darstellungen starke Ähnlichkeit mit Götterfiguren aus der skandinavischen Bronzezeit. Und die Forschung sagt, dass sich erst mit den Schnurbandkeramikern, auch sie nach ihrer weit verbreiteten Keramik benannt, die im 3. Jahrtausend v. Chr. aus dem Osten einwanderten und die zur Bestattung in Einzelgräbern übergingen, die Vorstellung von personalisierten Gottheiten ausbreitete, die für Macht, Stärke

Blick in die reich verzierte jungsteinzeitliche Megalithanlage von Gavrinis im Golf von Morbihan (Bretagne)

und Fruchtbarkeit stehen. Doch mit diesen Göttern kam auch die Gewalt, denn die Menschen der Schnurbandkeramik werden zugleich die Streitaxt-Leute genannt, wegen ihrer martialischen Waffen und deren Gebrauch. Auf den Britischen Inseln dagegen fieberte zu dieser Zeit die Megalithkultur in ihrer besonderen Ausprägung ihrem Höhepunkt entgegen.

STONEHENGE – EINE AUSNAHME?

Auf den Britischen Inseln werden prähistorische Monumente, die kreisförmig aus Holz oder Stein und eindeutig für Kultzwecke errichtet sind und im Gegensatz zu einfachen Steinkreisen aufwendig von einem Wall eingefasst wurden, Henge genannt. Von diesen Henges gibt es heute noch rund 120. Ganz im Süden bei Dorchester (Südengland) liegt mit Maumbury Rings ein Hengemonument, das die Römer im 1./2. nachchristlichen Jahrhundert einfach in ein Amphitheater umbauten. Beim 1998 an der ostenglischen Küste bei Norfolk entdeckten Seahenge handelt es sich um die vom Schlick konservierten Überreste eines Holzpfahlringes, in dessen Mitte eine große Eiche kopfüber im Boden steckte – datiert auf 2050 v. Chr. Ganz im Norden schließlich, auf den schottischen Orkneys, steht der berühmte Ring von Brodgar, der auch einmal von einem Wall umgeben war. Besonders jedoch im südenglischen Wiltshire häufen sich die Henges wie Stonehenge, Avebury, Durrington Walls und Woodhenge. Die Siedler, die das Gebiet in der späten Steinzeit und frühen Bronzezeit wegen seiner waldfreien Kalkhöhen bevorzugten, hinterließen dort über 500 Monumente aus Stein, Holz und Erde in einem Radius von nur zehn Kilometern: Hügelgräber, Rundwälle, Prozessionswege sowie Steinkreise.

Als erste große zentrale Kultanlage aus Steinkreisen wurde nach unserem heutigen Wissensstand Avebury um 2600 v. Chr. erbaut – also deutlich später als die meisten kontinentalen Megalithbauwerke. Mit 397 Metern

Inklusive des ihn umgebenen Walls umfasst der Steinkreis von Avebury eine Fläche von ca. 15 Hektar. Von den einst 154 Megalithen sind heute noch 36 erhalten. Mit den heute zerstörten bzw. teils rekonstruierten Alleen bestand das Monument seinerzeit im Ganzen aus ca. 600 Megalithen.

im Durchmesser ist es das größte existente Hengemonument. Hinter einem Wall erstreckt sich ein äußerer Steinring aus ursprünglich 98 bis zu 40 Tonnen schweren, unbehauenen Steinen, in den wiederum zwei innere Kreise eingelassen sind. Zu dieser Zeit war zwar schon die erste Kultanlage von Stonehenge errichtet, doch sie bestand nur aus einem Erdwall und Begräbnislöchern. Das Einzigartige an diesem berühmten Megalithplatz wurde erst in der zweiten Bauphase geschaffen: Während alle anderen Steinkreise auf den Britischen Inseln aus unbehandelten Megalithen bestehen, wurden die großen Steine von Stonehenge sorgfältig zu rechteckigen Formen behauen. Deshalb gleichen sie von Weitem mitten im Spiel zurückgelassenen Bausteinen eines Riesen, aus der Nähe dagegen wirken sie erhaben und rätselhaft zugleich.

Ein in den Kalkuntergrund geschlagener Graben umzieht die 110 Meter durchmessende Anlage von Stonehenge, die nachweislich in mehreren Jahrhunderten errichtet worden ist und um 2100 v. Chr. fertig war.

DIE DREI BAUPHASEN VON STONEHENGE

Nach neuen Ausgrabungen und den Auswertungen aller vergangenen Forschungen durch die Aufsichtsbehörde von Stonehenge, „English Heritage", steht heute fest, dass der Komplex von Stonehenge insgesamt acht angelegte Ringwerke umfasst: vier Steinkreise, zwei aus naturbelassenen Blausteinen und zwei aus behauenem Sandstein, von denen jeweils der größere konzentrisch, der kleinere eher hufeisenförmig angelegt ist. Diese werden von drei Löcher-Kreisen umfasst, die wiederum von einem runden Erdwall umgrenzt sind. Die gesamte Anlage war ungefähr von 3000 bis 1100 v. Chr. in Funktion.

Stonehenge I (ca. 3000 bis 2500 v. Chr.)

Den Anfang machten ein runder Wall von 114 Metern Durchmesser und die 56 Löcher, die nach ihrem Entdecker Aubrey-Löcher heißen. Dieses sogenannte Stonehenge I wurde ungefähr in der Zeit 3000 v. Chr. bis 2500 v. Chr. errichtet. Der Wall besteht aus der abgetragenen Erde des Kreisinneren und ist heute rund einen halben Meter hoch und von dichtem Rasen überwachsen. In den Aubrey-Löchern haben keine Steinpfeiler oder Holzpfosten gesteckt, sondern sie dienten als Gräber, davon zeugen Reste von Feuerbestattungen, Feuersteinartefakte und Knochennadeln.

Stonehenge II (2200 bis 1800 v. Chr.)

Anders als häufig dargestellt, das beweisen datierte Holzkohle und Knochen aus den Fundamentlöchern, wurden zuerst die beiden gewaltigen Steinkreise aus behauenem Sarsen aufgestellt, einem harten Sandstein, der rund 30 Kilometer nördlich von Stonehenge vorkommt. In den ersten Jahrhunderten wurde der größere Sarsen-Steinkreis errichtet, der heute aus 17 aufrechten Blöcken besteht; vermutlich waren es einmal 30. Davon sind jeweils zwei mit einem gewaltigen Querbalken verbunden und werden Trilithon genannt. In den folgenden Jahrhunderten sind die Steintore des kleineren, eher hufeisenförmigen Ringes in der Mitte der Anlage aufgestellt worden. Diese noch größeren Sarsenblöcke messen bis zu sieben Meter Höhe und sind bis zu 45 000 Kilogramm schwer. „Die wie Türstürze über den senkrechten Steinen liegenden Decksteine sind mit diesen verzapft, als wären es Holzbalken", urteilt der englische Archäologe und Stonehenge-Experte Christopher Chippendale, „und die an sie anschließenden Horizontalelemente, die die waagerechte Linie fortsetzen, sind ebenfalls durch die aus dem Holzbau bekannte Nut- und Feder-Technik mit ihnen verbunden." Behauen wurden sie nur mit primitiven Werkzeugen, denn Metallwerkzeuge gab es zu dieser Zeit noch nicht. Bruchstücke der ursprünglichen Werkzeuge fanden sich im Auffüllgeröll: Mittels Geweihhacken wurde gegraben, mit großen Hämmern aus Sarsenstein, die bis zu 30 Kilogramm wogen, wurden die Steine gebrochen und in Form gebracht, kleine Hämmer und Feuersteine dienten zum Glätten.

Stonehenge III (ab 1800 v. Chr.)

Das Ende der Stonehenge-II-Phase überschneidet sich mit der anschließenden Stonehenge-III-Phase (ab 1800 v. Chr.), in der die zwei Steinkreise aus insgesamt 80 naturbelassenen Blausteinen errichtet wurden. Sie sind kleiner als die Sandsteine, doch aus festerem Material, Dolorit, der einen leichten Blauschimmer hat. Dass er aus den mehr als 200 Kilometer entfernten Prescelley Mountains in Wales herantransportiert wurde, muss einen wichtigen kultischen Grund haben. Mit den sogenannten Y- und Z-Löchern wurde die Anlage um ca. 1500 v. Chr. vollendet, doch finden sich keine Anzeichen, dass sie Pfosten oder Steine aufnahmen. Und mit einiger Sicherheit wurde die Anlage um 1100 v. Chr. aufgegeben – mindestens 700 Jahre vor Ankunft der keltischen Druiden auf den Britischen Inseln.

Stonehenge löste vermutlich Avebury um 2200/2100 v. Chr. als zentrale Kultanlage ab. Dafür spricht unter anderem, dass Stonehenge stark in die Landschaft eingebunden war, vor allem durch die zu dieser Zeit errichtete „Prozessionsstraße", eine neben dem sogenannten Opferstein beginnende

Begräbnisstätte, Tempelanlage, Observatorium oder Kult- und Versammlungsplatz? Über den Zweck der Anlage von Stonehenge gibt es bis heute sich widersprechende Theorien.

und von Wällen flankierte Allee, die auf rund 2,5 Kilometern Länge streng Richtung Nordosten führt. Neue Magnetometer- und Laserpuls-Untersuchungen aus der Luft zeigen in der weiteren Umgebung von Stonehenge unter anderem Spuren von einem kleinen und einem drei Kilometer langen Cursus, einigen Landhügeln, über 300 Rundhügeln, Hunderten von Setzlöchern, in denen einmal Menhire gestanden haben könnten, und die Hengemonumente Durrington Walls und Woodhenge – Letzteres besteht aus konzentrischen Kreisen von Pfostenlöchern in einem Feld.

Die Spekulationen, die seit mehr als zwei Jahrhunderten über Stonehenges Funktion angestellt werden, reichen von einer Begräbnisstätte bis zu einem Ufo-Landeplatz. Neueste Nahrung für weitere Schlussfolgerungen lieferten im Frühjahr 2002 Archäologen, als sie bei Amesbury ein Grab entdeckten, das zur Zeit der ersten Steinkreise um 2300 v. Chr. angelegt worden war und zahlreiche Grabbeigaben enthielt, darunter auch Pfeilspitzen und Armschützer. Doch der Bogenschütze, das verriet sein Zahnschmelz, war im nördlichen Alpenraum aufgewachsen, und seine Waffen stammen unter anderem aus dem spanischen und französischen Raum. Die neue Technologie des Bronzegießens vernetzte im 3. Jahrtausend v. Chr. in einem erstaunlich schnellen Tempo ganz Europa. Waren die Erbauer von Stonehenge, so fragten einige Boulevardzeitungen, am Ende Bayern? Besonders populär ist jedoch nach wie vor die These, Stonehenge sei ein Observatorium gewesen. Doch die Möglichkeiten für Peilungen sind bei einer so komplexen Anlage fast unendlich: Von 240 überprüften Peilungslinien stimmten nur 32 mit auffälligen Mond- und Sonnenpositionen überein, nach dem Zufallsprinzip hätten es 48 Übereinstimmungen sein müssen. Zwei Aus-

MEGALITHEN: EINZELN ODER IN REIHEN, GESTAPELT ODER GESTRECKT – ABER IMMER AUS STEIN

Megalithbauwerke wurden in Nordeuropa von der späten Jungsteinzeit bis in die frühe Bronzezeit, also zwischen 4800 und 2000 v. Chr., errichtet und zwar in einer erstaunlichen Vielfalt. Von Menschen aufrecht gesetzte Steinpfeiler, häufig mit bearbeiteter Oberfläche, werden Menhire genannt. Wird eine ganze Anzahl von ihnen in Kreis- oder in Hufeisenform aufgestellt wie beispielsweise beim Ring von Brodgar oder dem inneren Steinkreis von Stonehenge, sprechen wir von Cromlechs und Henges. Mehrere parallel gesetzte Reihen von Menhiren wie die berühmtesten Steinalleen im südbretonischen Carnac heißen dagegen Alignements.

Dolmen oder Ganggräber sind quadratische, längliche oder runde Kammergräber mit senkrechten Tragsteinen und einem oder mehreren horizontalen Decksteinen. Die meisten dieser Megalithgräber waren von einem Erdmantel umgeben. Finden sich jedoch ovale oder rechteckige, manchmal riesig ausfallende Umwallungen aus Stein, welche die viel kleineren Grabkammern umschließen, sprechen wir von „Hünenbetten" – auch die waren meist von einem Erdmantel bedeckt. Wurden die Grabkammern aus rechtwinklig angeordneten Steinplatten wie Kisten erstellt, heißen sie auch einfach „Steinkisten".

Cairns dagegen bilden große Grab- und Kultanlagen, die aus kleineren Feldsteinen aufgeschichtet wurden. Das Innere wird entweder durch die Feldsteine versiegelt oder ist wie ein klassischer Dolmen aus großen Seiten- und Decksteinen gebildet, die zum Teil mit Symbolen verziert sind.

Auch Lang- und Rundhügel mit steinernen Grabkammern wie der Tumulus St. Michel in der Bretagne werden zu den Megalithbauwerken gerechnet.

Von den einst 60 Steinen des Ring von Brodgar auf der schottischen Insel Mainland stehen heute noch 27 aufrecht.

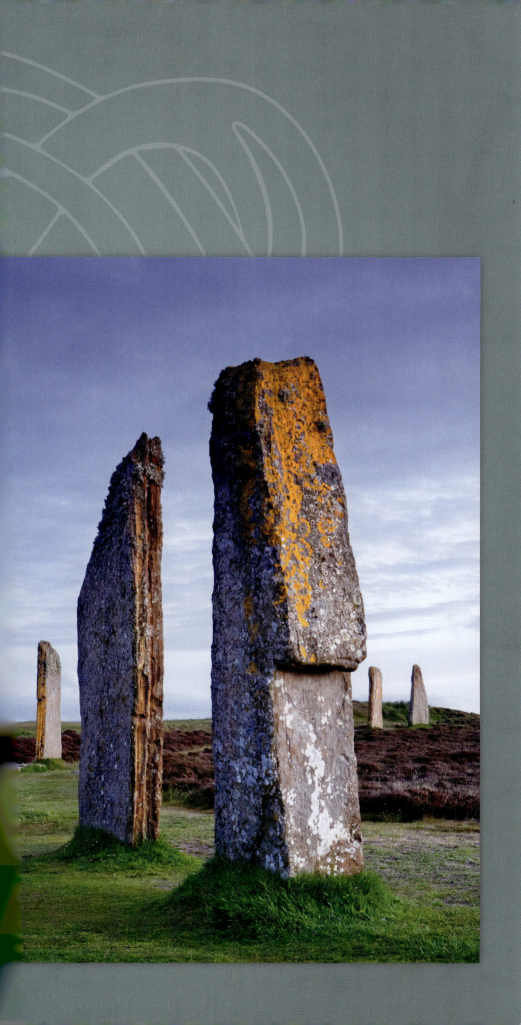

nahmen gibt es jedoch: Der innere, hufeisenförmige Sarsenstein-Kreis und die Prozessionsstraße sind zur Sommersonnenwende hin ausgerichtet. Zusammen mit den neuesten Erkenntnissen über die vielen weiteren Bauwerke in der Umgebung kristallisiert sich nun heraus, dass in Stonehenge lange vor der Errichtung der Steinkreise Menschen begraben wurden. Erst später entwickelten sich der Ort und seine Umgebung nach und nach zur Kultstätte, an der über einen Zeitraum von über 2000 Jahren immer wieder an- und umgebaut wurde. Damit reicht Stonehenge von der Jungsteinzeit der Megalithkulturen bis in die Bronzezeit mit ihrem Sonnenkult, wozu auch die Erkenntnisse über den „Bogenschützen von Amesbury" passen.

DIE NÖRDLICHE BRONZEZEIT

> „Felsbilder und bronzezeitliche Figurenensembles aus Skandinavien öffnen uns die Tür zur Welt bronzezeitlicher Rituale, in deren Mittelpunkt das Schiff als bewegliche Bühne, als ‚segelnder Tempel' mit seiner illustren Besatzung steht."
>
> FLEMMING KAUL

FELSZEICHNUNGEN, HANDEL MIT DEN GÖTTERN UND EINE HIMMELSSCHEIBE

Vorangehende Doppelseite: Bronzezeitlicher Tumulus in der englischen Durham

Detail der Felsritzungen bei Tanum in Vitlycke (Schweden). Die Bilder aus der Bronzezeit, hier Schiffe auf Seereise, wurden vor gut 3000 Jahren in den Fels geritzt. Die Vielfalt der insgesamt über 10 000 Motive kann Aufschluss geben über das Leben und religiöse Empfinden dieser Zeit.

Schon in der Morgendämmerung haben sich Männer zu einem Opferritual am Ufer versammelt. Sie haben Schäfte sowie Klingen von Beilen und Stabdolchen getrennt und jeweils zu Bündeln geschnürt, sind mit einem Einbaum auf den See hinaus gefahren und übergeben diese Gaben nun der jenseitigen Welt, indem sie im tiefen Wasser versenkt werden. So stellen sich Archäologen Opferzeremonien der frühen Bronzezeit an einem der zahlreichen Seen Nordeuropas vor. Die Männer sollen dazu vor rund 4000 Jahren festliche Kleidung getragen und sich vielleicht vorher noch in eine Art Trance versetzt haben. Vom Ufer aus könnte die ernste Zeremonie von Hornbläsern begleitet und von einem Priester überwacht worden sein. Auch in Südeuropa wurde in Seen und Flüssen geopfert, jedoch nicht in dieser Ausschließlichkeit wie im Norden. „Während in den südlichen Gebieten Heiligtümer und Tempel an festgelegten Stellen zur Verehrung von Göttern die religiöse Topografie bestimmten", führt der Kieler Ur- und Frühgeschichtler Michael Müller-Wille dazu aus, „waren es im Norden stets ähnliche Situationen – Stelen am oder nahe beim Wasser, die das Bild bestimmten. Von Tempeln können wir jedenfalls nicht sprechen."

Dieser gehörnte Helm aus der späten Bronzezeit (1100 bis 1000 Jh. v. Chr.) wurde im dänischen Vigsø gefunden. Der knapp 40 Zentimeter hohe Bronzehelm befindet sich heute im Kopenhagener National-museum.

Wie schon in den vorangegangenen Epochen gingen die Menschen im Norden auch in der Bronzezeit einen Sonderweg. Demgegenüber vermittelt der Rest Europas zusammen mit dem orientalischen Raum den Archäologen in Grabsitten, Keramik- und Schmuckfunden in der frühen und mittleren Bronzezeit (2300 bis 1600 v. Chr.) das Bild einer nahezu einheitlichen Kultur. Der Grund für diese Entwicklung liegt in der unterschiedlichen Verteilung kostbarer Rohstoffe. Während Kupfer an vielen Stellen in Europa und Kleinasien gewonnen werden konnte, waren die Lagerstätten von Zinn, Gold, Lapislazuli und Bernstein ungleich verteilt. „Aus einer Welt kleinräumiger Kulturen auf der Grundlage einer einfachen Subsistenzwirtschaft wird von 2000 v. Chr. an ein Geflecht kultureller, politischer und wirtschaftlicher Kontaktpflege auch über erhebliche Entfernungen", urteilt der Frühgeschichtler Bernhard Hänsel. „Der einsetzende Prozess eines geregelten Tauschverkehrs wurde durch die Entstehung neuer Oberschichten begünstigt." Damit diese neue Führungselite sich von Kleinasien bis Mitteleuropa mit ähnlichen Gegenständen wie Schwertern, Streitäxten, edlen Gefäßen und kronenartigen Kopfbedeckungen aus Gold ausstatten konnte, ließ sie Großsiedlungen mit repräsentativen Burgen anlegen als Produktionsstätten und Tauschorte für die neuen Kulturgüter. Nur diese kleine Oberschicht profitierte zunächst von dem neuen Metall, erst rund 700 Jahre nach Beginn der Bronzezeit (um 1550 v. Chr.) wurden auch Geräte und Waffen aus Zinnbronze zur Standardausrüstung der breiten Bevölkerung.

VIELE OPFERGABEN UND EINIGE MOORLEICHEN

Demgegenüber wirkte der Norden, obwohl er als letztes Glied und einzige Bernsteinquelle in die europaweite Handelskette integriert wurde, zurückgeblieben und entwickelte seine ganz eigene Ritualkultur. Waren es vor allem die Umweltbedingungen, die dazu führten?

Zwei Sicheln aus der späten Bronzezeit (13. bis 10. Jh. v. Chr.), ein Exemplar mit gebogenem, das andere mit leicht S-förmig gebogenem Blatt, beide mit drei bzw. vier Rippen am Schäftungsstiel. (Privatsammlung)

Auf einem breiten Landschaftsgürtel, der von Irland über Schottland, die nordöstlichen Niederlande, Niedersachsen und Südschweden bis ins Baltikum reichte, waren seit dem Ende der letzten Eiszeit vor 15 000 Jahren ausgedehnte Feuchtgebiete entstanden, die zur Bildung großer Moore führten. Zur Nutzung war das Moor weitgehend ungeeignet, seit dem frühen Neolithikum fand deshalb eine Art Wettrennen zwischen den Menschen, die immer mehr Platz für Ackerbau und Viehzucht benötigten, und den sich ausbreitenden Mooren statt. Im Laufe der Bronzezeit bildeten sich auch in Nordeuropa große soziale Unterschiede. Besonders Südskandinavien, an dessen Küsten die Routen der Seehandelswege verliefen, profitierte vom friedlichen Tausch mit Fellen, Salz, Keramiken und Metallen – es wurde eindeutig reicher als Niedersachsen und die nordöstlichen Niederlande, die das tückische Wattenmeer vom Seehandel abschnitt. Die Moore blieben bevorzugte Opferplätze der Menschen, aber auch an anderen Stellen wurde stetig geopfert und deponiert. Allein in Dänemark und Südschweden sind für die ältere Bronzezeit (1800 bis 1100 v. Chr.) über 1300 Horte bekannt, prall gefüllt mit wertvollen Gegenständen, darunter Äxte, Sicheln, Gold- und Bronzeschmuck.

Archäologen können dabei sogar unterschiedliche Phasen der Deponierung unterscheiden. Zu Beginn opferten die Menschen Bronzeobjekte von hohem Symbolwert. Zu diesen heilen, schönen und wertvollen Prestigegegenständen zählen vor allem Kultäxte: Deren lang gestreckte Schneiden waren häufig mit schmückenden Einkerbungen verziert. Zu den Opfergaben

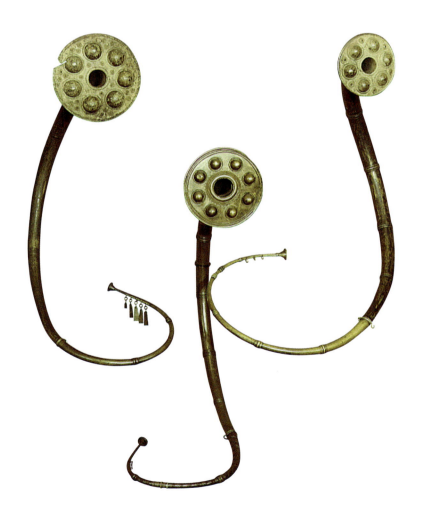

← Bronzezeitliche Luren aus Dänemark. Die über 60 Funde der auch Kriegstrompeten genannten Musikinstrumente datieren in die Zeit zwischen dem 13. und 7. Jh. v. Chr. (Nationalmuseum Kopenhagen)

DIE NÖRDLICHE BRONZEZEIT

gehörten auch aus Bronze gegossene Luren. Diese trompetenähnlichen Hörner wurden bei Ritualen eingesetzt und später dann meist paarweise an Opferplätzen wie Mooren deponiert. Auch von anderen Opfergaben finden sich häufig Paare. In ihnen sollten sich möglicherweise die Dualität heiliger Gegenstände oder die sogenannten „Hierogamie-Riten", die symbolische Hochzeit zweier Götter oder auch eines Sterblichen mit einem Gott spiegeln. Unter diesen „Paaren" finden sich auch geschnitzte Figuren – haben wir es bei der weiblichen Muttergöttin schon mit Nerthus und beim männlichen mit Njörd oder ihren Vorläufern zu tun?

Zunehmend wurden jedoch Opfergaben wie beispielsweise Äxte weder in Einzelstücken noch paarweise, sondern in größeren Mengen geopfert, was einiges über die soziale Stellung der Opfernden aussagt, urteilt der Urgeschichtler Stephan Veil: „Die betreffenden Personen waren nicht nur in der Lage, Bronze zu tauschen, sondern auch, sich von diesem Reichtum zu trennen." Bronze musste importiert werden – aus der Balkanregion, dem Alpenraum oder von den Britischen Inseln. Zu den Metallfunden aus den Mooren gehören auch einige Gießformen für Bronzebeile, die beweisen, dass die Bronze vor Ort verarbeitet wurde. Allerdings nehmen die Archäologen an, dass diese Tätigkeit von herumreisenden Bronzeschmieden ausgeführt wurde. Für den Beruf des Dorfschmiedes war die Arbeitsteilung noch nicht ausgeprägt genug, man lebte weiterhin vorwiegend von der Landwirtschaft.

Während der gesamten Bronzezeit verdingte sich die Mehrheit der Bevölkerung als Bauern, die mit Ackerbau und Viehzucht die Nahrungsmittel der Gesellschaft erwirtschafteten. Neben Emmer und Einkorn wurden nun vor allem Gerste, Dinkel und Hafer, in der späten Bronzezeit auch Hirse und Saubohne angebaut. Zu dieser Zeit gab es zu Getreidebrei oder Brot erstmals auch aus Kuhmilch hergestellten Käse. Dagegen hatte die Kleidung der Bronzezeit bereits hohe Qualität, Wolle und unterschiedliche

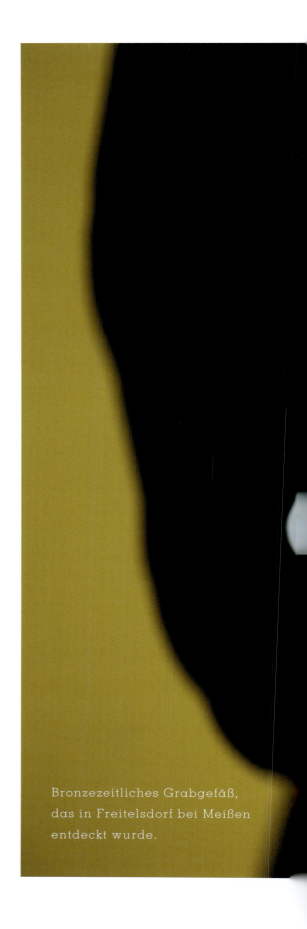

Bronzezeitliches Grabgefäß, das in Freitelsdorf bei Meißen entdeckt wurde.

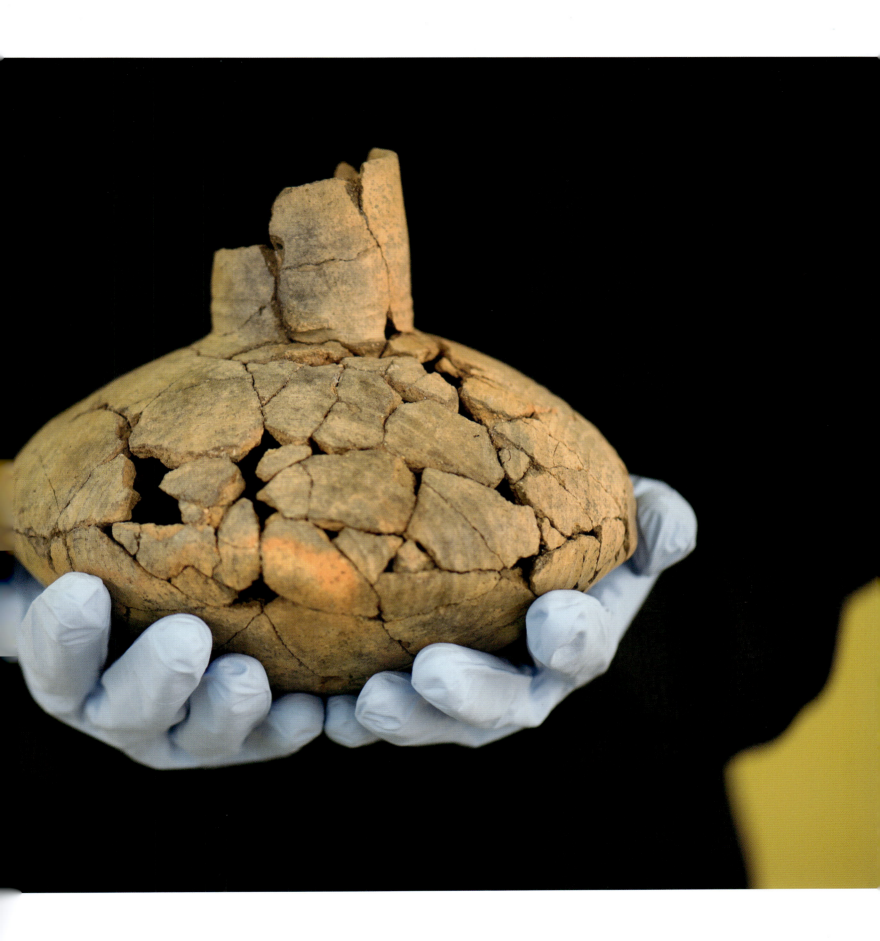

NERTHUS – ERDGOTT UND/ODER NJÖRD – GOTT DES MEERES UND DER SCHIFFE

Alle Wanen sollen vom Fruchtbarkeitsgott Njörd und seiner namenlosen Schwester abstammen – diese Namenlosigkeit deuten manche Forscher dahingehend, dass Njörd vermutlich als geschlechtslos bzw. doppelgeschlechtlich gedacht wurde. Außerdem vermuten viele, dass er identisch ist mit dem älteren, schon bei Tacitus erwähnten Erdgott Nerthus. Tacitus zählt einige germanische Stämme auf, darunter auch die Sueben, und bemerkt dann: „Nichts ist bemerkenswert an all den Einzelnen, als dass sie vereint die Nerthus verehren, d. i. die Mutter Erde, des Glaubens, dass diese eingreife in der Menschen Leben und in der Völker Mitte fahre. Es ist auf einer Insel im Ozean ein heilig-reiner Hain und in demselben ein geweihter, mit einem Gewand bedeckter Wagen, zu berühren nur dem Priester gestattet." Hält man sich an Tacitus, dann wurde die Erdgöttin Nerthus besonders auf einer Insel verehrt. Dort soll anlässlich ihres Frühlingsfestes ein Kultwagen über das Land gezogen worden sein, der von eingeweihten Priestern begleitet wurde. Die Sklaven, die diesen Kultwagen berührten, wurden anschließend geopfert. So sollte die Fruchtbarkeit der Erde für die kommende Ernte sichergestellt werden. Allerdings stellt die Forschung richtig, dass auch bei Nerthus nicht einmal das Geschlecht des Gottes eindeutig geklärt werden kann. „Wie umschreibt man Njörd?", fragt später die Skaldenpoetik und antwortet: „Man nennt ihn Wanengott, Wanenvetter, Wane, Vater des Frey und der Freyja, Gott der Reichtumsgaben." Er gilt als Gott des Meeres und der Schiffe, Vater von Freyja und Freyr und wird sowohl zum Göttergeschlecht der Wanen wie auch zu dem der Asen gezählt. „Der dritte Ase ist Njörd genannt, er bewohnt im Himmel die Stätte, die Nóatún heißt. Er beherrscht den Gang des Windes und stillt Meer und Feuer; ihn ruft man zur See und bei der Fischerei an", heißt es in der Prosa-Edda und weiter: „Er wurde in Wanenheim erzogen." Njörd wurde demnach als Wane geboren, ging aber nach dem Wanenkrieg als Geisel zu den Asen, die ihn wie einen der ihren aufnahmen.

Njörd ist mit der Riesin Skadi verheiratet, neun Monate im Jahr verbringen sie auf seinem Hof Noatun am Meer – wo Skadi der Lärm der Möwen ärgert – und drei Monate an ihrer Heimstätte Thrymheim in den Bergen, wo Njörd die See fehlt. Denn seine Verbindung zur See und zu den Schiffen zeigt eine Verbindung zur alten Tradition der Seelenschiffe, denn die Meere, die Seen und auch alle anderen Gewässer sind nach Vorstellung der Germanen von Drachen und Ungeheuern, von Seelen und Untoten regelrecht verseucht. Doch am Ende der Zeiten, also zur Götterdämmerung, soll er wieder zu den Wanen zurückkehren.

Der stilisierte Kopf der männlichen Figur des Götterpaares, das 1946 im Aukamper Moor bei Braak in Schleswig-Holstein gefunden wurde. Bei den um 500 v. Chr. geschaffenen Holzfiguren handelt es sich um die größten Darstellungen germanischer Götter. (Schleswig-Holsteinisches Landesmuseum Schloss Gottorf)

Webtechniken waren längst Standard. Auch Lederschuhe und -mützen sowie Prachtmäntel gab es, davon erzählen uns zumindest die wenigen Moorleichen, die in der Bronzezeit in den Mooren bestattet und beim Torfabbau in den letzten zwei Jahrhunderten geborgen wurden. Diese können allerdings nur höhergestellte Personen gewesen sein, Häuptlinge der in Stämmen strukturierten Gemeinschaften, die von den Rechten am Handel mit Salz und Metallen profitierten. In den reicheren Regionen abseits der Moore übernahm die neue Führungselite die Sitte aus dem Süden, sich unter Hügeln in Steinkammern mit protzigen Beigaben beisetzen zu lassen.

HÜGELGRÄBER UND GEHEIMNISVOLLE PETROGLYPHEN

Kein anderer archäologischer Fund führt uns die neue Bedeutung der Bilderwelt in der nordischen Bronzezeit wohl so deutlich vor Augen wie das Grab von Kivik in der heutigen schwedischen Region Schonen. Nahe der Küste und den Felsritzungen von Simrishamn wurde dieser Grabhügel in der Zeit um 1300 v. Chr. auf einer kleinen Anhöhe errichtet und weist im Inneren eine größere und eine kleinere Steinkammer auf. Wiederentdeckt wurde die Anlage erst im 18. Jahrhundert, als man den Hügel als Steinbruch nutzte. Die beiden Grabkammern wurden grobschlächtig geöffnet und nach Schätzen abgesucht. Als schwedische Archäologen in den Jahren 1931 bis 33 endlich die Anlage gründlich ausgruben und restaurierten, waren etliche Teile der Kammern bereits verschwunden oder zerstört – doch es existieren ältere Zeichnungen aus den vorangegangenen Jahrhunderten.

Heute betreten die Besucher einen nach diesen Zeichnungen rekonstruierten Nachbau des großen Steingrabes. In der abgedunkelten Kammer erstrahlen die angeleuchteten Steinsetzungen mit ihren Felszeichnungen

Die um 1000 v. Chr. entstandene Grabanlage im schwedischen Kivik ist größtenteils rekonstruiert, da sie bis ins Jahr 1748 als Steinbruch genutzt wurde.

in warmen ocker-braunen Farbtönen. Mit dunkler Farbe zeigen sie Symbole wie das Rad mit Speichenkreuz, Schiffe, Luren, ganze Gruppen von Menschen und anderen Wesen, die schlanken, aufrechten Seehunden ähneln, sowie einen Streitwagen mit Pferden. Auch die nicht mehr auffindbare Eingangsplatte war, so zeigen es Radierungen aus dem 18. Jahrhundert, auffallend verziert. Links und rechts waren große Äxte aufgemalt, bemerkenswerte Objekte, denn an ihren lang gezogenen Schneiden waren gebogene Schäfte angebracht, die sie zum präzisen Schlageinsatz untauglich machten; deshalb vermuten die Wissenschaftler, dass es sich um Ritualäxte handelt, die geschwungen oder sogar miteinander verbunden wurden. Und das in der Mitte dargestellte spitz zulaufende Dreieck wurde als ein Kegelhut identifiziert, ähnlich dem mit astronomischen Zeichen verzierten

DIE NÖRDLICHE BRONZEZEIT

Das „Königsgrab" von Kivik ist vor allem für seine einzigartigen Petroglyphen bekannt, die Menschen, Schiffe, einen Streitwagen und unterschiedlichste Symbole wie Räder oder Luren zeigen, berühmt.

„Berliner Goldhut" und dem „Goldhut von Schifferstadt". Diese Kulthüte, die vielleicht einst von Priestern getragen wurden, sind aus dünnstem Goldblech gefertigt. Abgesehen von einzelnen identifizierbaren Details wirkt die ganze Anlage jedoch, so der dänische Archäologe Klavs Randsborg, wie eine Art „Raumkapsel auf hoffnungsloser Mission, die nach unendlicher Zeit als Botschafter einer langen Traumreise durch die Geschichte auf die Erde zurückkommt und unser heutiges Bewusstsein so eigentümlich berührt."

Mit der gleichen Mischung aus Ratlosigkeit und Faszination betrachten wir die Zehntausenden von Felszeichnungen, sogenannte Petroglyphen, die uns aus Norwegen, vor allem jedoch aus Schweden, bekannt sind. Nur dort haben in Nordeuropa Gletscher große Oberflächen harten Felsgesteins so glatt poliert, dass sie sich als Grund für die eingeritzten Zeichnungen eignen, deshalb werden sie präziser auch Felsritzungen genannt. In den Regionen des heutigen Dänemark und Norddeutschland sind solche Felsformationen selten, entsprechend wurden dort meist nur einige Zeichen oder ein freistehendes Motiv auf großen Findlingen angebracht. Obwohl die Zeichnungen nur eine geringe Tiefe haben, nur die sogenannten Schälchen sind mehrere Zentimeter tief, bedeutete ihre Anfertigung eine enorme Anstrengung: Sie wurden unter erheblichem Kraftaufwand meist mit einem Quarzgestein, das härter als die zu bearbeitende Fläche sein musste, so in die Felsfläche eingeschlagen, dass dabei die erste Gesteinsschicht abgetragen wurde. Normale Bronzemeißel dagegen eigneten sich nicht als Werkzeuge, denn sie waren zu weich.

Dieser enorme Aufwand bedeutet aber auch, dass die Darstellungen eine wichtige Botschaft enthalten müssen. Während die meisten Felsritzungen in Nordschweden noch vor der Bronzezeit entstanden sind, werden die Felszeichnungen in Südschweden der späteren Bronzezeit, 1500 bis 500 v. Chr., zugeordnet. Laut einer Statistik des schwedischen Archäologen Ulf Bertilsson zeigen fast 30 Prozent der Felszeichnungen sogenannte Schälchen – ob es sich dabei tatsächlich um eine Art Opferschalen handelt, wie allgemein vermutet wird, darüber debattieren die Experten noch.

Der „Goldhut von Schifferstadt" stammt aus der Zeit um 1350 v. Chr. und wurde in Schifferstadt bei Ludwigshafen gefunden.

Die bronzezeitlichen Felszeichnungen bei Tanum in Vitlycke wurden 1994 von der UNESCO zum Weltkulturerbe erklärt.

Das zweithäufigste Motiv sind Schiffe in allen möglichen Varianten. Meist werden sie mit einem hohen, einbiegenden Bug und einer Art Rammsporn darunter sowie einer „Fiederung" im Schiffsrumpf, die Besatzung, dargestellt. Unter den Felszeichnungen von Bohuslän (Schweden) findet sich neben einer ganzen Flotte von Schiffen auch das mit 4,5 Metern längste Schiffsbild des Nordens. Außerdem wurde dort ein menschenähnliches Wesen mit Schwanz und Hörnern verewigt, das ein Schiffsmodell trägt. Und eine Szene auf dem Stein von Engelstrup (auf dem dänischen Nordseeland) zeigt eine ganze Kulthandlung, bei der ein, verglichen mit den anderen Abgebildeten, sehr großer Mensch ein Schiff mit Sonnenscheiben und einem kleinen Pferd ins Wasser schiebt; darunter scheinen Menschen um einen

Felsritzbild eines Schiffes aus der späten Bronzezeit. Die Abbildung auf dem nach seinem Fundort benannten „Stein von Engelstrup" stammt aus dem 11. bis 8. Jahrhundert v. Chr. Der Stein misst 58 x 65 x 40 cm (H x B x T).

BRONZEZEIT IN MITTEL- UND NORDEUROPA

Die Bronzezeit in Mitteleuropa dauerte – mit regionalen Unterschieden – etwa von 2200 bis 700 v. Chr. Als frühe Bronzezeit wird die Periode von 2200 bis 2000 v. Chr. bezeichnet, obwohl Waffen und Geräte überwiegend noch aus Kupfer bestanden. Erst in der Zeit zwischen 2000 bis 1650 v. Chr. setzte sich die Bronze als hauptsächlich verwendetes Metall durch – vor allem in der Aunjetitzer Kultur (östliches Mitteleuropa), die durch Fürstengräber wie das von Leubingen bekannt ist. Während in der mittleren Bronzezeit (1650 bis 1300 v. Chr.) auch einfache Menschen unter Hügelgräbern bestattet wurden, ist die Spätbronzezeit (1300 bis 800 v. Chr.) vor allem durch die neuen Begräbnisrituale der Urnenfelder gekennzeichnet. Skandinavien, das zunächst kulturell um gut 400 Jahre hinter dem Kontinent herhinkte, an dessen Küsten jedoch die Routen der Seehandelswege verliefen, profitierte bald vom friedlichen Tausch mit Fellen, Salz, Keramiken und Metallen. Es bildeten sich innerhalb relativ kurzer Zeit gesellschaftliche Eliten heraus, die die Sitte übernehmen, sich in reich ausgestatteten Gräbern beisetzen zu lassen. Tausende von Grabhügeln dokumentieren diese Entwicklung. Einen signifikanteren Einschnitt bedeutete es, als sich um ca. 1300 v. Chr. – nun zeitgleich mit Mitteleuropa – die neuen Begräbnisrituale der Urnenfelder durchsetzten.

Eine Bronzeamphore aus der Zeit um ca. 900 bis 800 v. Chr. Gefunden wurde sie bei Ausgrabungen im Jahr 1991 im brandenburgischen Herzberg (Prignitz). Neueste Forschungen ermöglichen es, die Funktionen der Buckel auf dem Gefäß zu deuten. Nach Ansicht der Experten handelt es sich bei den Reihen mit den Buckeln um einen Kalender.

Kreis zu tanzen. Es folgen Darstellungen von menschenähnlichen Gestalten, Pferde, das Pflügen eines Ackers, jedoch auch kultische Handlungen mit beispielsweise Lurenbläsern. Außerdem finden sich unter diesen Bildern auch mehrere Motive des sogenannten „Gehörnten", einer Person mit eregiertem Penis und Hörnern auf dem Kopf. Auf einer Abbildung hält dieser in beiden Händen je einen Hammer – ist das ein Hinweis auf einen Schmied? Die Kunst, aus Bronze Waffen, Werkzeuge und verzierten Kultschmuck herzustellen, galt zunächst als eine magische Fähigkeit, die den Schmied in den Rang eines Priesters erhob. Oder soll die Abbildung schon, wie manche Forscher behaupten, den hammerschwingenden Donar/Thor oder zumindest seinen göttlichen Vorgänger zeigen? Da inzwischen Schnurröcke, Hörnerhelme und Kultäxte aus bronzezeitlichen Horten und Gräbern bekannt sind, sehen die meisten Forscher darin allerdings einen Beleg dafür, dass die Felszeichnungen menschliche Kulthandlungen wiedergeben.

Interessanterweise wurden nur außerhalb der Hauptverbreitung der Felsbilder Opferstätten mit wertvollen Bronzegaben gefunden – deshalb fragt der Archäologe Torsten Capelle: „Waren die Bilder eine Art Ersatzopfer, von Menschen dargebracht, die sich nicht auf Dauer von erheblichen Metallwerten trennen konnten? Oder wurden dort, wo es keine anstehenden Felsflächen für die demonstrative Dokumentation von Kulthandlungen gab, den übernatürlichen Wesen ersatzweise wertvolle Geschenke gemacht?" Ein Motiv jedoch überragt alle anderen Felszeichnungen, und seine zentrale Rolle wird durch weitere archäologische Funde der letzten 150 Jahre untermauert: Es begann mit Petroglyphen, auf denen Schiffe eine Sonne geladen haben oder eine Sonne von Pferden gezogen wird. Auf einer Abbildung in Aspeberget thront eine große Sonne mit handförmigen Strahlen, die von zwei menschenähnlichen Wesen berührt wird.

Die jungsteinzeitliche Kreisgrabenanlage von Goseck wurde ca. 4800 v. Chr. erbaut und diente vermutlich als Versammlungs-, Handels-, Kult- und Gerichtsplatz.

DER „SONNENWAGEN",
DER EIGENTLICH KEINER IST

Inzwischen ist unstrittig, dass in der Bronzezeit ein differenzierter Sonnenkult, der in ganz Europa praktiziert wurde, seinen Höhepunkt erreichte. Seine Ursprünge liegen in früheren Zeiten, im vorangegangenen Neolithikum. Davon zeugen riesige Kreisgrabenanlagen, deren weite Verbreitung erst mithilfe der Luftbildarchäologie in den letzten 40 Jahren erkannt wurde. Sie liegen verstreut zwischen dem mittleren Donauraum und der norddeutschen Tiefebene. Die älteste heute bekannte Anlage wurde um 5000 v. Chr in Goseck (Sachsen-Anhalt) errichtet. Umgeben von konzentrischen Gräben wurden Holzpalisaden in Ringform von bis zu 100 Metern Durchmesser angelegt. Die Tore dieser Anlagen waren häufig auf den Sonnenaufgang der Wintersonnenwende ausgerichtet. Die Kreisgrabenanlage nahe dem bayrischen Künzing hat der Geophysiker Helmut Becker vom bayrischen Landesdenkmalamt genau untersucht: „Die Anlage war astronomisch ausgerichtet und so angelegt, dass die ersten Sonnenstrahlen der Tag- und Nachtgleiche (21. März und 23. September) durch die Ost-West-Achsentore, zur Sommer- und Wintersonnenwende durch die Nord-Süd-Achse drangen." So ließen sich in einer Welt ohne Uhren die richtigen Zeitpunkte für Aussaat und Ernte bestimmen. Gemeinsam mit Ackerbau und Viehzucht gelangte das Wissen über die Sonnenzyklen bis in den Norden, wo die Sonne im Mittelpunkt der bronzezeitlichen Religionsvorstellung stand.

Der unwiderlegbare Beweis dafür wurde Anfang des 20. Jahrhunderts im Nordwesten der dänischen Hauptinsel Seeland gefunden. Nach der Trockenlegung eines Moores bei Trundholm holte im Jahr 1902 ein Bauer mit seinem Pflug eine bronzene Pferdefigur und wenig später eine Sonnenscheibe und ein Wagengestell aus dem Boden. Der dänische Archäologe Sophus Müller fand schnell heraus, dass der Fund vor rund 3400 Jahren absichtlich zerbrochen und im Moor deponiert worden war, und ihm entgingen auch nicht zwei wichtige Details: Zum einen lassen kleine Ösen sowohl an der Scheibe als auch unter dem Hals des Pferdes schlussfolgern, dass Sonnenscheibe und Pferd ursprünglich mit einem Band verbunden waren. Die Sonne wurde vom Pferd und nicht vom Wagen gezogen, der vermutlich nur die Bewegung der Sonne darstellen sollte. Deshalb nannte Müller das gesamte Objekt nicht „Sonnenwagen", sondern exakter als die heutige Bezeichnung „Sonnenbild von Trundholm". Zum anderen weist die Sonnenscheibe zwar auf beiden Seiten konzentrische Kreise und komplizierte Spiralmuster auf, doch nur eine Seite ist mit Goldblechen überzogen und zeigt radiale Strahlen. Von dieser goldenen Seite aus betrachtet, zieht das Pferd die Sonne von links nach rechts, genauso wie wir sie im Tagesverlauf die Sonne von Ost nach West wandern sehen. Die dunkle Seite der Sonnenscheibe wird dann von West nach Ost gezogen und symbolisiert damit die Nacht, damit die Sonne am Morgen wieder ihre Fahrt beginnen kann.

Eine von Pferden gezogene Sonne findet sich auch auf vielen Felsbildern und als Gravur auf Messern wieder, noch häufiger jedoch wird die Sonne über Schiffen dargestellt.

Obwohl der Sonnenwagen von Trundholm aus der ältesten nordischen Bronzezeit (14. Jahrhundert v. Chr.) stammt, weist die Herstellung seiner Einzelteile im Gussverfahren auf einen hohen Stand der Metallverarbeitung hin. Ob die mit einem Goldblech belegte Skulptur überhaupt einen gezogenen Wagen, der die Sonne trägt, darstellt, ist ebenso umstritten wie die Bedeutung der vielen auf beiden Scheibenseiten eingravierten Symbole. Der „Sonnenwagen" wurde 1902 in der Moorlandschaft von Trundholm im dänischen Seeland geborgen. (heute Nationalmuseum Kopenhagen)

Zu einer Weiterentwicklung des Sonnenmythos kam es dann in der Spätbronzezeit – das können Archäologen gut anhand der Detaildarstellungen auf den vielen in Gräbern gefundenen Rasiermessern dieser Zeit nachvollziehen. Sie waren sicherlich religiöse und soziale Symbole, die jungen Männern der Führungsclans aus Anlass ihrer ersten Rasur übergeben wurden. Auf diesen Gravuren wird die Sonne von Booten und einzelnen Tieren begleitet, die für ein jeweiliges Stadium des Sonnenlaufes stehen: Zwischen einem nach links gerichteten „Nacht-" und einem nach rechts gerichteten „Tagesschiff" zieht ein Fisch die Sonne nach rechts und begleitet sie, bis er von einem Raubvogel gefangen wird. Ein Pferd zieht die Sonne aus dem Tagesschiff, bis sie gegen Abend von einer Schlange übernommen und über den Horizont hinab auf die dunkle Seite geleitet wird, wo das Nachtschiff die Reise zurück zum Punkt des Sonnenaufgangs bringt, der Sonnenkreislauf wird zum kosmologischen Zyklus, urteilt Flemming Kaul: „Die Religion der Nordischen Bronzezeit kann somit als Sonnenreligion bezeichnet werden, deren zentrales Thema der Sonnenkreislauf war."

Bis Ende des 20. Jahrhunderts galten diese Sonnenkultobjekte zusammen mit den Goldhüten als Höhepunkte der Bronzezeit des nördlichen Mitteleuropas und Skandinaviens. Doch sie wurden auf den zweiten Platz verdrängt durch einen 1999 freigelegten Fund, der unser ganzes Bild von dieser Zeit in ein neues Licht rückt: die Himmelsscheibe von Nebra – die mit rund 3600 Jahren vermutlich älteste Abbildung des Kosmos überhaupt.

DEN NACHTHIMMEL AUF EINE SCHEIBE GEBANNT

Vom Gipfel des Mittelbergs bei Nebra geht der Blick in westliche Richtung über das sich weit erstreckende Unstruttal und reicht bei guter Sicht bis zum Kyffhäuser und sogar zum Brocken. Die Raubgräber, die hier 1999 nach Militaria suchten und stattdessen eine große Bronzescheibe bargen, die sie dabei mit ihrem Hackbeil beschädigten, hielten sie zunächst für einen unbedeutenden Deckel, den sie achtlos beiseitelegten. Erst als sie die an der Seite der Scheibe deponierten Bronzeschwerter fanden (siehe Abbildung S. 120), ahnten sie etwas. Die Prunkschwerter sind sehr sorgfältig gegossen und geschmiedet und wurden verziert mit Kupfereinlagen und Goldmanschetten am Halbschalengriff. Auf abenteuerlichem Weg und nur durch die Einschaltung der Polizei gelangten die Archäologen schließlich in den Besitz der Himmelsscheibe. Der ursprüngliche Fundzusammenhang war zerstört, doch indem die Schwerter einem vergleichbaren Fund zugeordnet werden konnten, wurde die Scheibe als Teil eines für die jüngste Frühbronzezeit typischen Bronzeschatzes zeitlich eingeordnet, d. h. um ca. 1600 v. Chr. Auf dem Gipfel des Mittelbergs bei Nebra deponiert, dürfte die Scheibe selbst um einiges älter sein.

Doch woher wollen die Archäologen wissen, dass die Scheibe wirklich in Mitteldeutschland gefertigt und benutzt wurde? Die Materialanalyse mithilfe des Massenspektrometers hat ergeben, dass das Kupfer für die Bronze der Himmelsscheibe aus dem Ostalpenraum stammt. Die Herkunft des Zinns zu bestimmen, dauerte wesentlich länger. In einem extra eingerichteten Forschungsverbund arbeiten 14 Gruppen unterschiedlichster Wissenschaftsdisziplinen zu den Funden von Nebra und ihrer Bedeutung für die Frühbronzezeit in Europa. Die Gruppe „Petrologie und Lagerstättenkunde" konnte die möglicher Quellen des Zinns auf drei Lagerstätten zurückführen: das Erzgebirge, die Bretagne und Cornwall. „Die Zinnisotopenverhältnisse der Himmelsscheibe stimmen gut mit denen des Kassiterits (wörtlich: Zinnstein, ein Kristall mit hohem Zinngehalt, W.K.) aus Cornwall überein und bestätigen somit wiederum enge Kontakte zwischen Mitteleuropa und England während der Bronzezeit", berichten die Wissenschaftler. Mit „wiederum" meinen sie, dass beim Vergleich von Siedlungen, Gräbern, Hortfunden und Kreisgrabenanlagen Ähnlichkeiten immer wieder auf die kulturelle Verbindung dieser beiden Regionen hinweisen. Dies gilt besonders für die astronomische Funktion der Kreisgrabenanlagen wie der in die Frühbronzezeit datierten Anlage von Pömmelte-Zackmünde, der Steinkreisstätten wie Stonehenge und der Himmelsscheibe von Nebra, die als die weltweit älteste anschauliche Darstellung des beobachtbaren Nachthimmels gilt. Auf der Bronzescheibe sind verschiedene Symbolelemente aus Goldverbindungen angebracht: ein Vollmond, ein zunehmender Sichelmond und 32 Sterne, von denen zwei durch zwei später aufgebrachte Horizontstreifen überdeckt werden. Außerdem befindet sich im unteren Teil ein weiterer Goldbogen. „Die Scheibe ist eine Festplatte", erklärt der Archäoastronom Wolfhard Schlosser, der sich ausgiebig mit ihr beschäftigt hat, „sie ist eine Art Daten-

Die aus Bronze mit Goldauflagen gefertigte gut 3600 Jahre alte Himmelsscheibe von Nebra ist die älteste bekannte konkrete Nachthimmeldarstellung der Welt.

speicher der Bronzezeit, ihrer Kultur und ihrer religiösen Vorstellungen." 25 Sterne sind wahllos über die Scheibe verteilt und sollen den Sternenhimmel repräsentieren. Sieben Sterne jedoch gruppieren sich so zu einem fast kreisförmigen Haufen, dass sie das Sternenbild der Plejaden wiedergeben. Wenn dieses Sternenbild nach dem 9. März am Nachthimmel (zur Zeit des Neumondes) verschwand, kam die Zeit der Aussaat. Tauchte es Mitte Oktober (zur Zeit des Vollmondes) wieder auf, mussten die Bauern sich auf den nahenden Winter einstellen. Die Horizontbogen mit ihrem Winkelumfang von 82 Grad dagegen geben den Jahreslauf der Sonne wieder, denn der Abstand des Sonnenuntergangs der Wintersonnenwende zu dem der Sommersonnenwende bildet in Sachsen-Anhalt genau 82 Grad – ein zusätzlicher Hinweis darauf, dass die Scheibe tatsächlich für den Mittelberg angefertigt worden sein muss.

Die Detektivarbeit wurde auch am Fundort selbst fortgesetzt, der mithilfe der Polizei und den geständigen Raubgräbern genau lokalisiert werden konnte. Den ursprünglichen Fundzusammenhang hatten die Diebe allerdings zerstört, doch Archäologen haben begonnen, das Gebiet großräumig zu untersuchen. Der genaue Fundort der Scheibe befindet sich auf einer natürlichen Erhebung innerhalb einer Kreisgrabenanlage, die einen Durchmesser von ca. 160 Metern hat. Sie wird in östlicher und westlicher Richtung von zusätzlichen Wällen abgeschirmt. Vom erhöhten Fundplatz aus kann man sehen, wie die Sonne am 1. Mai genau hinter dem Kyffhäuser untergeht und am 21. Juni genau hinter dem Brocken verschwindet. Die Funde innerhalb des Kreisgrabens reichen vom frühen Neolithikum bis in die frühe Eisenzeit. Nichts spricht dagegen, dass es sich hier um ein zentrales Heiligtum handelte, das über Jahrtausende genutzt wurde. Doch die Archäologen haben gerade erst begonnen, die Zusammenhänge zu erkunden und zu verstehen.

Rekonstruktionsversuch der Kreisgrabenanlage aus der Frühbronzezeit von Pömmelte-Zackmünde (Sachsen-Anhalt). Rund 1200 Robinienbaumstämme verdeutlichen die Konturen der etwa 4250 Jahre alten Anlage am originalen Platz.

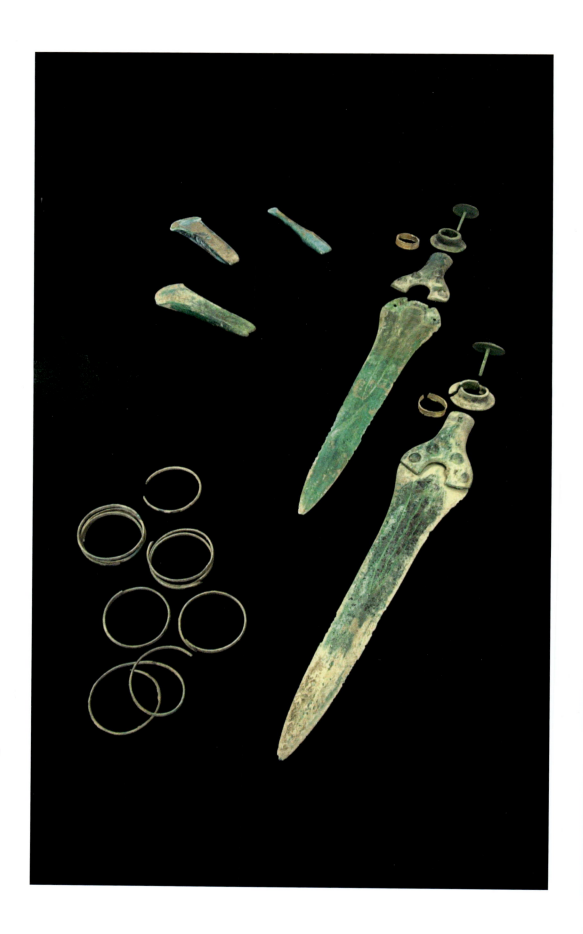

Zwei Bronzeschwerter, zwei Axtklingen, ein Meißel sowie Bruchstücke spriralförmiger Armreifen gehören ebenfalls zu dem Depotfund von Nebra.

Auch über den Goldbogen im unteren Teil der Himmelsscheibe rätseln sie noch immer: Soll er ein Boot darstellen, das symbolisch durch den Himmel segelt? Fiederungen wie beim Schiffbogen der Himmelsscheibe finden sich jedoch auch auf skandinavischen kultischen Felsbildern und Schiffsmodellen. „Während die Bewegung der Himmelskörper in Trundholm durch Wagen und Pferd ausgedrückt wird, erfolgt dies bei der Himmelsscheibe von Nebra durch das Schiff", urteilt Flemming Kaul.

HANDEL MIT GÖTTERN UND MENSCHEN

In der Zeit um 1200 bis 1000 v. Chr. änderte sich das Opferverhalten der Menschen im Norden nachhaltig, die zweite der von Archäologen unterschiedenen Phasen der bronzezeitlichen Opferkulte begann. Es wurden nun nicht mehr Äxte und Kultobjekte, sondern vor allem Sicheln an den Opferplätzen deponiert, und unter diesen und anderen Bronzegegenständen befinden sich auffallend viele gebrochene Exemplare. Es handelt sich jedoch nicht, wie die Forscher anfangs dachten, um zerbrochene Gegenstände. Da Bronzewaffen und -werkzeuge eigentlich recht stabil sind, die Hortfunde außerdem nicht die geringsten Gebrauchsspuren aufweisen und so gut wie nie zwei passende Bruchstücke gefunden werden, schlussfolgern die Archäologen: Die Brüche sind beabsichtigt! „Es wurde nach Gewicht gegeben und genommen. Die Brucherzhorte sind nichts anderes als das Resultat eines Handels mit den Göttern", interpretiert der Archäologe Christoph Sommerfeld. Die abschließende dritte Phase dieser Opferbräuche wurde noch profaner, die Opfernden wechselten von Bruchbronze zu kleinen Bronzegegenständen, vor allem kleine Bronzeringe. Gut 90 Prozent der Hortfunde aus der späten Bronzezeit sind kleine, unverzierte Fingerringe. Sie ließen sich bequem mitführen, ja sogar als Schmuck verwenden, bis sie als Tausch- oder Opfermittel eingesetzt wurden. „Wie im Opferstock einer Kirche noch heute eine Münze zugleich Geld und Opfer ist, so sind auch die Bronzen unserer Hortfunde nicht nur Zeugnis einer besonderen Religiosität, sondern zugleich Beleg für einen prämonetären Wirtschaftsverkehr", urteilt Sommerfeld. Denn die Metalle spielten inzwischen nicht nur in der Religion als Opfergabe, sondern auch im Alltag als Werkzeuge und Waffen, bei Festen als Schmuck und als Tauschmittel eine zunehmend wichtige Rolle.

Trotz dieser Ansätze zur kommerziellen Überlagerung des Opferkults lassen sich in der nordischen Kultur Kontinuitäten feststellen, die von der Megalithzeit über die Bronzezeit bis in die nachfolgende Eisenzeit reichen, resümiert Rudolf Simek: „Dies betrifft die Tendenz zur Bestattung bedeutender Toter in Grabhügeln, Kultplatzkontinuitäten und, wenigstens in der Volksreligion, auch kontinuierliche Praktiken wie die Quellenverehrung." Einzelne Motive aus der nordischen Bronzezeit fanden ihren Weg in die spätere nordische Religion und Mythologie. Dazu gehören die Pferde, die den Sonnenwagen über das Firmament ziehen – Skinfaxi und Hrimfaxi heißen sie später in der germanischen Mythologie. Auch die Opferkulte an Seen und Mooren wurden weitergeführt und sogar noch in den nachfolgenden Epochen intensiviert.

DONAR/THOR – HAMMERSCHWINGENDER HEILSBRINGER

Zwar wird vor allem Wodan/Odin von den frühmittelalterlichen Dichtern besungen, doch das einfache Volk, vor allem die Bauern, hielten sich an einen anderen Gott: Donar, so wurde er im kontinentalen Germanien und Thor im Norden genannt – der Gott des Wetters und Gewitters, der auch als Heils- und Fruchtbarkeitsbringer verehrt wurde, weil er laut Prosa-Edda als Beschützer von Midgard, der Menschenwelt, galt. Sein Merkmal ist sein roter Bart, der als Symbol des Blitzes gilt, und als sein Wahrzeichen fungiert sein Hammer, in der Edda Mjölnir genannt, den Zwerge einst für ihn geschmiedet und mit Zauberkräften ausgestattet haben. Er ist für Blitz und Donner verantwortlich – doch wie es dazu kommt, dazu gibt es unterschiedliche Erklärungen: An einigen Stellen in den Dichtungen heißt es, es entstünden die Donnergeräusche, wenn Donar mit seinem Wagen übers Land führe. An anderer Stelle heißt es, dass Thor seinen Hammer als Waffe beim Kampf gegen Drachen und Riesen verwendet und die Hammerschläge Blitz und Donner bewirken. Donar gilt als volkstümlich, so wird ihm als ungewöhnliche Eigenschaft für einen Gott ein ständiger, ungeheurer Hunger nachgesagt. Damit hätte er sich beinahe verraten, als er sich als Braut verkleidet beim Riesen Thrym

Donar/Thor hält sein Wahrzeichen hoch: den Hammer. Illustration von Jakob Sigurdsson zu einer Eddafassung des 18. Jahrhunderts.

einschmuggelt. Der hatte nämlich während eines Besäufnisses Donar seinen Hammer entwendet und wollte ihn nur gegen die Göttin Freyja wieder eintauschen. Da hatte Heimdall die listige Idee und schickte Donar in Frauengewändern mit Loki als Brautjungfer zum Riesen. Dieser richtet das Hochzeitsmahl aus und wundert sich über den wahnsinnigen Hunger und Durst seiner künftigen Gattin. Doch Loki kann ihn mit einer Lüge besänftigen und bittet um Einhaltung der Abmachung, worauf Thrym den Mjölnir ausliefert. Thor ergreift den magischen Hammer und schlägt den Riesen mitsamt seiner ganzen Hochzeitsgesellschaft tot. Denn seine wahre Aufgabe ist laut Mythologie die eines Schutzgottes, der die Menschen vor den Angriffen von Dämonen und Riesen bewahrt. Außerdem soll er mit seinem Hammer, den er über den Boden zieht, die Felder fruchtbar machen. Und nicht zuletzt: Donar/Thor ist der Schutzgott des Mets, des Bieres, das die Germanen und Wikinger – mit allerlei Kräutern und Rauschmitteln versetzt – vor allem an Festen tranken, um dann im heiligen Rausch dem Gott mit Gedichten zu huldigen oder ein Heldengelübde – ein Heitstrenging – auszurufen, das bindende Versprechen, ein Abenteuer auszuführen.

In der Spätzeit des germanischen Götterglaubens wurde Donar, wenn er es nicht schon vorher war, zum beliebtesten Gott, ja, selbst die Christianisierung konnte ihn nicht ganz vertreiben: Das Symbol seines Hammers wurde weiter als schützendes Symbol auf Amuletten getragen und in Stein gemeißelt.

Und bis heute bleibt Thor/Donar der Namensgeber des Donners-tags, skandinavisch: Tors-dag.

VON DEN KELTEN ÜBER DIE GALLIER ZUR IRISCHEN ANDERWELT

> "Für die Gerechtesten unter den Kelten werden die Druiden gehalten, sie schlichten Streitigkeiten, beendigen Kriege und entscheiden über Mordfälle. Sie halten die Seele und die Welt für ewig, glauben aber, dass unsere Erde einst durch Feuer und Wasser zerstört werde."
>
> STRABON

GRAUSAME KRIEGER, WEISE PRIESTER UND ALLERLEI DÄMONEN

Vorangehende Doppelseite: Im abgelegenen irischen Glencolumbkille finden sich zahlreiche vorzeitliche Zeugnisse wie auch Spuren des frühen Christentums. Mitunter, wie bei diesem Kreuzstein, gehen sie eine Symbiose ein.

„Galata suicida" oder „Galata Ludovisi" (nach ihrem Fundort) heißt diese Marmorskulpturengruppe (Ausschnitt) eines sich selbst und seine Frau tötenden Galliers aus dem 1. vorchristlichen Jahrhundert (römische Kopie einer griechischen Bronzestatue aus der Zeit um 230/220 v. Chr.).

„Manche Stämme besitzen Standbilder von ungeheurer Größe, deren aus Ruten geflochtene Gliedmaßen sie mit lebenden Menschen anfüllen", schildert uns Caesar über die Kriegsrituale der Gallier. „Dann zünden sie sie von unten her an, sodass die Menschen von den Flammen eingeschlossen werden und in ihnen umkommen." Tatsächlich konnten Archäologen zahlreiche solcher Kultstätten freilegen, etwa im westfranzösischen Gournay, wo hölzerne Tore oder Steinpfeiler mit menschlichen Schädeln geschmückt worden waren. Doch den makabersten Fund machten sie im nordostfranzösischen Ribemont-sur-Ancre. Die in der weiteren Umgebung verstreut liegenden Menschenknochen deuteten auf ein historisches Schlachtfeld hin. Aber im Randbereich einer 50 x 50 Meter großen Rechteckanlage fanden Archäologen auf 60 Quadratmetern neben 600 Waffen über 10 000 menschliche Knochen – darunter keinen einzigen Schädel. Waren die gallischen Krieger tatsächlich so grausam, dass sie ihren besiegten Gegnern die Köpfe abschlugen? Lassen sich solche Kulturen bis zu den Wurzeln der Gallier, der keltischen Kultur, zurückverfolgen? Wie auch bei anderen schriftlosen nordischen Völkern erfahren wir auch über Kelten und spätere Gallier das meiste von griechischen und römischen Autoren – gefärbt und gefiltert. Doch die Archäologie hat diese alten Kulturen wieder zum Sprechen gebracht, eine Unzahl von Gräbern wurde in den letzten 200 Jahren gefunden und freigelegt wie das erst 1994 entdeckte Fürstengrab von Glauberg, aber auch Bergwerke, große Burganlagen und schließlich ganze Siedlungen.

Drei Artefakte aus der „Hallstattzeit" (von links nach rechts): Tintinnabulum (Glocke) mit figürlicher Verzierung (oben: Frau beim Spinnen) aus dem späten 7. Jh. v. Chr. (Museo Civico, Bologna); abgebrannte, mit Rindenbast zusammengebundene Kienspanfackel aus dem Salzbergwerk Hallstatt aus dem 10./9. Jh. v. Chr. (Naturhistorisches Museum, Wien); Hand aus Bronzeblech mit Punktornamentik (Steiermärkisches Landesmuseum Johanneum, Graz)

VON HALLSTATT AUS IN DIE WELT DES NORDENS

So sehr die keltisch-gallisch-gälische Kultur heute ihren Platz in der nordischen Tradition hat, der Aufstieg der Kelten begann im südlichen Mitteleuropa, mit Eisen und Salz in der sogenannten „Hallstattzeit". Dort, im österreichischen Salzkammergut, entdeckten Archäologen gewaltige historische Bergwerke, in denen vom 8. bis zum 5. Jahrhundert v. Chr. Salz (Halle = Salz) abgebaut worden war, und gleich daneben einen Friedhof aus dieser Zeit mit rund 1000 Gräbern führender Männer mit üppigen Beigaben: Waffen und Fibeln aus Eisen, Keramik und etruskische Bronzegefäße. Die Kelten, so ergab die Forschung, waren jedoch kein homogenes Volk, das sich seiner ethnischen Identität bewusst war, sondern sie bestanden aus Völkergruppen, die gemeinsame Sitten und Gebräuche, Kunst und Kultur und vor allem eine gemeinsame Sprache annahmen. Ihren Aufstieg verdankten sie dem Salz und dem Eisen. Das Salz, auch weißes Gold genannt, war ein begehrter Konservierungsstoff für Lebensmittel wie Fleisch und Fisch. Es wurde über weite Wegstrecken und entlang der Flüsse bis nach Südfrankreich und Oberitalien gehandelt, so breitete sich die Keltenkultur Richtung Ost, West und Nord – was in diesem Fall die Region Süddeutschland bedeutet – aus. Einführen mussten die Kelten das erste Eisen, was vor allem in Form von Waffen geschah. Doch sie lernten schnell, selbst Eisen zu gewinnen und zu verarbeiten. Allerdings lebte die Mehrheit der Kelten weiter von der Landwirtschaft. Die Untersuchung der Skelette aus den Gräbern zeigt, dass sie nicht unter Mangelerkrankungen durch schlechte Ernährung oder Hunger litten und ihre Lebenserwartung mit 35 bis 40 Jahren für Männer und 30 bis 35 Jahren für Frauen etwas höher lag als die ihrer Vorfahren in der Bronzezeit.

Die Ausbeutung der Eisen- und Salzvorkommen in Süddeutschland und dem Mittelgebirgsraum bildeten die materielle Grundlage für die Entstehung neuer Herrschaftszentren wie der Heuneburg und kulturellen Zeug-

Blick von der rekonstruierten Keltensiedlung Heuneburg in Richtung Südwest nach Hundersingen an der Donau (links) und Innenansicht der 80 Meter originalgetreu wiederaufgebauten keltischen Lehmziegelmauer (rechts)

nissen wie dem Fürstengrab von Glauberg, wo Archäologen eine vollständige Grabkammer sowie große Kultfiguren mit Riesenohren freilegten. Und die durch den Handel gewonnene neue Unabhängigkeit spiegelt sich in der La-Tène-Kultur wider, benannt nach ihrem Fundort am Schweizer Neuenburger See. Dort wurden neben Überresten alter Holzpfahl-Siedlungen zahlreiche Eisengegenstände geborgen: 166 Schwerter, 269 Speerspitzen, 29 Schilder und 382 Fibeln sowie etliche Gürtelschnallen, Werkzeuge und Eisenbarren – ein weiteres Zentralheiligtum. Hier entstand der neue, uns als Markenzeichen der Kelten bekannte eigenständige Zierstil: Ob Fingerringe, Schwertscheiden oder Trinkhornbeschläge, ob aus Gold, Silber oder Eisen, sie alle wurden mit einer überbordenden Ornamentik verziert, die geometrische Figuren, Blüten und Blätter, aber auch ein sich in geo-

metrische Elemente auflösendes Gesicht abbildet. Außerdem stellten die keltischen Künstler gern – ob auf Fibeln, an den Griffen von Schnabelkannen, Halsringen oder Gürtelschnallen – Symbolfiguren dar: Es entstand ein ganzes Universum aus Fabelwesen und Dämonen, welche vor allem die Funktion hatten, böse Geister und beständig drohendes Unheil fernzuhalten. Diese Lust an der Gestaltung verfeinerte auch die alltägliche Kleidung: Kelten bevorzugten farbenfrohe gestickte oder gewebte Muster, spätestens um 500 v. Chr. wurde die karierte Hose Standard.

Um 400 v. Chr. jedoch verließen die Kelten plötzlich ihre Heimat, das heutige Westfrankreich, Süd- und Mitteldeutschland, Tschechien und Österreich. Als mögliche Ursachen sehen Archäologen eine starke Überbevöl-

Glasperlenkette der frühen La-Tène-Zeit (5. bis 4. Jh. v. Chr.). Typisch sind vor allem die 26 Augenperlen mit weiß-blauen Augen auf honigfarbigem Grund. (Privatsammlung)

kerung, verheerende Missernten, eine Verschlechterung des Klimas und soziale Revolten. Höchstwahrscheinlich war es ein Zusammenspiel einiger oder aller dieser Faktoren. Ein Teil der Kelten wanderte in Richtung Norditalien, einige gelangten sogar bis nach Rom. Auch in Frankreich, mit Ausnahme der Mittelmeerküste, sowie auf der Iberischen Halbinsel (Keltiberer) ließen sich Kelten nieder, andere fielen in Griechenland und Kleinasien ein. Dort setzten sich die keltischen Galater für einige Zeit fest – ihr Kampf gegen Pergamon wurde im Pergamonaltar verewigt.

Während sie zu dieser Zeit wohl auch nach Irland übersetzten, ist für andere westliche Regionen wie England nicht immer klar, ob die keltischen Einflüsse auf Einwanderung oder Diffusion (Ausbreitung der Kultur durch Kontakte wie Handel) zurückzuführen sind. Diese Völkerwanderung glich keinem Feldzug – wenn möglich, einigten sich die Kelten mit den Bewohnern der Regionen, die sie durchstreiften. Allerdings schreckten sie auch nicht vor Raubzügen in der Umgebung zurück. Die unkoordinierte Kampfweise der nur lose organisierten Stammesverbände führte dazu, dass ab 300 v. Chr. die Römer stark genug waren, die Kelten in ihre Schranken zu verweisen, sodass diese sich wieder über die Alpen nach Süddeutschland zurückzogen. Sie lebten nun nicht mehr auf Burgen und in Dörfern, sondern in großen Siedlungen, die von gewaltigen Stadtmauern umgeben waren – „oppida" genannt. Obwohl sie von der Anlage so groß wie Städte waren, wiesen sie im Inneren statt einer dichten Bebauung viele Freiflächen auf, die als Weiden genutzt wurden. Trotzdem waren diese Siedlungen wie Manching nahe dem heutigen Ingolstadt vor allem Handwerks- und Handelszentren, wo Werkzeuge, Waffen und Schmuck in Massen produziert und eigene Münzen geprägt wurden. Einen Teil dieser Waren tauschten die Kelten mit den benachbarten Bauern, um die benötigten Lebensmittel zu erhalten. Mit dem anderen Teil, besonders den Luxusgütern, betrieben sie Fernhandel.

KRIEGER, BARDEN UND DRUIDEN

Nach außen fleißige Händler, hatten die Kelten im Inneren im Laufe ihrer Geschichte ein strenges Kastenwesen entwickelt. Es gab die Priesterkaste der Druiden, die Sängerkaste der Barden, die Kriegerkaste und das einfache Volk. Der Barde (altkeltisch: „Bardos") hatte in der Funktion eines Dichters, Musikers und Sängers die Aufgabe, bei festlichen Banketten, Opferhandlungen oder Beisetzungen bedeutender Personen, in Versen die Ahnen und ihre Taten zu heroisieren. Er durfte jedoch selbst keine Opferungen vornehmen. Diese Aufgabe war den Druiden vorbehalten, die eine Art Priesterkaste bildeten, wobei sie außerdem in Angelegenheiten ethischer Fragen und Rechtsstreitigkeiten entschieden, für die Seelenwanderung zuständig waren und den jungen Adel in allen keltischen Wissensgebieten unterrichteten. Allerdings ist nach rund 400 Jahren der Keltenforschung bis heute unter den vielen Tausend Keltengräbern kein einziges gefunden worden, das mit Sicherheit einem Druiden zugeordnet werden könnte – es fehlt eine typische Ausstattung. Andererseits schlussfolgern Archäologen aus der Entdeckung großer Opferstätten wie beispielsweise derjenigen von Gournay-sur-Aronde (3. Jh. v. Chr.), dass es eine gut organisierte Priesterkaste gegeben haben muss. Als einziges ihrer Rituale ist uns die Mistelernte von antiken Autoren überliefert worden: Die Mistel war die zentrale Zauberpflanze der gallokeltischen Druiden, die – da sie ein Schmarotzer ist – häufig auf den ebenfalls geheiligten Steineichen, aber auch auf Eschen, Buchen und Tannen wächst. Da sie sehr langsam wächst, wurde sie nur einmal im Jahr in einer besonderen Kulthandlung geerntet. Dazu benutzten die Druiden keine normalen Sicheln aus Eisen, sondern geweihte, die aus goldglänzender Bronze gefertigt waren. Die Misteln wurden vermutlich ähnlich wie bei den späteren Germanen getrocknet und als Räucherwerk benutzt, das eine leicht betäubende Wirkung hat. Die heutige Medizin bestätigt übrigens ihre Heilkraft bei Kreislauf- und Tumorerkrankungen. Von den Druiden wurden dann noch einige Zeit die als „Vates" oder „Mantes" bezeichneten Wahrsager unterschieden, die zuständig für die Deutung von Orakeln und für Prophezeiung waren. Wie auch in anderen Kulturen geschah dies durch Beobachtung von Naturphänomenen, Würfeln oder die Opferschau, bei der die Eingeweide oder das Blutströmen der Opfertiere interpretiert wurden.

KEINE GÖTTER, SONDERN AHNENKULT

Über die religiösen Vorstellungen der Kelten und späteren Gallier wird unterdessen bis heute lebhaft debattiert, denn schriftlich haben sie nichts dazu hinterlassen, und die archäologische Fundlage ist diffus. War der Glaube der Kelten polytheistisch angelegt und kannte zahllose lokale und regional verehrte Gottheiten, von denen etliche verstorbene Führer oder

Die 186 Zentimeter große Statue eines Kriegers aus der Anlage von Glauburg (5. Jh. v. Chr., rötlicher Sandstein)

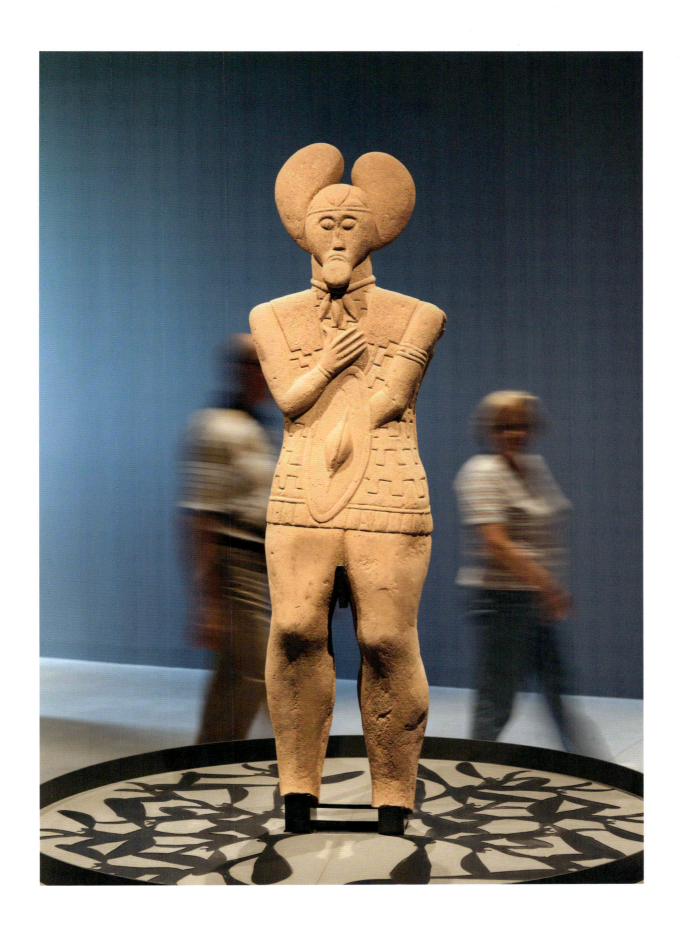

Helden waren, die nach ihrem Tod heroisiert wurden? Dafür sprechen unter anderem die vier großen Statuen in der Anlage von Glauberg. Archäologen vermuten, dass sie dem Ahnenkult in diesem heiligen Bezirk dienten. „Die unmittelbar neben dem Grabhügel aufgefundenen Statuen waren recht getreue Abbilder der Herrscherpersönlichkeiten ihrer Zeit in voller Rüstung und mit ihren Machtsymbolen", urteilt der Archäologe und Glauberg-Ausgräber Fritz-Rudolf Herrmann. Kurz nach der Bestattung wurde die Gruft durch mehrere Schichten schwerer Holzbalken und einen kleinen Steinhügel geschützt, danach wurde der Erdhügel aufgeschüttet – sechs Meter hoch und 48 Meter im Durchmesser. Im Mittelpunkt des Grabhügels befindet sich jedoch nicht die Grabkammer, die etwas abseits angelegt wurde, sondern eine leere Grube. Sollten mögliche Grabräuber auf eine falsche Fährte gelockt werden? Abschließend stellten die Trauernden die überlebensgroßen Stelen auf dem Grabhügel oder einer anderen geweihten Stelle auf. Im Laufe der Zeit zerfielen sie oder wurden zerstört, um nach über zwei Jahrtausenden wieder im verschütteten Graben, der die Anlage einst umgrenzte, entdeckt zu werden.

Es existieren jedoch auch genug Indizien dafür, dass die Glaubenswelt der Kelten zunächst vor allem aus einer Naturreligion bestand, die das Göttliche vor allem in Erscheinungen wie Bäumen, besonderen Seen und Felsen oder der Sonne und dem Mond verehrte. Das wird besonders deutlich beim göttlichen Phänomen „Licht-Sonne-Leben": Es wurde in der Sonne verehrt; deren Symbol, das Rad, findet sich auf allen möglichen keltischen Kult- und Alltagsgegenständen, von Armreifen und Fibeln bis zur Schwertscheide. In der gleichen Weise nutzten sie sogar noch häufiger das verschlun-

Grabhügel von Oberlöstern, frühkeltische Grabhügelgruppe aus dem 5. und 4. Jahrhundert v. Chr.

gene Ornament, ihr Symbol des Lebensbaums, für Verzierungen, wobei der Lebensbaum selbst ihnen nicht als Symbol, sondern als die pflanzliche Verkörperung des göttlichen Prinzips von Licht und Leben galt. Erst später, vermutlich im Kontakt mit anderen Religionen, manifestierte es sich in einem Gott, den die Iren unter dem Namen Lugh verehrten. Lugh, dessen keltischer Name uns unbekannt ist, wurde schließlich wie der germanische Loki oder der griechische Prometheus zum Kulturbringer schlechthin stilisiert. Caesar setzt ihn und viele weitere, vielleicht nur regional begrenzte Götter einfach mit dem römischen Gott Merkur gleich.

KRIEGER MIT HANG ZUM AUSRASTEN

Außerdem hatte sich eine Kriegerkaste herausgebildet – die besaß zwar keinen Zaubertrank, der sie unbesiegbar machte, aber sie besaß zwei Vorteile gegenüber ihren Feinden. Erstens wurden Kelten ziemlich groß, Männer waren im Schnitt mit 1,72 Meter mehr als zehn Zentimeter größer als der normale Römer. Zweitens hatten sie eine Kampfweise entwickelt, die die Römer in Angst und Schrecken versetzte. Und die sie deshalb den „furor gallicus" nannten, die „gallische Raserei". Aber auch bei der Raserei galt: Kelten waren nicht gleich Kelten. Nur in den dünn besiedelten Randgebieten (beispielsweise Nordgallien) bildeten die Kelten noch wilde Haufen von Einzelkämpfern mit Schwert und Schild. Anders in den Regionen der großen Siedlungen. Die Führer der Oppida stellten ganze Heere auf, oft 10 000 bis 20 000 Soldaten, die einheitlich gekleidet und mit Lanzen, Bronzehelmen, langen Schwertern und mannshohen Schildern ausgerüstet waren und in geschlossenen Formationen kämpften. An der Seite

der Fußtruppen standen Reiter, deren lange Schwerter als Hiebwaffen dienten. Und ihre Streitwagen waren mit Speerwerfern besetzt. Doch die Kelten wären keine Kelten gewesen, wenn sie von ihrer „psychologischen Taktik" abgelassen hätten. Sie reizten ihre Gegner, indem sie alle möglichen und unmöglichen Schimpfworte hinüber ins Feindeslager schrien und sie zum Zweikampf herausforderten. Mit Schlachtrufen und gemeinsamem Grölen versetzten sie sich in Raserei. Dann erklangen ihre Schlachttrompeten, für die Ohren der Römer ein barbarischer, beängstigender Klang, anschließend stürzten sich die Kelten mit Todesverachtung in den Kampf. Jahrhundertelang waren sie mit dieser Taktik und ihrem grausamen Ruf, noch auf dem Schlachtfeld den besiegten Gegnern die Köpfe abzuschlagen, erfolgreich. Und damit kommen wir zurück zur Ausgangsfrage: Verfuhren die Kelten mit ihren getöteten Feinden tatsächlich so grausam?

Eiserne Wangenklappe eines keltischen Helms (linke Seite) aus dem 1. Jh. v. Chr. mit Scharnierösen zur Befestigung am Helm und mit einer eingenieteten Ringöse für den Kinnriemen, vermutlich aus der Umgebung von Alesia, wo im Jahre 52 v. Chr. Caesar gegen Vercingetorix kämpfte. (Sammlung Axel Guttmann)
Torso eines Kriegers (oben) und Köpfe aus Kalkstein (unten) aus dem Oppidum Entremont (3. Jh. v. Chr.)

In der Tat haben Archäologen im nordostfranzösischen Ribemont-sur-Ancre die Überreste eines „Tropaion" (Siegesmals) gefunden, wie es römische Autoren beschreiben. Die enthaupteten und mumifizierten Leichen der getöteten Gegner wurden in voller Kriegsbewaffnung auf einem Holzpodest dicht nebeneinander aufgestellt. So boten die Kelten ihre Gegner den Göttern dar. Doch wo blieben die Schädel? Diese fanden die Archäologen auf zahlreichen Kultstätten, etwa im südfranzösischen Entremont oder im westfranzösischen Gournay-sur-Aronde. Dort hatten die Kelten Tempel errichtet, deren hölzerne Tore oder Steinpfeiler sie mit menschlichen Schädeln schmückten. Denn die Kelten glaubten, die unsterbliche Seele wohne im Schädel und mit dem Besitz eines Schädels habe man zugleich die Gewalt über dessen Geist. In der Keltensiedlung Manching fanden Archäologen unter den geborgenen menschlichen Knochen vor allem ganz bestimmte Skelettteile: Schädelstücke und große Langknochen. Außerdem zeigen viele der Knochen Schnitt- und Zertrümmerungsspuren. Alles weist darauf hin, dass es sich um Relikte eines Bestattungsritus handelt: Die Verstorbenen wurden an Plätze außerhalb der Siedlung gebracht, wo sie verwesten. Die Extremitäten wurden anschließend abgetrennt, zertrümmert und über die Siedlung verstreut deponiert, vermutlich als eine Art Schutz. Unter diesem Aspekt ist auch die Behandlung der Leichen ihrer Feinde im Rahmen ihrer kultischen Tradition zu verstehen. „Bei den menschlichen Überresten und zerstörten Waffen in Heiligtümern vom Typ Ribemont-sur-Ancre handelt es sich viel eher um bizzare Begräbniszeremonien für die Gefallenen aus den eigenen Reichen, sozusagen um monströse Kriegerdenkmale", urteilt die Keltenexpertin Sabine Rieckhoff.

Gallische Scheibenfibel aus der Zeit zwischen dem 1. Jh. v. bis 1. Jh. n. Chr.

CAESARS VERNICHTENDER SIEG ÜBER DIE GALLIER

Während die römischen Autoren diesen Kult als äußersten Ausdruck der Barbarei brandmarken, stellen sie ihre drastische Unterwerfung der Gallier als friedenstiftende Maßnahme dar. Kein anderer als der ehrgeizige und hoch verschuldete Gaius Iulius Caesar, zu dieser Zeit Statthalter der römischen Provinzen in Südfrankreich (Aquitania Narbonensis) begann 58. v. Chr. in einem großen Feldzug weite Teile Galliens zu unterwerfen, indem er die Uneinigkeit der Kelten untereinander ausnutzte. Außerdem hatte die wenig koordinierte Kampfweise der Kelten gegen das systematische Vorgehen der disziplinierten römischen Legionen auf Dauer keine Chance. Erst nachdem ein Aufstand der Belger 53 v. Chr. blutig unterdrückt wurde, schlossen sich die gallischen Kelten unter der Führung von Vercingetorix, der heute in Frankreich als Volksheld verehrt wird, gegen die römischen Eroberer zusammen. Der Fürstensohn des südgallischen Avernerstammes erwies sich dabei als geschickter Stratege. Er suchte keine Entscheidungsschlacht, sondern griff die Römer immer wieder an und fügte ihnen große Verluste zu. So lockte er sie immer weiter in den Norden. Gleichzeitig ließ er Dörfer und Felder niederbrennen und erschwerte den Römern die Versorgung mit Lebensmitteln. Im Jahr 52 v. Chr. wurde seine Streitmacht jedoch geteilt und Vercingetorix mit dem kleineren Teil der Truppen in der Stadt Alesia eingeschlossen und von Caesar belagert und ausgehungert. Als alle Befreiungsversuche gescheitert waren, gab Vercingetorix auf und befahl seinen Leuten, ihn auszuliefern.

Im Laufe dieser acht Jahre Krieg wurden Hunderte von Orten zerstört, vielleicht eine Million Gallier getötet und ebenso viele versklavt. Gallien wurde 27 v. Chr. in drei Provinzen aufgeteilt: Gallia Aquitania, Gallia Belgica, Gallia Lugdunensis. Unter der Pax Romana blühten nicht nur Wirtschaft

Kleine Bronzefigur eines Druiden in einem langen, faltenreichen Gewand aus dem 1. Jh. v. Chr. (Privatsammlung)

und Handel der Gallier auf, sondern auch ihre Kultur. Zwar verboten die Römer das Druidentum und Menschenopfer, doch gleichzeitig ermöglichte die Toleranz des Staates die Entfaltung einer gallo-römischen Religion. Verlangt wurde die Verehrung des Kaisers sowie Opfer für die offiziellen Staatsgötter wie beispielsweise Jupiter. Wie diese Verehrung zum Ausdruck gebracht wurde und welche Götter dabei außerdem noch einbezogen wurden, blieb dagegen frei. „Die Gallier setzten Jupiter mit ihrem alten Himmels- und Donnergott Taranis gleich, dessen Radsymbol er manchmal hält", erläutert Experte Krause. „Auf den Säulen waren zudem neben einem Schuppenmuster stilisierte Eichenblätter zu erkennen, ein Hinweis auf den vorrömischen Kult dieses den Kelten heiligen Baumes." Der Kampf- und Kriegsgott Teutates – bestens bekannt durch die Asterix-Abenteuer – gesellte sich zu seinem einstigen Widersacher, dem römischen Kriegsgott Mars. Und Esus, der als gutmütiger Fruchtbarkeitsgott galt, musste bei der römischen Wissensgöttin Minerva Asyl suchen. Häufig wurde den römischen Göttern eine gallische Göttin zur Seite gestellt, außerdem verehren die Gallier viele Mutter- und Fruchtbarkeitsgottheiten. Über 1000 Darstellungen von Matronen (Müttern) und Weihesteine mit entsprechenden Inschriften haben Archäologen aus dieser Zeit gefunden.

ÜBERLEBEN AN DEN RÄNDERN EUROPAS

Viele Kelten waren vor Caesars Heeren auf die Britischen Inseln ausgewichen, doch später eroberten die Römer dann auch England, deshalb konnte das reine Keltentum langfristig nur in den zu keiner Zeit besetzten Gebieten überleben, vor allem im unwegigen Wales und Schottland sowie in Irland. Nach Irland waren die Kelten schon um 500 v. Chr. gekommen, vermutlich von der Bretagne und daran angrenzenden Gebieten aus. Dort

↑ Überreste eines keltischen Ringwalls im County Clare, Irland

mischten sie sich schnell mit der Urbevölkerung, die ebenfalls die Sonne als höchstes Wesen verehrte. Es entstand eine clanförmige Gesellschaft, die kleine Königreiche bildete, sogenannte Tuath. Neben den zahlreichen Funden aus Gräbern, Horten und weggeworfener Keramik sind es zahllose steinerne Fundamente und Wälle, die noch heute von der keltischen Eisenzeit zeugen: Mehr als 45 000 Ring-, Stone- und Hill-Forts (Festungsanlagen) haben Archäologen mittlerweile identifziert. Sie dokumentieren zugleich die Kleinstaaterei und deren gewaltsames „Zusammen"-leben auf der Insel.

Bis zu 150 dieser Tuaths soll es zeitweise gegeben haben, die sich vor allem in zwei soziale Schichten aufteilten: Zum Adel zählten Grundbesitzer, Krieger, Druiden und Barden; Bauern und Handwerker bildeten das breite Volk, unter dem nur noch Sklaven und Leibeigene standen. Die strengen Regeln des Zusammenlebens wurden auch hier überwiegend von Druiden kontrolliert, Frauen waren so gut wie gleichgestellt. Die Druiden zeigten sich auch für zahlreiche Opferhandlungen und Feste zuständig, das gälische Jahr wurde vor allem durch vier Feste strukturiert: Das Neujahrfest Savin (Samain/Samhain) wurde zusammen mit dem Winteranfang in der Zeit um den heutigen 1. November herum gefeiert, um den 1. Februar wurde der Frühlingsbeginn Imbolg (Imbloc) zelebriert, um den 1. Mai beging man den Sommeranfang Beltane, bei dem die Viehherden durch ein rituelles Feuer getrieben wurden, um die Tiere vor Unheil zu schützen, und um den 1. August herum fand das Sommerwendenfest Lughnasad statt. Bei diesen und anderen Festen wurden Blumen, Strauchzweige, Speisen und Getränke, aber auch Tiere wie Schweine oder Stiere geopfert. Oder aber es wurde – wie wir nicht nur aus Schilderungen der parteiischen Griechen und Römer, sondern auch von objektiven Quellen wie dem Kessel von Gundestrup wissen – ein Mensch geopfert.

Und dann gab es in Irland noch eine ganz besondere Form dieser Opfer. Als Archäologen im Jahr 2011 die dritte Moorleiche mit den typischen Merkmalen fanden, war dem Moorleichenexperten und Kurator des Irischen Nationalmuseums Eamonn Kelly endgültig klar, dass man es hier mit einem speziellen Ritual und einem speziellen Opfer zu tun hatte. Denn diese Moorleichen wiesen alle Anzeichen eines guten Lebens auf: manikürte Fingernägel, Hände ohne Arbeitsschwielen und eine Ernährung, die überwiegend aus Fleisch bestand. Das müssen Herrscher gewesen sein! Doch dann waren sie sorgfältig, also rituell getötet worden, erstochen, geköpft und gezweiteilt und anschließend in einem Moor an der Reichsgrenze versenkt worden. „Die Idee dahinter ist, dass der König mit dem Land verheiratet war. Wenn im Winter die Göttin

Der Kessel von Gundestrup ist ein einzigartiges Zeugnis keltischer Handwerkskunst. Der aus der La-Tène-Zeit (5. bis 1. Jh. v. Chr.) stammende Kessel zeigt Motive aus der keltischen Mythologie sowie Götterbilder und Rituale. Aufgrund der Darstellungen und der Materialwahl (Silber und Gold) wird angenommen, dass er für Opferrituale genutzt wurde.

Nachbau einer keltischen Hütte im Eisenzeitdorf des Freilichtmuseums Castell Henllys in Wales.

alt und gebrechlich wurde, brauchte sie einen neuen Gefährten, der ihr wieder Jugend, Kraft und Schönheit geben konnte", erläuterte Kelly. „Also brachten die Kelten den alten König um und setzten einen neuen ein." Auch hier treffen wir wieder auf die zwei Gesichter der keltischen Kultur. Auf der einen Seite die filigrane Kunst der keltischen Handwerker und die Weisheit der Druiden, welche die Einheit der Welt lehrten, so schilderte es uns auch der irische Autor John O'Donohue: „Die keltische Vorstellungskraft artikuliert die innere Freundschaft, die Natur, Göttlichkeit, Unterwelt und

> „Aus keltischer Zeit liegen keine Hinweise
> auf Monotheismus vor, nicht einmal
> auf personalisierte Gottheiten,
> die erst unter römischem Einfluss
> im 2./1. Jahrhundert v. Chr. auftauchen."
>
> SABINE RIECKHOFF

Menschenwelt als eins begreift." Auf der anderen Seite Tausende von eisenzeitlichen Befestigungsanlagen und die Mythen, die immer wieder um Aggression und Kriegshandlungen kreisen.

Ein gutes Jahrtausend währte diese Gesellschaft der Tuaths, während an den Höfen Barden, vor allem jedoch Filid (sing. „Fili" = Hofpoet) immer neue Geschichten über legendäre Schlachten, Helden und Völker zum Besten gaben. Es entstand ein Geflecht aus Geschichten und Legenden, die zwar später von christlichen Mönchen aufgezeichnet, aber im Gegensatz zu Island kaum strukturiert wurden. Erst die historische und philologische Erforschung dieser in verschiedensten Varianten vorliegenden Skripte führte zu einer inhaltlichen Kanonisierung. Neben Erzählungen über Seereisen, Abenteuer in Ländern von Fabelreisen und Visionen werden die Quellen in vier Zyklen zusammengeschlossen: Der Königs-Zyklus zählt alle legendären Herrscher bis ins 11. Jahrhundert auf; der Ulster-Zyklus schildert die Kämpfe zwischen den Königreichen ungefähr um die Zeitenwende – besonders den Kampf zweier Herrscherfamilien um den berühmten Stier Donn. Dabei spielt jedoch der Königsneffe und Krieger Cú Chulainn die Heldenrolle. Der Finn-Zyklus spielt einige Jahrhunderte später: Finn ist der Anführer einer sehr eigenwilligen Kriegergruppe, die zwar hin und wieder Aufgaben ihres Königs Cormac ausführt, ansonsten aber völlig unabhängig in der Natur jagt und Frauen erobert, das ideale Vorbild für Iren und Schotten. Die

Zwei keltische Amulette aus dem 4. bis 3. Jh. v. Chr., eines mit Noppen, eines theriomorph gestaltet, jeweils mit Trageöse (Privatsammlung)

Hohl gearbeitete Knaufkappe (4. bis 3. Jh. v. Chr.) aus Bronze mit zwei stilisierten menschlichen Gesichtern und am unteren Rand umlaufenden Befestigungslöchern (Privatsammlung)

wichtigste Quelle für die keltische Mythologie stellt jedoch der „mythologische Zyklus" mit dem wichtigsten „Buch von der Landnahme Irlands" dar. In diesen Schriften wird nicht weniger als die Geschichte Irlands seit der Sintflut erzählt, was den christlichen Einfluss verrät: eine Folge von sechs Invasionen, zahllosen Schlachten und Heldentaten.

So erfolgte die dritte Invasion durch die Túatha Dé Dannan, deren Vorfahren schon bei der zweiten Invasion dabei waren, die es dann jedoch zu Nachkommen der Menschen von den „nördlichen Inseln der Welt" verschlagen hatte, wo sie von Druiden allerlei Magie und Hexerei erlernt haben. In der ersten Schlacht gegen die Einheimischen wird ihrem Führer Nuadhu der rechte Arm abgeschlagen, trotzdem erobern sie den größten Teil der Insel für sich. Doch an Stelle Nuadhus wird Bres Anführer und verwandelt sich in einen Unterdrücker des eigenen Volkes. Erst als Nuadhu, der nun einen Ersatzarm aus Silber trägt, zugunsten des unbekannten Kriegers und Künstlers Lugh auf seinen Herrschaftsanspruch verzichtet, kann Bres vernichtet werden. In diesem Epos besitzen Lugh, aber auch Dagdha – der „gute Gott" –, die Eigenschaften sterblicher Helden. „Sie werden von der mittelalterlichen Überlieferung ausführlich beschrieben und stellen das eigentliche Pantheon der irischen Mythologie dar", erläutert Arnulf Krause, „auch wenn sie im mythologischen Zyklus zuerst als menschliche Wesen dargestellt werden." Diese Mensch-Gott-Verwandlung wird Euhemerismus genannt, nach dem griechischen Philosophen Euhemeros, der als Erster die Vergöttlichung menschlicher Heldentaten durch Nachgeborene beschrieb.

Als im 5. Jahrhundert die ersten Missionare nach Irland kamen, trafen sie auf erstaunlich wenig Widerstand gegen ihre neue Religion. Ihre Furchtlosigkeit und ihre asketische Lebensweise scheinen die Kelten fasziniert zu haben, und ließ sich einer der zahlreichen Könige zum Christentum bekehren, folgten ihm in der Regel alle seine Urtertanen. Häufig ließen sich sogar Mitglieder der königlichen Familie oder die Könige selbst zu Äbten bestimmen, womit sie weltliche und geistige Führung in sich vereinten und ihre Herrschaft stärkten. Dies dokumentieren die aufwendigen irischen Klosterstädte wie beispielsweise Glendalough, die einst über üppigen Besitz und zahlreiches Gefolge verfügten; nicht umsonst wurden sie bald zu Zielen der Wikinger-Raubzüge. Selbst die Verfechter der alten Kultur, junge keltische Barden und Druiden, zeigten sich von dem neuen Glauben fasziniert. Jedoch pflegten sie diese neue Religion auf ihre keltische Weise: Sie organisierten sich in Mönchsclans, nahmen Zaubertränke zu sich und praktizierten anschließend unter dem Kreuz Christi magische Rituale, die dem Druidentum entstammten.

Im 6. Jahrhundert machte der Missionar und Gründer des Klosters von Clonard Finnian den Mönchen diese Praktiken in einem „Bußbuch" zum Vorwurf, geändert wird sich an diesen Ritualen daraufhin wohl wenig haben. In dieser Zeit begannen die Mönche auch, die zahlreichen Mythen und Legenden der vorchristlichen Zeit aufzuzeichnen. „Alle Werke schildern die farbige, rätselhafte und archaische Welt der irischen Mythen und Sagen, bevölkert von Monstern und Feen der Anderwelt, von entfesselten Kriegern auf Kopfjagd, von Druiden und mächtigen sowie schönen Frauen", führt Krause dazu aus. „Es ist eine Mythenwelt, die in dieser Form erst im frühen Mittelalter entstand, aber gleichwohl allen Kelten zugeschrieben wird." So sollen die Kelten bei ihrer Ankunft in Irland das legendäre Riesenvolk der Túatha Dé Danann nach und nach in die Unterwelt und die Sidhe-Berge verdrängt haben, woraufhin deren Körpergröße gemäß ihrer Bedeutung schrumpfte, bis sie ihre physische Präsens ganz verloren und zu Feen wurden. Bis heute glauben viele Iren, dass die Nachfahren der Túatha Dé Danann als das Geistervolk der Sidhe Grabhügel, Megalithbauten, Festungs- und andere Ruinen bevölkern. Um sie nicht zu erzürnen, achten die Bauern darauf, alte Steinwälle jeglicher Art nicht von ihren Feldern zu entfernen. Überlebt hat auf diese Weise die keltische Sprache und mit ihr eine ganze Mythologie, die bis heute an den Rändern Westeuropas gepflegt wird und uns in ihrer Andersartigkeit fasziniert – schroff und fromm, kultiviert und barbarisch zugleich.

DIE DUNKLEN ANFÄNGE DER GERMANEN

MOOROPFER, HEILIGE HAINE UND GRAUSAME BARBAREN ODER: JE WEITER AUS DEM NORDEN, DESTO WILDER!

Sie waren groß, wild und kämpferisch. Und sie kamen aus dem Norden. Viel wird über die „alten Germanen" geredet und noch mehr geschrieben. Einige Hobbyarchäologen und Fanatiker behaupten sogar, die Germanen hätten bereits in fernster Vergangenheit eine nordische Hochkultur entwickelt. Zumindest jedoch sollen die Germanen unser großes Ahnenvolk gewesen sein. Auch hier gilt wieder: Alles, was wir heute über die Germanen vor der Zeitenwende wissen, stammt aus den Berichten griechischer und römischer Autoren.

Als Landstrich wurde Germanien bereits von den Griechen entdeckt. Griechische Entdecker und Händler stießen zwischen 300 und 200 v. Chr. auf der Suche nach dem begehrten Bernstein bis in die Nordsee vor. Aus dieser Zeit stammt auch die berühmte Weltkarte des Eratosthenes, in der Germanien bereits eingezeichnet ist. Die ersten nordischen Kriegerverbände, die von den Römern als Germanen tituliert wurden, waren Kimber, Teutonen und Ambronen, die zwischen 113 und 101 v. Chr. zahlreiche Beutezüge ins Römische Reich unternahmen – jedoch erst nachdem ihnen Land zur Ansiedlung verweigert worden war. Außerdem galten sie in den Augen

← Vorangehende Doppelseite: Mit Buchen bewachsenes Hünengrab aus der Jungsteinzeit nahe Grabau in Schleswig-Holstein

„Das Land zeigt zwar im Einzelnen einige Unterschiede; doch im Ganzen macht es mit seinen Wäldern einen schaurigen, mit seinen Sümpfen einen widerwärtigen Eindruck."

TACITUS

Ob die Germanen des 1. nachchristlichen Jahrhundert tatsächlich so aussahen wie auf diesem „Kostümbildern" aus dem Jahr 1880?

der Römer als Kelten, wie alle Barbaren, die nördlich der Alpen lebten. Tatsächlich jedoch lag ihre Heimat, in der sie kläglich lebten, viel weiter nördlich – so lässt sich der Inselname Amrum von Ambronen ableiten. Kimber, Teutonen und Ambronen waren zunächst nur lose Wandervölker, die im Süden der Armut entgehen wollten. Doch die wohlhabenden Kelten wiesen sie genauso ab wie kurz darauf die Römer, so wurden sie in den Kampf getrieben, den sie in wilder Weise praktizierten. Außerdem pflegten sie grausame Rituale wie das Aufschlitzen der Leiber der Gefangenen zur Weissagung oder Menschenopfer über Bronzekesseln, beides durchgeführt von grauhaarigen Priesterinnen in weißen Gewändern. Solche Details verfestigten bei den antiken Geografen die Vorstellung: Je weiter aus dem Norden stammend, desto wilder sind die Völker.

„Germanen" als Begriff für das Volk einer bestimmten Region wurde erst von Caesar eingeführt. Um das Jahr 60 v. Chr. war er noch ein Prokonsul und Feldherr unter vielen – noch dazu ein hoch verschuldeter. Und um in Rom gegen seinen Rivalen Pompeius zu punkten, der sich für seinen Sieg über „Asien" triumphal hatte feiern lassen, musste Caesar eine Eroberung vergleichbarer Größe erzielen: „ganz Gallien" als gesamter westlicher Norden. „Den Bericht über die Kriege dort leitet Cäsar deswegen pointiert mit seiner Skizze ‚Gallien in seiner Gesamtheit (Gallia ... omnis)' ein, bevor er schildert, wie er dort in harten Schlachten den römischen Frieden (Pax Romana) durchsetzte. Der Anspruch, dies in ‚ganz Gallien' getan zu haben, war nur dann aufrechtzuerhalten, wenn die Gebiete östlich des Rheins von Gallien abgetrennt wurden", urteilt der Historiker Tassilo Schmitt. Und so wurde Caesar zum Erfinder der Germanen, denn er hatte sich eine simple Ordnung ausgedacht: Der Rhein sollte fortan eine klare und unüberwindbare Grenze darstellen. Links davon wohnten die im Prinzip Guten, weil Unterworfenen, die friedlich gewordenen Gallier in römischen Provinzen. Rechts davon hausten die Bösen, weil nicht Unterwerfbaren, die aggressiven und barbarischen Germanen. Doch die Germanen hatten diese Grenze immer wieder überschritten: Unter ihrem Anführer Ariovist hatte der germanische Stamm der Sueben (in diesem Namen hört man heute noch die Schwaben) schon um 70 v. Chr. den Rhein überquert und die dort ansässigen Gallier vertrieben. Vermutlich waren es die Belgen (und aus diesem Namen klingen natürlich die Belgier), nordgallische Stämme, die zwischen Seine und Rhein lebten, die jene vom rechtsrheinischen Ufer anstürmenden Heere als erste Germanen nannten. Jedenfalls riefen die Belgen Caesar zu Hilfe, der in diesem Zusammenhang die Namensgebung Germanen übernahm. Germanen waren für den Kriegsstrategen nun alle Völker, die östlich des Rheins und nördlich der Donau lebten. Damit das auch so blieb,

Auffällige einzelne Bäume oder ganze Baumhaine galten den Germanen als Sitze der Götter und Geister, in Schmarotzerpflanzen wie der Mistel sahen sie „Hexenbesen".

DIE DUNKLEN ANFÄNGE DER GERMANEN

schlug Caesars Heer 58 v. Chr. Ariovist und dessen Germanen und trieb sie über den Rhein zurück. Doch bei dieser Einteilung blieb es nicht, denn ein halbes Jahrhundert später versuchten die Römer, trotz der abfälligen Wertung von Caesar, aus Germanien römische Provinzen zu machen. Nach einigen Expeditionen stießen die Römer von Xanten aus die Lippe entlang Richtung Osten vor und errichteten einige Lager wie beispielsweise die von Haltern und Anreppen. Doch unter dem Feldherrn Varus wurden drei ganze Legionen von aufständischen Germanen aufgerieben – die Römer zogen sich wieder hinter den Rhein zurück.

Fast ein Jahrhundert später richtete Publius Cornelius Tacitus seinen Blick scheinbar ganz ohne Eroberungsinteressen auf das Gebiet östlich des Rheins. Während wir von seinem Leben wenig wissen, wurden drei seiner Werke überliefert: die „Annales", die „Historiae" und die berühmte „Germania", im Originaltitel „De origine et situ Germanorum liber". Darin definiert er „Germania omnis" (Germanien in seiner Gesamtheit) als das von Germanen bewohnte Gebiet, das durch Rhein und Donau begrenzt ist, im Osten bis zu Sarmaten und Dakern reicht und im Norden vom Ozean umspült wird. Tacitus listete etliche Stämme der Germanen auf und schrieb ihnen mehr oder weniger kämpferische und ehrenhafte Eigenschaften zu: Während von den südlichen Stämmen die Bataver am tapfersten seien, träfe dies im Westen auf die Chatten zu: „Mit dem Eintritt in das Mannesalter lassen sie Haupthaar und Bart wachsen; und erst, wenn sie einen Feind erschlagen haben, beseitigen sie diesen der Tapferkeit geweihten und verpfändeten Zustand ihres Gesichts." Bei ihnen sind nur die Feigen Hofbesitzer, die anderen widmen ihr Leben dem Kampf und „wen immer sie aufsuchen, von dem lassen sie sich je nach den Verhältnissen bewirten". Im Norden dagegen zeichneten sich

Zwei gefangene Germanen mit Halseisen und Wächter mit Knüppel, Archäologischer Park Xanten

> „Niemals, weder bei Sachen der Gemeinde noch bei eigenen, erledigen sie etwas anders als in Waffen. Doch darf keiner Waffen tragen, ehe ihn der Stamm für wehrfähig erklärt."
>
> TACITUS ÜBER DIE GERMANEN

die Chauken und die Friesen durch Rechtschaffenheit aus, „frei von Habgier, frei von Herrschsucht". Sie reizten niemanden, hätten ihre Waffen aber stets zur Hand. Deren Nachbarn dagegen, die Cherusker, die den Varuslegionen die empfindliche Niederlage beigebracht hatten, waren nach Tacitus' Einschätzung inzwischen durch allzuviel Behaglichkeit und Friedfertigkeit verweichlicht, „denn es ist verfehlt, unter Herrschsüchtigen und Starken der Ruhe zu pflegen". Allerdings verfolgte Tacitus mit dieser Darstellung eine gewisse Absicht: Indem er besonders bestimmte positive Eigenschaften der Germanen hervorhob, kritisierte er damit indirekt den Verfall der römischen Gesellschaft. Außerdem kannte er nicht einen der von ihm beschriebenen Stämme aus eigener Anschauung – im Gegensatz zu Plinius dem Älteren.

ALLTAG VON CHAUKEN UND FRIESEN

Über die Begegnung der Römer mit den Germanen an der Nordseeküste berichtet Plinius der Ältere, der sechs Jahrzehnte nach der Varusschlacht als Offizier unter den Kaisern Vespasian und Titus in Germanien diente und der später ein berühmter Naturforscher und Autor wurde, in seiner Schrift „Bellorum Germaniae libri XX" (20 Bücher über die Kriege in Germanien): „Abgeschnitten vom Festland bei Flut und nur zu erreichen bei Ebbe wohnt

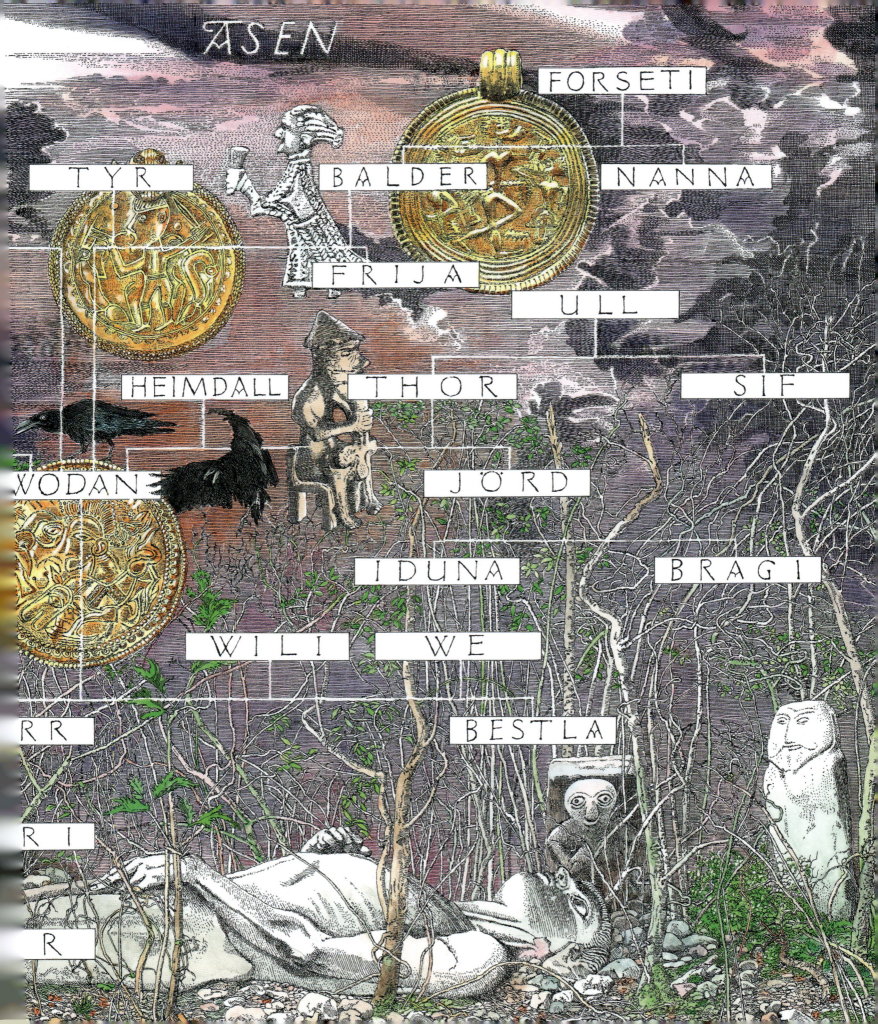

Sueve, Friese, Cherusker. Farblithografie, um 1880. Blatt 11 der Folge: H. Hemmleb, Anschauungsbilder zur alten und neuen Geschichte, Weimar

ein armseliges Völkchen, die Chauken. Sie machen in der Nähe ihrer Hütten auf die Fische Jagd, die sich mit dem Meer zurückziehen. Vieh können sie nicht halten und sich auch nicht von Milch nähren wie ihre Nachbarn. (...) Aus Seegras und Binsen drehen sie Stricke und knüpfen daraus die Netze zum Fischfang. Mit ihren Händen sammeln sie Schlamm und trocknen ihn mehr im Wind als in der Sonne. Mit diesem Torf kochen sie dann ihre Speisen und wärmen die vom Nordwind steifen Glieder. Als Getränk dient ihnen nur Regenwasser, das sie in Gruben im Vorraum des Hauses sammeln. Und diese Menschen behaupten, wenn etwa heute das römische Volk sie besiegte, dann würden sie Sklaven! Wirklich: Viele verschont das Schicksal, nur um sie zu strafen."

Bis heute haben Archäologen nur wenige Siedlungen aus dieser Zeit entdeckt, doch diese wenigen erforschten Niederlassungen zeigen ein wesentlich differenzierteres Bild der damaligen Lebensverhältnisse. So erinnert die an der Küste zwischen den heutigen Städten Bremerhaven und Cuxhaven freigelegte germanische Siedlung „Wurt Feddersen Wierde" zunächst an die Beschreibung von Plinius. Eine sogenannte Wurt ist eine von Menschenhand errichtete Anhöhe, wie es sie heute noch auf den Nordsee-Halligen gibt. In den letzten Jahrhunderten vor der Zeitenwende war die Nordsee zurückgewichen, die Menschen waren ins scheinbar sichere Marschland vorgedrungen und hatten dort Häuser und Dörfer gebaut. Feddersen Wierde war eine flache natürliche Kuppe, auf der zwischen 100 und 50 v. Chr. die ersten Häuser errichtet worden waren. Doch dann stieg der Meeresspiegel wieder an – zwar „nur" um wenige Zentimeter im Jahr, doch unaufhaltsam. Die Sturmfluten in Herbst und Winter überspülten immer häufiger das umliegende Marschland und machten auch vor der Siedlung nicht Halt. Deshalb entwickelten die Menschen eine Technik, ihre Siedlung in die Höhe wachsen zu lassen. Bevor sie ihre Häuser neu bauten, was spätestens alle 30 Jahre der Fall war, schichteten sie den Baugrund mit Soden aus Mist, Kleie oder Rasenflächen auf. So entstanden zunächst kleine Kernwurten, die im Laufe der folgenden Jahrhunderte zu einem halbrunden Wurtendorf ausgebaut wurden. Anhand der im Urboden noch gut erkennbaren Pfostenlöcher können Archäologen Auskunft über Bauphasen, Grundrisse und Funktionen der Gebäude geben: Die Häuser um die Zeitenwende waren zehn bis 20 Meter lang und 4,50 bis 6,50 Meter breit. Im Inneren teilten Trennwände das Haus in Wohn-, Lager- und Stallbereich auf. Daneben wurden auch kleine Grubenhäuser errichtet, in denen Männer und Frauen handwerklichen Arbeiten wie Weben, Schmieden oder Schnitzen nachgingen. Weil Flächen für Ackerbau fehlten oder die Böden aufgrund gelegentlicher Überflutungen salzig waren, wurde an den Küsten mehr Vieh gehalten, vor allem Rinder, aber auch Schafe, Ziegen und Schweine. Deshalb kommen die Archäologen zu dem Schluss, dass die Lebensverhältnisse der Chauken weit weniger trostlos waren, als Plinius sie schildert. Es herrschte vielmehr eine lebendige bäuerliche

ASEN GEGEN WANEN

Als das ältere der beiden Göttergeschlechter gelten in der nordischen Mythologie zweifellos die Wanen, die in Wanenheim leben. Sie werden mit Erdverbundenheit, Fruchtbarkeit und Wohlstand in Verbindung gebracht. Die in den Legenden in Erscheinung tretenden Wanen sind im Wesentlichen: Njörd, Gott des Meeres und der Schiffe, Vater von Freyja, Göttin der Schönheit, Liebe und Fruchtbarkeit, und Freyr, Gott des Himmelslichtes, der Wärme, des Friedens. Daneben steht Nerthus, Erdgöttin und Schwester von Njörd, und eher selten wird Gullveig, die Hüterin der Schätze und Seherin, genannt, die in Südgermanien auch den Namen Heidi trug. Diese Götter stehen für das bäuerliche und matriarchalische Element der germanischen Kultur.

Dagegen repräsentieren die Asen, das zweite Göttergeschlecht, vor allem die kriegerischen und patriachalischen Wurzeln des Germanentums. Unter der Führung von Allvater Wodan/Odin stehen laut Prosa-Edda die Asen Thor, Balder, Bragi, Forseti, Heimdall, Höd, Tyr, Ull, Wali, Widarr. Der Legende nach brachten die Wanengöttinnen die kämpferischen Asen gegen sich auf, weil sie freimütig ihr Gold unter den Menschen verteilten. Und so kam es zum Kampf, den die Wanen, weil sie sich „feiger" magischer Mittel bedienten, gewannen.

Ob Sieg oder Unentschieden – die Wanen wollten nur von Asen als ihresgleichen anerkannt werden und überließen ihnen Geiseln: Njörd und seine Kinder Freyja und Freyr, die nun in Asenheim lebten. Diese Auseinandersetzung wurde verschieden gedeutet: Die Wanen waren vor allem matriarchalische Fruchtbarkeitsgötter, die von Bauerngesellschaften verehrt wurden, die im nordischen Raum von der Trichterbecherkultur bis in die Zeit der Völkerwanderung hinein existierten. Sie wurden verdrängt von einer die Asen verehrenden Kriegergesellschaft, die in den Auseinandersetzungen mit den Römern und östlichen Nachbarn in der Völkerwanderungszeit ihren Höhepunkt erreicht. Diese Geschichte lässt sich jedoch auch als die mythische Ausdeutung der Vermischung der Göttergeschlechter sowie der germanischen Kultur insgesamt lesen.

Thor und der Riese Hymir fischen nach der Midgardschlange. Illustration von Jakob Sigurdsson zu einer Eddafassung des 18. Jahrhunderts.

Lebensweise vor, und in der unterschiedlichen Größe der Häuser in einigen Siedlungen spiegelt sich die wirtschaftliche Kraft und soziale Größe der jeweiligen Hoffamilien. Die eiweißreiche Ernährung, der Fleischverzehr, dürfte wohl auch die Ursache für die körperliche Überlegenheit der Germanen gegenüber den Römern sein. Vergleiche von einigen Hundert Skelettuntersuchungen belegen dies: Die Germanen, deren Männer bis zu 1,80 Meter und Frauen bis zu 1,65 Meter groß wurden, überragten die römischen Nachbarn beinahe um eine Kopflänge. Nicht zu Unrecht also werden die Germanen deshalb von römischen Autoren als groß, stark und wild beschrieben.

Weiter zurück in die Geschichte führt die Freilegung einer Siedlung bei Boomborg-Hatzum am Unterlauf der Ems. Diese lag mitten im Marschgebiet, aufwendig über Gräben entwässert, welche die Ackerflächen stark begrenzten. Wurmartig umgrenzten zahlreiche Priele, die das von der Nordseeflut herangetragene Wasser bei Ebbe wieder über die Ems ins Meer zurückführen, die im 6. Jahrhundert v. Chr. gegründete Siedlung. Sie umfasste zwischen zehn und 14 Gehöfte, die zwischen zehn und 17, in einzelnen Fällen bis zu 21, Meter lang und in Wohn-, Stall- und Speicherbereiche unterteilt waren. In den bis zu 14 Viehboxen der Stallbereiche wurden, so die Knochenfunde, vor allem Rinder (80 %) und Pferde (13 %) als Fleischlieferanten gehalten. Im 3. Jahrhundert v. Chr. zwangen dann Sturmfluten, die kontinuierlich höhere Pegelstände erreichten, die Menschen zur Aufgabe der Siedlung.

GERMANEN ODER JASTORFER?

Und nur ganz wenige Orte in Germanien wurden von der Bronze- bis in die römische Eisenzeit, also um Christi Geburt, hinein kontinuierlich genutzt. Neben einigen Opferplätzen vor allem Gräberfelder, wie beispielsweise das von Lanz in Brandenburg. Das Urnenfeld von Lanz lag in der Nähe ei-

So stellte man sich um 1890 ein germanisches Gehöft vor der Völkerwanderungszeit vor. (Schulwandbild, um 1890, Westfälisches Schulmuseum Dortmund)

ner Siedlung und wurde über eintausend Jahre lang in der immergleichen Form genutzt: Eine einfache Kuhle diente als Verbrennungsplatz. Begleitet von den uns nicht überlieferten Begräbnisritualen wurden dort die Leichen verbrannt. Übrig blieben Asche, Knochen und metallene Teile der Kleidung des Verstorbenen. Waren die Überreste abgekühlt, wurden sie von den Angehörigen eingesammelt und in ein Urnengefäß gefüllt. Diese Urne wurde später unter einem kleinen Erdhügel beigesetzt, der mit Steinen oder einer Holzstele gekennzeichnet war. Familien oder Clans hatten auf dem Gräberfeld ihr eigenes Areal, wo nur ihre Angehörigen bestattet wurden.

> „Es kann gegenüber der älteren Germanenforschung, die in den Germanen ein ‚Volk', bestehend aus vielen Stämmen', sah, gar nicht nachdrücklich genug darauf hingewiesen werden, dass dieser römische Germanenbegriff ein seit Caesar von außen gegebener Sammelname war, dem kein germanisches Volksbewusstsein entsprach."
>
> WALTER POHL

Neben einigen regionalen Eigenständigkeiten zeigt sich für die Archäologen an den Grabfunden, dass sich bereits im Laufe des 6. Jahrhunderts v. Chr. Elemente eines einheitlichen Kulturstiles herausbildeten. Typisch für diese sogenannte Jastorf-Kultur – benannt nach der ersten Fundstelle – ist handgefertigte, unverzierte Keramik in Form von bauchigen Gefäßen mit breitem Hals und Kragen, die sowohl im Haushalt als auch bei Bestattungen genutzt wurde. Als Urnen enthielten sie neben Knochen und Asche auch Schmuck aus Eisen und Bronze, darunter sogenannte Segelohrringe, Gürtelhaken und Gewandnadeln, Überbleibsel der Trachten nach dem Einäschern.

Doch die wenigen nachweisbaren Gemeinsamkeiten in Kleidungsstil und Begräbnisform reichen nicht als Zeugnisse, um von einer kulturellen und ethnischen Einheit, den ersten archäologisch fassbaren Germanen, zu sprechen. Immerhin können sich die Wissenschaftler darauf einigen, dass die germanischen Volksgruppen seit dem 2. Jahrhundert v. Chr. einige regional übergreifende Gemeinsamkeiten aufweisen wie Sprache, Sozialordnung und Kultur. Bis zu dieser Zeit hatte sich das Germanische als eigenständige Sprache von den anderen indoeuropäischen Sprachen abgesetzt. „Der länger als ein Jahrtausend andauernde Prozess erstreckte sich über erschlossene Grundsprachen wie das ‚Urgermanische' und das ‚Spätgemeingermanische' zu Beginn der Völkerwanderungszeit, über

↑ Emaillierte germanische Gewandtfibel der Eisenzeit (Nationalmuseum Kopenhagen)

die Bildung diverser Stammesdialekte bis zur Entstehung der modernen Sprachen, die man heutzutage als germanisch bezeichnet: das Deutsche, das Niederländische (einschließlich des Flämischen), das Friesische, das Englische und die skandinavischen Sprachen Dänisch, Schwedisch, Norwegisch, Isländisch und Färörisch", so der Sprach- und Germanenforscher Arnulf Krause. Allerdings führte diese Sprachbildung nicht dazu, dass sich die Germanen selbst als Germanen fühlten. Sie sahen sich nur als Angehörige ihrer Sippe und ihres Stammes. Die Angehörigen einer Sippe waren miteinander verwandt, aber in einen Stamm wurden auch Fremde, manchmal sogar ganze fremde Sippen aufgenommen. Aus Sugambren konnten Cherusker und umgekehrt werden, die Stämme sind also kein absolut zuverlässiges Merkmal, aber es gibt für diese Zeit keine besseren. Die Germanen gliederten ihre Gemeinschaften in Sklaven und Freie, sie wählten ihre Stammesführer in Friedenszeiten auf einem Thing. Und wenn es Streitigkeiten gab, dann sammelte ein erfahrener Führer kampftüchtige Männer hinter sich – alle, die sich aus welchen Gründen auch immer dazugehörig fühlten. Und solche Streitigkeiten gab es häufiger, als die Römer durch die germanischen Siedlungsgebiete zogen.

ARMINIUS – EIN GERMANISCHER ADELSSOHN IN RÖMISCHEN DIENSTEN?

Gaius Iulius Arminius, so lautete sein römischer Name – wie ihn die Germanen nannten, wissen wir nicht – besaß das römische Bürgerrecht und den Rang eines römischen Ritters! Arminius wurde vermutlich 18 v. Chr. in eine der führenden Familien des Cheruskerstammes hineingeboren, die mit den Römern kooperierten. Einige römische Historiker schreiben, dass

Arminius und sein Bruder Flavus bereits einen Teil ihrer Jugend in Rom verbrachten. Als Geste der Unterwerfung wurden sie von ihrem Vater Segimer den Römern als Geisel übergeben. Doch Archäologen bestreiten, dass Arminius aus der Adelsschicht der Cherusker stammt, denn wenngleich einige der Langhäuser in den germanischen Siedlungen um die Zeitenwende größer waren als andere, finden sich keine eindeutigen Anzeichen für eine Führungsschicht, also richtige Fürstensitze.

Während Arminius wohl eher aus einer Stammesführer- als aus einer alten Adelsfamilie stammte, scheint ein anderes überliefertes Faktum dagegen zutreffend zu sein: Arminius hatte sich den Rang eines römischen Ritters verdient. In den Jahren 4 bis 7 n. Chr. diente er als Präfekt, später als Offizier germanischer Hilfstruppen im römischen Heer und kämpfte u.a. im Pannonischen Krieg. 8 n. Chr. kehrte Arminius mit seiner Hilfstruppe nach Germanien zurück und wurde Varus unterstellt. Ein Germane als römischer Offizier, der sich im Kampf mit Aufständischen bewährt hatte, war der ideale Anführer für einen Aufstand. Aus welchen Gründen auch immer, Arminius lockte den Römer Varus und seine Kohorten beim Kalkriesen in einen Hinterhalt und schlug sie vernichtend. Obwohl er auch mehreren Strafexpeditionen der Römer trotzte, fand der große Führer der Revolte weder Anerkennung noch Ruhe. Im Jahr 17 n. Chr. führte sogar Marbod, König der germanischen Markomannen, Krieg gegen ihn. Zwar konnte Arminius die Markomannen in einer offenen Feldschlacht besiegen, doch auch seinem eigenen Lager wurde Arminius' Ehrgeiz allmählich unheimlich, und so ermordeten ihn im Jahr 21 n. Chr. eigene Verwandte.

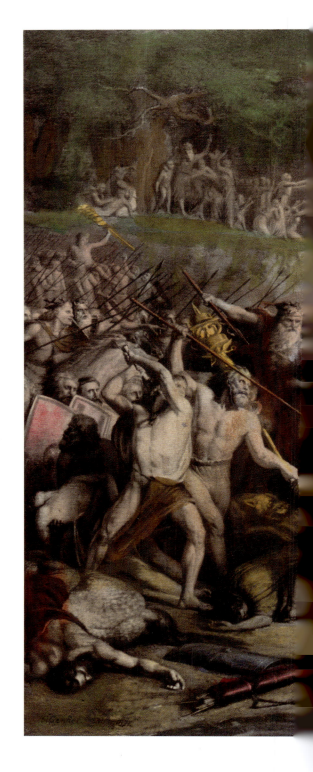

Tacitus nennt Arminius in seinen „Annalen" den „Befreier Germaniens". Mit dieser Bezeichnung macht er ihn Jahrhunderte später zum Nationalhelden und begründeten einen Kult. Historiker sind sich heute dagegen einig, dass Arminius' Kampf gegen die Römer kein nationaler Aufstand war. Die Germanen wollten die Römer loswerden, aber nicht, um sich selbst zu einer

Die Römer-Streitmacht geriet bei Kalkriese in einen Hinterhalt und wurde in dreitägigen Kämpfen von den Germanen völlig aufgerieben.

WODAN/ODIN – INKARNATION VON WUT UND WEISHEIT?

Im Germanischen als Wodan, im Skandinavischen als Odin bekannt, gilt er nicht nur als Gott der Schlachten und der Wut, sondern auch als Gott der Magie, der Inspiration und der Dichtung. Wodan/Odin gilt uns heute nicht nur als der oberste Gott der nordischen Mythen, sondern wenn sich einer zur Personifizierung der germanischen Götterwelt eignet, dann er.

Schon Römer wie Caesar und Tacitus erwähnten einen höchsten Gott bei den Germanen, den sie mit Merkur gleichsetzten – doch war das schon Wodan/Odin? Denn zum obersten Gott des von vielen Göttern bevölkerten germanischen Olymps wurde er, so vermuten die Forscher mittlerweile, erst in der Wikingerzeit. Bildlich dargestellt finden wir Wodan/Odin vielfach auf den Brakteaten der Völkerwanderungszeit. Meist sitzt er auf einem Pferd, das er mithilfe seines sichtbaren Atems heilt. „Wodan" finden wir dagegen schon im 6. Jahrhundert n. Chr. erwähnt, in Runeninschrift auf der sogenannten Bügelfibel von Nordendorf (siehe Abbildung Seite 174) und in in den „Merseburger Zaubersprüchen" (10. Jh. n. Chr.). Die älteste Erwähnung von Odin stammt aus einem mit Runen verzierten Schädelfragment aus der Zeit um 725 n. Chr. Odins Agenda wird schließlich in Lieder- und Prosa-Edda ausgebreitet.

Auch wenn Wodan als Gott der Schlachten den älteren Tyr verdrängt und den Zauberspeer Gungnir besitzt, ist er kein Gott, der sich selbst in den Kampf stürzt, sondern einer, der die Geschicke aus der Entfernung lenkt. Er ist vor allem der wissende Gott: Entweder sitzt er in Ansgard auf seinem Hochsitz Hlidskjalf, wo er alles sieht und seine beiden Raben Hugin und Munin ihm von ihren Erkundungsflügen berichten. Oder er ist mit Mantel und Hut bekleidet auf seinem achtbeinigen Ross Sleipnir unterwegs, um alle neun Welten zu erforschen.

Auch wenn Adam von Bremen feststellte: „Wodan es furor!", ist Wodan/Odin jedoch alles andere als ein germanischer Wüterich. Manche sehen in Wodan/Odin einen regelrechten Vorläufer eines Intellektuellen. Er sucht Erkenntnis und Weisheit und ist bereit, dafür Opfer zu bringen, er steht für höchste Schaffenskraft, aber auch für magische Blendung und ekstatische Suche. „Wodan, der höchstverehrte' unter den Göttern, ist gleichzeitig der schamanischste Gott der Germanen. Wodan, der ‚Wütende', der ‚Rasende', ist der urschamanische Gott der Götter", ereifert sich der Ethnobotaniker und Kulturwissenschaftler Christian Rätsch. Um die Runen zu enträtseln, lässt Wodan/Odin sich wie ein Verurteilter an den Weltbaum Yggdrasil hängen, und um aus dem wissensspendenden Mimirsbrunnen, der an einer der Wurzeln Yggdrasils liegt, zu trinken, opfert er sogar eines seiner Augen.

Schließlich ist Wodan/Odin auch ein Totengott, denn er lässt mithilfe der Walküren die Tapfersten der gefallenen Krieger nach Walhall bringen, damit sie ihm in der Götterdämmerung beistehen. Dabei weiß er schon, dass der Kampf den Untergang für alle bringen wird, doch gegen das Schicksal ist auch er machtlos.

Die romantische Rückbesinnung auf die Germanen im 18. und 19. Jahrhundert mit ihrer Bilderflut hat Wodan/Odin dann schließlich doch das Erscheinungsbild eines alten Haudegens mit überragender Körperkraft und Rauschebart gegeben, so wurde er zu einer Art Zeus in einem germanischen Olymp. Doch ohne dass es den Menschen bewusst wurde, lebt im Volksglaube eine andere Art von Wodan weiter: Mit seinem Rauschebart war Wodan der Vorläufer des Nikolaus. Wodan hatte seinen Festtag am 6. Dezember, auch die Tradition des Schuhe-vor-die-Haustür-Stellens geht auf Wodan zurück. Und erst im 16. Jahrhundert trat an die Stelle von Wodan der Nikolaus – eines von vielen Beispielen, wie sich nordische und christliche Tradition miteinander vermischten. Und als Gegenpart zum römischen Handels- und Betrugsgott Merkur ausgewählt, heißt der Tag der Wochenmitte im Englischen weiter Wednes-day – Wodans-Tag – und auf Skandinavisch: Odinsdag.

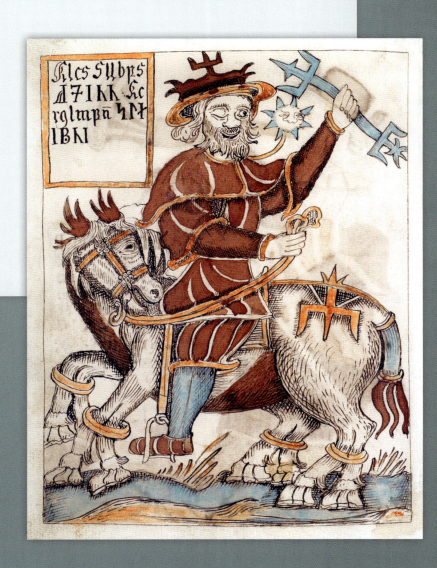

Wotan/Odin auf seinem achtbeinigen Pferd Sleipnir. Illustration von Jakob Sigurdsson zu einer Eddafassung des 18. Jahrhunderts.

großen Einheit zusammenzuschließen wie eine Nation oder ein Königreich. Die Germanen sahen nicht so sehr das, was sie mit den Nachbarstämmen verband. Sie sahen vor allem das, was sie von den Nachbarstämmen trennte. Wie schon vor der Zeit von Arminius kämpften die germanischen Stämme nach dessen Tod und dem Abzug der Römer wieder gegeneinander.

Während um die Zeitenwende noch weitgehend Gleichheit unter den Germanen herrschte, gibt es um 100 n. Chr. erste Anzeichen für die besondere Bestattung von Kriegern und erst um 300 n. Chr. komplett ausgestattete Herrschergräber wie das sogenannte Fürstengrab von Gommern, ein Grabhügel aus der Zeit um 300 n. Chr., der erst 1990 nahe der heutigen Stadt Gommern südöstlich von Magdeburg entdeckt wurde. Es handelt sich um eine der wenigen Grabkammern aus römisch-germanischer Zeit, die bis zu ihrer Entdeckung ungeöffnet blieben. Während die einfachen Germanen nach ihrem Tod weiter verbrannt wurden, legte man die Leiche dieses bedeutenden Mannes in eine Grabkammer mit üppigen Beigaben und schüttete darüber einen Hügel aus Steinen und Erde auf, ganz so, wie es schon in der Bronzezeit praktiziert wurde. Für seine Reise ins Jenseits erhielt der Tote üppige Beigaben, darunter zahlreiche Waffen, Gefäße für Trinkzeremonien und viel Schmuck aus Bronze, Silber und Gold. Am auffälligsten ist ein Schildbuckel aus Silber, der mit Goldplättchen und bunten Glassteinen verziert ist. Anhand der nicht verwitterten Kleidungsteile lässt sich die Ausstattung dieses Führers rekonstruieren: Er trug eine Hose mit einem weitem Kittel darüber, der von einem breiten Gürtel mit goldenen Beschlägen gehalten wurde. Ein bunter Umhang schützte ihn vor der Kälte. Alle Kleidungsstücke waren aus edlen Stoffen. Bewaffnet war er mit Schwert, einer Lanze und einem großen, runden Schild aus Holz, der aufwendig mit Linien und Mustern verziert war. Hervorgehoben durch den Schmuck trugen Männer wie der Fürst von Gommern ihre Mächtigkeit zur Schau, doch welche Götter verehrten sie und auf welche Art und Weise?

Eines der zahlreichen „Beweisstücke", die für Bramsche-Kalkriese im Osnabrücker Land als Ort der Varusschlacht sprechen, ist diese dort 1987 gefundene Gesichtsmaske eines römischen Legionärs. Sie lässt gute Rückschlüsse auf das individuelle Aussehen des Trägers zu, der bei der Kavallerie diente.

Hortfund aus Kalkriese. Diese insgesamt 19 römischen Münzen (15 Denare, drei Quinare und ein Aureus) aus der Zeit um 110 bis 1 v. Chr. wurden 1993 bei Kalkriese (Niedersachsen), dem wahrscheinlichen Schauplatz der Varusschlacht, entdeckt.

SCHAMANISCHE KULTE STATT HEHRER GÖTTER

Zwar finden sich bereits bei Caesar und Tacitus Beschreibungen, die nahelegen, dass zumindest Teile der Germanen einen obersten Gott verehrten, den die beiden römischen Autoren einfach mit Merkur und die Tacitus-Übersetzer meistens mit Wodan gleichsetzen. Doch für einen individuellen Götterkult finden sich keine Beweise, und namentlich erwähnt wurde Wodan erst im frühen 7. Jahrhundert n. Chr. auf einer Runeninschrift auf einer Bügelfibel, die im bayrischen Nordendorf gefunden wurde. Mit Sicherheit haben die Germanen viele lokale Gottheiten verehrt, doch der ursprüngliche religiöse Kult der Germanen war von ganz anderer Natur als derjenige der antiken Völker, und es war sogar Tacitus selbst, der dessen Besonderheit erfasste: „Im Übrigen glauben die Germanen, dass es der Hoheit der Himmlischen nicht gemäß sei, Götter in Wände einzuschließen oder irgendwie der menschlichen Gestalt nachzubilden. Sie weihen ihnen Lichtungen und Haine, und mit göttlichen Namen benennen sie jenes geheimnisvolle Wesen, das sie nur in frommer Verehrung erblicken." Nicht nur Lichtungen und Haine, auch markante Felsen, einzelne Bäume, Quellen, Seen und Moore wurden als Sitze höherer Kräfte angesehen. Dort wurde in einer Weise mit den göttlichen Mächten Kontakt aufgenommen, die den bekannten Religions- und Mythenforscher Maurice Eliade an „Vorstellungen und Techniken des nordasiatischen Schamanentums" erinnert. Und der Ethnobotaniker Christian Rätsch hat die wesentlichen Merkmale einer schamanischen Kultur bei den Germanen im Einzelnen identifiziert:

Die sogenannte Bügelfibel von Nordendorf I wurde im Jahr 1843 im bayrischen Nordendorf gefunden. Sie stammt vermutlich aus einem Frauengrab eines 448 Bestattungen umfassenden Gräberfelds. Bedeutung hat sie vor allem erlangt, weil hier, im frühen 7. Jahrhundert, erstmals die Namen Wodan und Donar in Runenschrift aufgeführt werden.

- eine ausgefeilte Mythologie jenseits von Gut und Böse
- medizinische Zaubersprüche und Heilkräuter
- erotische Pflanzenrituale
- ekstatische Naturverehrung
- Opferzeremonien
- Seelengeleit und Ahnenverehrung
- Zaubergeräte und Zauberzeichen
- Orakel und schützende Amulette
- Wahrsagerei
- rituelle Rauschgetränke und Räucherwerk
- Kriegertum und Tierverwandlung

Das Schamanentum ist dabei im Wesentlichen mit den Opfer- und Kultplätzen wie Seen, Mooren und Heiligen Hainen verbunden, so Rätsch: „Der Heilige Hain ist ein Waldstück, in dem die Götter wohnen und die Menschen ihnen zu Ehren zum heiligen Thing zusammenkommen, um Wald und Gottheit zu kontaktieren. Um sich mit ihnen und durch sie mit dem heilenden Tempel der Natur, dem Stück Wald, zu vereinen." Neben Seen und anderen Gewässern waren vor allem die in dieser Zeit wachsenden Moore nach

Vorstellung der Germanen von Drachen und Ungeheuern, von Seelen und Untoten regelrecht verseucht, weshalb man dort auch am besten Kontakt zu ihnen aufnehmen konnte. Außerdem ist es diesem sumpfigen Untergrund zu verdanken, dass wir ein Bild von den frühen Göttervorstellungen der Germanen bekommen. Denn Pfahlfiguren aus Holz, also einem organischen Material, überdauerten rund zweieinhalb Jahrtausende in den Mooren.

Zwei Arten von menschenähnlichen Idolen finden Archäologen immer wieder im Moor: zum einen flache Stelen, die nur die vereinfachten Umrisse von Menschen wiedergeben wie im Wittemoor, wo zwei Figuren links und rechts vom Bohlenweg standen. Sie dienten zum Schutz gegen Gefahrenstellen, denn um 500 v. Chr. führten diese Stege aus rechteckigen Eichenbohlen teilweise über Hunderte von Metern durch den sumpfigen Grund. Zum anderen sind dies offensichtlich Darstellungen von göttlichen Wesen wie die im Jahr 1946 gefundenen Figuren von Braak, die wohl aus der späten Bronzezeit (also älter als 500 v. Chr.) stammen (siehe Abb. S. 103). Die beiden Holzfiguren, deren Gesichtszüge deutlich herausgearbeitet sind und die im Originalzustand auch Arme sowie Phallus bzw. Brüste und Vulvakerbe aufwiesen, haben mit ihren 2,29 und 2,75 Metern Größe deutlich „übermenschliches" Format. Das heißt: Es spricht vieles dafür, dass es sich hier um die ältesten Götterdarstellungen im kontinentalgermanischen Raum handelt. Da der Fundort außerdem durch viele Brandreste eindeutig als Opferplatz identifiziert werden kann, muss es sich hierbei um ein Paar Fruchtbarkeits- und Schutzgötter handeln – die Vorläufer von Nerthus und Njörd, den vermutlich ältesten Göttern, die uns namentlich überliefert sind. Und im Prinzip geht das ganze Göttergeschlecht der Asen auf die frühen Pfahlidole zurück, denn die ursprüngliche Bedeutung des Wortes „Asen" ist „Balken" oder „Pfahl".

Nach der Zeitenwende änderten sich nicht nur die Göttervorstellungen, sondern auch die Art der in den Mooren hinterlassenen Objekte: Es wurden auffallend mehr Waffen geopfert. Manchmal als Beschwörung für einen bevorstehenden Kampf, doch häufig wurden ganze Waffenarsenale versenkt. Im Moor von Hjortspring fanden dänische Archäologen über 170 Speerspitzen, elf einschneidige Schwerter und über 64 Schilde. Dazu Kettenpanzer, Werkzeuge und Kupferkessel. Die Waffen und Utensilien eines fremden Heeres, das auf Jütland gelandet und von den Einheimischen besiegt worden war. Über 30 solcher Plätze sind allein in Südskandinavien und Schleswig-Holstein bekannt, an denen Waffen unbrauchbar gemacht und im Moor versenkt wurden – eine Art frühgeschichtliche Rüstungskonversion. „Es ist durchaus denkbar, dass die großen sozialen Unruhen in dieser Zeit zu einer Intensivierung der Opferpraktiken geführt haben", urteilt der niederländische Moorexperte Wijnand van der Sanden. Und der Kontakt mit den Römern hatte auch negative Folgen, denn die Ausweitung des Römischen Reiches verursachte vielfache Verschiebungen von Stammesgebieten und große soziale Spannungen zwischen und in den zahlreichen germanischen Stämmen Nordeuropas. Aus dieser Zeit finden sich nicht nur Waffen, sondern auch Menschen im Moor. Da bei vielen Moorleichen Spuren von Gewaltanwendung entdeckt wurden, glaubte man bis vor Kurzem den Berichten Tacitus': „Verräter und Überläufer hängen die Germanen an Bäume; Feiglinge, Kriegsscheue und Schandkerle ertränkt man in Moor und Sumpf." Doch finden sich viel weniger Hinweise auf Gewalttaten als häufig dargestellt. Eine andere Deutung: die Angst vor Wiedergängern, also Toten, die keine Ruhe im Jenseits finden. Denn viele Moorleichen wurden am Grund mit Hölzern festgepflockt.

In den letzten Jahren hat sich in der Wissenschaft die Opfertheorie durchgesetzt, so van der Sanden: „Viele der separaten Moorleichen müssen als Menschenopfer interpretiert werden. Denn die Moore bilden Plätze, an denen man versuchte, Kontakt mit dem Übernatürlichen aufzunehmen und mit der Übergabe kostbarer Opfer diesen Kontakt zu besiegeln." Schließlich, so schien es den Germanen, war ihre Opferpraxis sehr erfolgreich. Die

BALDER – DER TRAGISCHE GOTT DES GUTEN

Balder (auch Baldur genannt), Sohn des Gottes Wodan/Odin und seiner Gemahlin Frija/Frigg, bildet in der nordischen Mythologie eine Ausnahme: Er gilt als der beste aller Götter, von solch einer hellen und reinen Gestalt, dass ein Leuchten von ihm ausgeht. Alle Welt liebt ihn, ist er vielleicht deshalb zum Sterben verurteilt? Die Geschichte seines Lebens und Todes ist mit Abstand die dramatischste Erzählung innerhalb der Edda-Mythen, denn hier sind Glück und Verderben, Treue und Verrat eng miteinander verbunden. Er ist verheiratet mit der Göttin Nanna und bekommt mit ihr den Sohn Forseti. Die Familie wohnt auf Breidablik in der Götterburg Asgard, einem Hof, auf dem nichts Unreines geschehen kann. Da bekommt Balder Albträume: Man trachte ihm nach dem Leben. Daraufhin lässt Frija alle Geschöpfe, vom kleinsten Zwerg bis zum größten Riesen, und selbst Gegenstände wie Steine und Waffen einen Schwur leisten: Niemals werde ich Balder ein Leid zufügen! Weil der Schwur so gut funktioniert, machen sich die Götter bald einen Spaß daraus, mit Waffen oder Steinen auf Balder loszugehen und zu sehen, wie diese vor ihm zurückschrecken. Unter dem Vorwand der Sorge bringt der listige Loki, als Frau verkleidet, von Frija/Frigg selbst in Erfahrung, dass nicht alle Pflanzen hatten schwören müssen, denn die bedeutungs- und kraftlose Mistel hatte die Göttin nicht in die Pflicht genommen. Den blinden Hödr, der von dem Zeitvertreib, auf Balder zu schießen, ausgeschlossen wurde, kann Loki überreden, doch einen Mistelzweig auf ihn abzuschießen. Loki lenkt den Schuss, der den Götterliebling tötet.

Später reist Balders Bruder Hermod mithilfe von dessen Ross Sleipnir, der sogar das Helgitter überspringt, ins Totenreich. Die dort herrschende Hel ist bereit, Balder zurückkehren zu lassen, wenn alle lebenden und toten Dinge um ihn weinen. Alle, die von den Boten der Asen gefragt werden, sind dazu bereit – nur die Riesin Thökk nicht. Mit Balder verschwinden Glück und Schönheit aus der Welt, die kosmische Ordnung gerät aus den Fugen, ein erstes Zeichen für die bevorstehende Götterdämmerung. Übrigens: Balders Schicksal wird nur in den altnordischen Überlieferungen erzählt, im südgermanischen Raum wird sein Name nur in den „Merseburger Zaubersprüchen" erwähnt.

Hermod auf dem Weg ins Totenreich, um Balder zu befreien. Illustration von Jakob Sigurdsson zu einer Eddafassung des 18. Jahrhunderts.

Römer ließen nach etlichen Bemühungen von ihrem Vorhaben ab, Germanien zu romanisieren. Andererseits war es auch keine Schande oder gar Verrat, in der römischen Armee zu dienen. Die entlassenen Kämpfer brachten einen üppigen Entlassungssold mit in ihre Heimat. Und man genoss hohes Ansehen, wenn man es in der römischen Armee beispielsweise zum Offizier gebracht hatte. Symbol für diese Ehre waren vor allem die vielen, kunstvoll verzierten Militärgürtelbeschläge, welche ehemalige Soldaten weitertrugen und die ihnen nach dem Tod ins Grab gelegt wurden. Viele Grabfunde von römischen Waffen und Militärgürteln zeigen den Archäologen zudem, dass die Siedlungen, aus denen die römischen Söldner kamen, weit verstreut über Germanien lagen.

DAS RÄTSEL DES „ROTEN FRANZ"

Aus der Untersuchung des Gerichtsmedizinischen Instituts der Medizinischen Hochschule Hannover: Die Person war männlich, 25 bis 30 Jahre alt, einen Meter achtzig groß. Obwohl die Haut des Opfers stark verformt ist, entdeckten die Mediziner Hinweise auf eine Schnittwunde im Halsbereich und eine Verletzung am Schlüsselbein, die von einer Klinge herrühren könnte. „Dem Untersuchten wurde offensichtlich die Kehle durchgeschnitten", urteilt Gerichtsmediziner Detlef Günther. Darüber hinaus wurden die Mediziner auf bereits verheilte Veränderungen an den Knochen aufmerksam. Bei der Schädigung des rechten Schultergelenkkopfes muss es sich um eine Kriegsverletzung handeln, die von einem Pfeil oder einer Lanze herrührt. Und ein Bruch des Schlüsselbeins könnte auf einen Sturz vom Pferd zurückgehen. Denn Verformungen der Oberschenkel deuten darauf hin, dass der „Rote Franz", so der Spitzname von Niedersachsens berühmtester Moorleiche, viel geritten sein muss. Rot wegen der Haarfarbe, die jedoch auf die Einwirkung des Moores zurückgeht. Der Mann, dessen Leiche im emsländischen

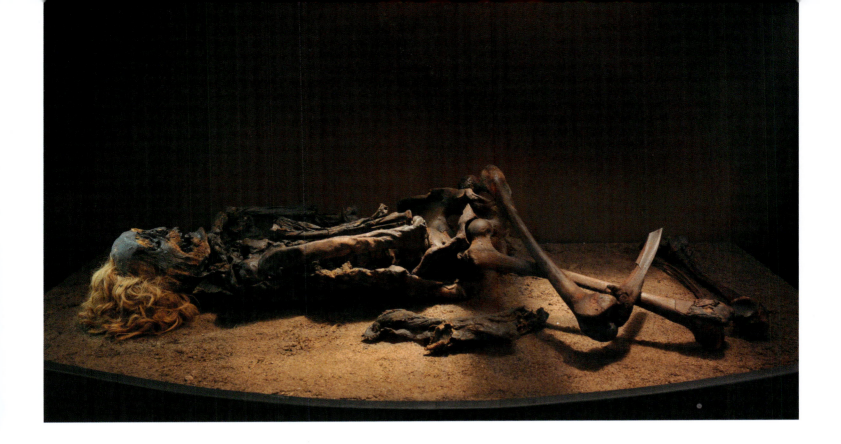

Die bekannteste der Moorleichen ist der sogenannte „Rote Franz" – er ist im Niedersächsischen Landesmuseum ausgestellt.

Neu Versen entdeckt und mittlerweile mithilfe von C-14-Untersuchungen, Kernspintomografen und Computersimulationen untersucht wurde, war ein reitender Krieger, der um 300 n. Chr. lebte. Doch warum wurde er mit durchgeschnittener Kehle im Moor zur vermeintlich letzten Ruhe gebettet – war er vom Gegner tödlich verletzt worden oder gar von den eigenen Leuten? Wurde er gerichtet oder geopfert?

Es war genau die Zeit, in der die germanischen Juthungen in den römischen Provinzen Räetien, die Alemannen in Obergermanien und den angrenzenden gallischen Provinzen sowie die Franken in Niedergermanien und Nordgallien ausgiebige Beutezüge unternehmen. Sie überfielen Siedlungen, Landgüter und Heiligtümer und raubten dabei vorrangig Metalle wie Gold, Silber, vor allem jedoch sämtliche Gegenstände aus Bronze und Eisen – zahlreiche Schatzfunde beweisen dies. Im Jahr 260 n. Chr. wurden Alemannen nach einem Plünderungszug durch Gallien bei ihrer Rückkehr von römischen Truppen am Rhein gestellt und verloren ihre Beute bei der Flussüberquerung. Rund 1700 Jahre später wurde der als „Hortfund von

FRIJA/FRIGG – OBERSTE GÖTTIN, GEMAHLIN WODANS

Auch wenn es die meisten Deutschen nicht mehr ahnen, jeden Freitag, wenn wir uns auf das Wochenende freuen, werden wir auch an Frija, so ihr südgermanischer Name, erinnert. Denn da dieser Tag bei der Namensgebung im Römischen Reich der Göttin Venus gewidmet wurde, wurde bei der Übertragung der Namen in Germanien die Göttin Frija Patin für den Freitag, der auf das althochdeutsche „fria-tac" zurückgeht.

Vielleicht hatte Frija bei den Südgermanen tatsächlich auch die Rolle einer Liebesgöttin, doch eigentlich heißt Frija (nicht zu verwechseln mit der Wanin Freyja) zunächst nichts anderes als „Frau". Und in der germanischen Mythologie hat Frija oder Frigg, so ihr altnordischer Name, im Göttergeschlecht der Asen die wichtige Rolle, Frau des Gottes Odin zu sein. Gemeinsam mit ihm soll sie die Götter Balder, Hödur, Bragi sowie die Walküren gezeugt haben.

Allerdings hat ihr Name Frija, außer bei der Ableitung des Wochentagsnamens Freitag, nur in einer schriftlichen Quelle überdauert: In den Merseburger Zaubersprüchen bespricht Frija den verrenkten Fuß von Balders Fohlen. Ansonsten gilt sie als die Schutzpatronin der Ehe und der Mutterschaft, und sie soll in ihrem Heim in Ansgard, dem Fensal (Sumpfsaal), die Wolken gewebt haben – wie später Frau Holle im Märchen.

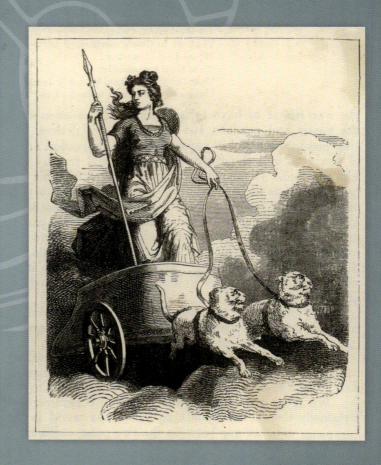

Frija/Frigg, Göttin der Fruchtbarkeit und Liebe, auf ihrem Streitwagen. Diese Xylografie aus dem 19. Jahrhundert ist der erste überlieferte Versuch Frija darzustellen überhaupt.

Neupotz" bezeichnete Schatz von Sandbaggern in einem toten Rheinarm wieder freigelegt. Mit über 1000 Objekten und einem Gewicht von über 700 Kilogramm handelt es sich um den größten Metallfund aus der Römerzeit. Er enthält zwar keine Gold- oder Silberobjekte, jedoch vier riesige Bronzekessel und eine große Menge an Geschirr, Werkzeugen und anderen Objekten aus Bronze und Eisen, Materialien, die den Germanen im Alltag häufig fehlten. Bildeten diese Schätze die historischen Vorbilder für die Sage vom Nibelungenhort?

Zu dieser Zeit lebten die Bewohner von „Barbaricum", dem unbesetzten Germanien, nicht mehr in Dorf-, Clan- oder Stammesgemeinschaften gleicher Männer und sakraler Herrschaftsrituale, sondern sie waren zu Kriegerverbänden geworden, die ihren Heerführer nach den kämpferischen Erfolgen wählten. Diese Gemeinschaftsform war von den Römern gefördert worden, denn Heerführer mit prorömischer Haltung erhielten von ihnen Waffen und Gold. Die Mitglieder dieser Kriegsverbände waren jedoch nach Herkunft, Sprache und Religion wild gemischt. Das Bild der Germanen, wie wir es bis heute wahrnehmen, wurde in den entscheidenden Motiven von den Römern geprägt. Römer schildern uns diese lockeren Völkerverbände in Abgrenzung zu ihrer eigenen Zivilisation als zwar barbarische, aber immerhin zusammenfassbare Einheiten. Auch das für die Germanen seit der Zeitenwende typische kämpferisch-kriegerische Verhalten wurde vor allem durch die Expansion des Römischen Reichs und dessen Eingriffe auch in die nicht eroberten Gebiete provoziert. Übrigens: Wie der Kopf des „Roten Franz" tatsächlich aussah, wurde vor einigen Jahren am Computer rekonstruiert und in einer überzeugenden Plastik dargestellt. Doch ob der Krieger von Feinden verwundet, von eigenen Leuten gerichtet oder geopfert wurde – dieses letzte Geheimnis konnten auch die Wissenschaftler nicht lüften.

Der „Barbarenschatz" aus Neupotz bei Speyer versank vor über 1700 Jahren in den Fluten des Rheins. Anfang der 1980er-Jahre wurde er beim Kiesabbau im Altrhein entdeckt und gilt als der größte römerzeitliche Metallfund in Europa. Er umfasst über 1000 Objekte aus Bronze, Messing, Eisen und Silber.

WODAN-MÜNZEN, VÖLKERWANDERUNGEN UND GERMANISCHE WOCHENTAGE

Spätrömischer Eisenhelm aus dem 4./5. Jh. n. Chr.

Prunkschwert mit reich verzierter Bronze-Parierstange (Osteuropa, frühe Völkerwanderungszeit, letztes Viertel 4. bis 1. Hälfte 5. Jh. n. Chr.). Das Schwert entstammt der steppennomadischen Gesellschaft der frühen Völkerwanderungszeit Osteuropas und kann am ehesten mit Hunnen oder Sarmaten in Verbindung gebracht werden. Die reich verzierte Parierstange ist auch bei dieser Spatha ein Statussymbol und zeichnet ihren Träger als Angehörigen der Stammesaristokratie aus, zumindest jedoch als einen hohen militärischen Führer innerhalb des hunnischen Verbandes.

> **„Die kriegerische Ordnung rührt von der Entstehung der neuen Völker aus Armeeverbänden und transportiert also keineswegs vorrömische Kultur der Germanen."**
>
> VOLKER GALLÉ

GOLD-BRAKTEATEN ZEIGEN DIE GERMANISCHE GÖTTERWELT

„Sie hausten wie die Vandalen!" Tief hat sich diese alltagssprachliche Wendung für eine sinnlose Zerstörungsorgie in unserem kollektiven Gedächtnis verankert. Goten und Vandalen waren Barbaren und benahmen sich auch so. Bis ins 18. Jahrhundert lautete diese Redewendung nämlich „… wie die Goten" – ein Überbleibsel davon bildet in der Kunst die Bezeichnung „gotisch" für das vermeintlich mittelalterlich Primitivere. Übrigens sprechen nur wir Deutschen in diesem Zusammenhang von „Völkerwanderung", für Franzosen und Italiener handelt es sich nach wie vor um eine „Invasion der Barbaren".

Bis vor einigen Jahrzehnten betonten auch Historiker und Archäologen gerne den Bruch, den die ins Römische Reich einfallenden Völker für die Geschichte darstellten, mittlerweile stehen jedoch mehr die Kontinuitäten dieses Übergangs im Mittelpunkt ihrer Aufmerksamkeit. Und es gibt sogar Hinweise, dass sich genau in dieser unruhigen Zeit eine gemeinsame germanische Kultur- und Religionswelt bildete. Traditionell beginnt die Zeit der „Völkerwanderungen" mit dem Einfall der Hunnen um das Jahr 375 und

Vorangehende Doppelseite: Grenzbefestigung im hohen Norden. Kaiser Hadrian ließ seit 122 einen vier bis fünf Meter hohen und drei Meter breiten Erd- oder Steinwall, den sogenannten Hadrianswall (Vallum Hadriani), gegen die schottischen Pikten errichten.

endet mit der Eroberung Italiens durch die Langobarden um 568. Doch diese Eingrenzung ist problematisch, denn zum einen stellt sich die gesamte Geschichte der germanischen Völker bis ins Frühmittelalter hinein als eine Geschichte von Wanderungen dar, zum anderen werden in diesem Zusammenhang die jeweiligen auslösenden Ursachen verschwiegen. Denn nicht zuletzt war die Ausweitung des Römischen Reiches mit neuen Grenzziehungen, Umsiedlungen, vielfachen Verschiebungen von Stammesgebieten und großen sozialen Spannungen zwischen und in den zahlreichen germanischen Stämmen Nordeuropas verbunden. Diese bestanden häufig nur aus kleinen Verbänden, die über Jahrhunderte in ständiger Bewegung blieben – meistens wollten sie nur in fruchtbarere Regionen umsiedeln, aber gelegentlich unternahmen sie auch Überfälle auf reichere Nachbarn. So erreichten die Vorstöße kleinerer und größerer Stämme und Verbände ins römische Imperium im 2. Jahrhundert n. Chr. mit den Markomannenkriegen (166 bis 180 n. Chr.) ihren Höhepunkt, als ein loser Kriegsverband aus Markomannen, Langobarden und Vandalen über die Donau Richtung Süden einstürmte. Gleichzeitig lernten die Römer die militärische Tüchtigkeit der Männer aus „Germanicum Barbaricum" zu schätzen. Nachdem die Römer durch die Varusschlacht aus den rechtsrheinischen Gebieten vertrieben worden waren, wurde es dort sogar immer beliebter, als römischer Söldner zu dienen. Das beweisen Hunderte von Militärgürtelbeschlägen aus dem 3. bis 5. Jahrhundert n. Chr., die Archäologen bisher in germanischen Gräbern entdeckt haben. Sie waren kein Beutegut, sondern Auszeichnungen: Männer, in deren Gräbern die Beschläge lagen, hatten sich diese redlich verdient. Diese Funde liefern den Forschern wichtige Erkenntnisse darüber, wohin die meisten germanischen Söldner nach dem Ende ihrer Dienstzeit im römischen Heer zurückgekehrt waren.

Im 3. Jahrhundert jedoch veränderte sich das Verhalten der Germanen, zumindest aus römischer Sicht. Aus verschiedenen kleinen Stämmen bilden sich Großstämme heraus, die als Völkerschaften wahrgenommen werden:

Szene aus den Markomannenkriegen: Mark Aurel begnadigt Germanenhäuptlinge. Relief vom Konstantinsbogen in Rom, das sich, hier im Jahr 315 wiederverwendet, ursprünglich an einem Bauwerk zu Ehren Mark Aurels befand.

WODAN-MÜNZEN, VÖLKERWANDERUNG UND GERMANISCHE WOCHENTAGE   187

Zerstörte Gesichtsmaske eines germanischen Helms aus dem 4. Jahrhundert n. Chr., gefunden im Thorsberger Moor (Schleswig-Holsteinisches Landesmuseum Schloss Gottorf)

Alemannen, Franken, Thüringer, Goten, Vandalen, Burgunder, Sachsen. Doch was heißt Volksstämme, es handelte sich um keine geschlossenen Einheiten, eher um lockere Verbände, urteilt Herwig Wolfram: „Wer sich den Goten auf der Wanderung anschloss, musste weder Gote noch Freier sein. Er musste ein guter Kämpfer sein und ein bestimmtes Maß an Disziplin beachten." „Völker" und „Könige" entstanden überhaupt erst in dieser Zeit der ständigen Wanderungen, Durchmischungen und Kriege, tatsächlich jedoch handelte es sich nach heutigem Sprachgebrauch um nichts anderes als germanische „Warlords". Häufig Ziehkinder der Römer, nutzten sie die Gunst der Stunde, um gegen ihre einstigen Gönner vorzugehen. So wurde das barbarische Germanien zur Brutstätte der sogenannten Völkerwanderung, und die Römer ernteten nur, was sie selbst gesät hatten: „Eines musste den Römern freilich verborgen bleiben, nämlich wie sehr sie selbst bei allen Bemühungen, die Verhältnisse im Barbarengebiet unter Kontrolle zu behalten, an deren langfristiger Destabilisierung beteiligt waren", so Walter Pohl. Die Ignoranz der Römer gegenüber dem freien Germanien nach der Varusschlacht führte dazu, dass sie die wachsende Gefahr nicht richtig einschätzen konnten. Als die Germanenstämme dann gen Süden aufbrachen, hatten die Römer überhaupt keinen Plan dagegen. Dem Druck vor allem der Franken am Niederrhein und der Alemannen in Obergermanien und Rätien hatten die Römer immer weniger entgegenzusetzen. „Dabei spielen beute- und machtgierige Häuptlinge mit ihrer kriegerischen Gefolgschaft die ausschlaggebende Rolle, die von den Römern bisweilen als ‚Könige' bezeichnet wurden", erläutert der Historiker Wolfgang Reinhard. „Zur Rechtfertigung ihrer Stellung durch dynastische Mythen und religiöse Legenden kam es erst im Nachhinein, wenn einige von ihnen ihre Rivalen getötet und ihre Alleinherrschaft errichtet hatten."

TYR – OBERHAUPT, KRIEGER, VERBANNTER

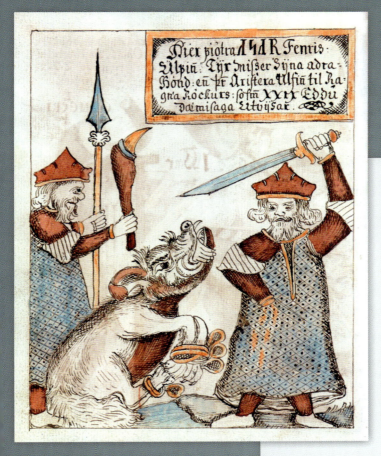

Tyr bändigt den Fenriswolf – und verliert seine rechte Hand. Illustration von Jakob Sigurdsson zu einer Eddafassung des 18. Jahrhunderts.

Tyr – auf Urgermanisch: Tiwaz oder Teiwaz, auf Althochdeutsch: Ziu oder Tiu, auf Altenglisch: Tiw oder Tig – war der Himmels- und Kriegsgott. So steht es in den Edda-Schriften. Die Bedeutungen seines ursprünglichen Namens jedoch – „Tiwaz" = göttlich – weist darauf hin, dass er vermutlich als ein Vater- oder Ursprungsgott verehrt worden ist, auf jeden Fall war er einer der bedeutendsten Götter der Asen. In einigen Überlieferungen wird er als Sohn des Riesen Hymir, in anderen als Sohn Odins bezeichnet. Sein Symbol ist dagegen eindeutig das Schwert, das ihn zweifelsfrei als Kriegsgott ausweist und mit dem er sich der Legende nach selbst in das Schlachtgeschehen stürzt. Im Gegensatz dazu wird Wodan nur als Lenker des Kriegsglücks geschildert, der aus göttlicher Höhe wirkt.

Berühmt und immer wieder geschildert bzw. abgebildet wurde die Episode, in der Tyr den Fenriswolf bändigt, wobei er seine rechte Hand verliert. In anderen Schilderungen will er den Willen des Fenriswolfs durch Gleipnier, eine Art magische Beschwörung, brechen. Doch dazu muss er rituell seine rechte Hand in das Maul des Wolfes legen – dieser durchschaut die List und beißt zu. Auf jeden Fall kann Tyr fortan nur noch mit der Linken kämpfen. Im Ragnarök, der Götterdämmerung, schließlich tritt er gegen den Höllenhund Garm an, er kann ihn töten, erliegt jedoch seinen schweren Verletzungen. Götterlegende und Heldensage verschmelzen noch ganz in der Gestalt des Tyr – das war wohl mit einer der Gründe, warum die Germanen bei ihren Kriegsfesten Tyr mit besonderen Schwerttänzen huldigten. Tyr galt darüber hinaus als zuverlässiger Wahrer des Rechts und wurde deshalb zum Beschützer der Thing-Versammlungen ausgerufen. In seiner Funktion als Hauptgott wurde er während oder nach der Völkerwanderungszeit von Wodan verdrängt, der vermutlich von den dominanter werdenden Stämmen wie den Franken als zentrale Götterfigur verehrt wurde.

Seit dem 4. Jahrhundert erwähnten die Römer das Land „Francia" am westlichen Niederrhein. Dass die Franken sich zu einem wahrnehmbaren Volksstamm entwickeln konnten, lag wohl auch daran, dass sie in engem Austausch mit den Römern standen und deren soziale und kulturelle Ordnung weitgehend kopierten. Nicht nur das: Konstantin der Große nahm geschlossene Verbände fränkischer Krieger ins römische Heer auf. Als zum Jahreswechsel 406/7 Vandalen, Alanen und Sueben Mainz angriffen, befanden sich unter den römischen Verteidigern einige fränkische Verbände. Unter dem Motto „Römer gegen Barbaren" kämpften tatsächlich zunehmend Germanen gegen Germanen, denn das Römische Reich in Gestalt römischen Verwaltungspersonals, Truppen und Geldern zog sich mehr und mehr aus dem Norden zurück.

Nach dem Tod von Kaiser Theodosius 395 war das Römische Reich unter seinen Söhnen in Ostrom und Westrom aufgespalten worden. Während das

Relikte römischen Lebens in Germanien: rekonstruierter Eckturm des Kastells Köngen im Römerpark Köngen am Neckar-Odenwald-Limes (links) und der Altar eines römischen Soldaten zu Ehren des Gottes Jupiter im rekonstruierten Römerkastell Saalburg (rechts).

Münzbildnis Kaiser Konstantins im Helm mit Christusmonogramm. Silbermedaillon, Ticinum (Pavia), um 315.

Oströmische Reich (Byzanz) noch über ein Jahrtausend weiterexistierte, brach das Weströmische Reich im Laufe des 5. Jahrhunderts endgültig zusammen. Die ohnehin bereits provozierte Mobilität der germanischen Völker steigerte sich durch den Einfall der Hunnen zu einem regelrechen „Dominoeffekt": Im Jahr 375 fielen die Hunnen von den innerasiatischen Steppen in Südosteuropa ein und besiegten die dort siedelnden Goten. Während sich die Ostgoten weitgehend unterwarfen, zogen die Westgoten nach Süden und vertrieben die Vandalen. Die Vandalen ihrerseits zogen gemeinsam mit Alanen und Sueben über den Rhein und bedrohten Romanen, Franken und Galloromanen. Zu den „wandernden" Völkern gehörten auch die ostgermanischen Burgunder, deren Kernland die Wissenschaft heute zwischen Oder und Weichsel verortet, allerdings ohne eindeutige archäologische Beweise zu besitzen, denn dazu ähnelten ihre Kulturgüter und Begräbnisformen zu sehr denen ihrer Nachbarn. In den Blick der Römer gerieten die Burgunder jedoch erst, als sie sich nach einer Zwischenstation zwischen Elbe und Oder im 4. Jahrhundert n. Chr. im Maingebiet und damit im Vorland des römischen Limes niederließen – ihre Beinahe-Vernichtung durch römisch-hunnische Truppen um das Jahr 435 wurde zum historischen Kern des Nibelungenlieds.

Die genaue Herkunft von Goten, Vandalen und Burgundern jedoch verliert sich im Dunkeln der Geschichte. Neue Grabungsfunde belegen zumindest, dass die Goten für rund 150 Jahre zwischen Oder und Weichsel siedelten, bevor sie sich in der zweiten Hälfte des 3. Jahrhunderts in der heutigen Ukraine und am Nordufer des Schwarzen Meeres niederließen. Dass sich einige dieser Völkerheere gegen das Römische Reich wandten, hat dieses selbst provoziert. Als die Westgoten 376 vor den Hunnen über die Donau ins Römische Reich flohen, ließ der oströmische Kaiser Valens sie gewähren. Doch zwei Jahre lang wurde ihnen kein Siedlungsland zugewiesen, sodass sie sich schließlich voller Hass auf die Römer erhoben und plündernd Richtung Südosten zogen. Das römische Heer wollte sie stoppen und wurde bei

„Der Einzug Alarichs in Rom" nannte Hermann Knackfuß (1848–1915) seine Zeichnung von 1890, die später koloriert wurde. Er entwarf den Westgotenkönig als zottigen wilden Kerl, der sein Kommen mit Fanfaren ankündigt und niedermachen lässt, was sich ihm in den Weg stellt.

Hadrianopolis vernichtend geschlagen, dabei kommt auch Kaiser Valens um. Einige Jahre später schloss Kaiser Theodosius einen Föderatenvertrag mit den Goten, die sich unter ihrem Führer Alarich zum starken Kampfverband der Römer entwickelten, bis sie sich 402 wieder gegen die Römer wendeten und 410 Rom sogar plünderten.

Auch Vandalen, Alanen und Sueben, die 407 vom Rheintal plündernd durch Gallien, denn über die Iberische Halbinsel zogen und schließlich nach Afrika übersetzten, plünderten, trotz Friedensverträgen, 455 Rom. 476 schließlich setzte ebenfalls ein Germane, der Skire Flavius Odoaker, den letzten römischen Kaiser Romulus Augustus ab und wurde selbst zum Herrscher über Italien. Das Reich des Odoaker wurde schließlich vom Reich der Ostgoten abgelöst. Die Biografie ihres Königs, Theoderich der Große, enthüllt einiges über die damaligen Verhältnisse: 454 in Pannonien (heute Ungarn, damals ostgotisch) geboren, wurde er in Konstantinopel erzogen und mit 17 zum König der Ostgoten ernannt. Er kämpfte mit seinem Heer im Auftrag des oströmischen Kaisers Zenon gegen den in Ravenna residierenden Germanenkönig Odoaker. Theoderich der Große, auch einst römischer Offizier, eroberte Ravenna 493 und machte die Stadt zusammen mit Verona zu den neuen Hauptstädten seines Ostgotenreiches. Sein Grabmal mit der monumentalen Kuppel aus einem Steinblock von elf Metern Durchmesser ist noch heute eine der Sehenswürdigkeiten in Ravenna. In die mittelalterliche Legendenwelt ging er jedoch ein als „Dietrich von Bern", denn im Mittelhochdeutschen, besonders in der bairischen Variante, wurde häufig das „V" in gedoppelter Form geschrieben – „V = W" – und später aus diesem „W" ein „B" – so wurde im Lauf der Zeit „Vverona" zu „Bern". Auch die aus Pannonien stammenden Langobarden zogen 568 nach Italien; erst als diese 591 mit den Franken Frieden schlossen, kam Mitteleuropa etwas zur Ruhe.

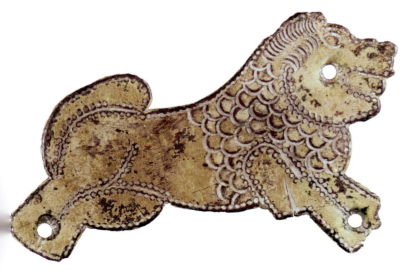

Bronzener Schildbeschlag aus dem 7. Jahrhundert n. Chr. in Form eines Löwen. Grabbeigabe aus dem bayrischen Ischl an der Alz. (Prähistorische Staatssammlung München)

Soweit die Geschichtsschreibung, doch wie sah es in Germanien wirklich aus? Zerfielen in den ehemaligen römischen Provinzen Städte, Gutshöfe und die geradlinigen Römerstraßen, breiteten sich wieder Wälder flächendeckend aus und versank das Land im Chaos? Die Siedlungsgebiete entlang des Rheins, des Neckars, der Elbe, der Donau und deren Zuflüssen blieben bestehen, allerdings verlagerte man häufig die Ortschaften: So wurde näher ans Wasser gebaut, weil der Boden dort fruchtbarer war oder die Bewässerung einfacher. Die Analyse der Ablagerungen im Boden, die Geologen und Archäobiologen vornehmen, zeigen, dass sich im 5. bis 8. Jahrhundert Pollen von Wildpflanzen zwar wieder stärker ausbreiteten, was nur durch den

Rückgang des Ackerbaus möglich wurde, das Pollenspektrum zeigt aber auch deutlich, dass das heutige Deutschland nicht wieder vollständig verwaldete. Wie stark die Nutzung der unkultivierten Natur als Weidefläche besonders für die Schweinehaltung sich ausbreitete, zeigt sich unter anderem daran, dass die Waldgebiete nicht nach einem Flächenmaß, sondern nach der Anzahl an Schweinen berechnet wurden, die dort gehalten werden konnten.

SACHSEN TROTZEN DEN „WIDRIGEN SÜMPFEN"

Norddeutschland dagegen wurde immer unfruchtbarer, hier lösten Moor, Heide, Sumpf und Marschgebiet (Letzteres fruchtbar, aber stark versalzen) einander ab – das meinte wohl Tacitus mit seiner Umschreibung „widrige Sümpfe". Wo die Geest in der Jungsteinzeit zur Landwirtschaft genutzt worden war, war der Boden nach einer kurzen und intensiven Fruchtbarkeit ausgelaugt. Nun erstreckten sich dort zahlreiche Heidegebiete, die sich nur zur Schafzucht eigneten. Doch die Menschen zogen sich nicht aus dem Norden zurück, ganz im Gegenteil: Die gemeinsamen Siedlungs-, Bestattungs- und Religionsformen führten dazu, dass sich die dort ansässigen Stämme der Cherusker, Angrivarier und vor allem der Chauken in lockerer Form zusammenschlossen und sich als „Sachsen" sahen. Der Name lässt sich auf zwei Gemeinsamkeiten zurückführen: Der „Sax" war ein langes Messer, oft auch ein einschneidiges Hiebschwert, das seit der vorrömischen Eisenzeit bei den Germanen genutzt wurde. Die Sachsen führten es nun als das Abzeichen ihrer Krieger. Außerdem wurde es in Friedenszeiten als Symbol bei der Leistung eines Eides eingesetzt, davon zeugt noch ein fränkisch-sächsischer Vertrag aus dem 7. Jahrhundert. Denn während die meisten anderen Germanenstämme in dieser Zeit vertrieben wurden und selbst wiederum andere vertrieben, blieben die Sachsen bis in die Zeit der Karolinger in ihrem Kernland (das heutige Niedersachsen und Schleswig-Holstein). „Saxnoth" war aber auch eine Gestalt aus ihrer Götterwelt – übersetzt etwa „Sachsengenosse" oder „Schwertgenosse". Religionswissenschaftler sind sich inzwischen weitgehend einig, dass die Sachsen mit ihrem Saxnoth die lokale Verkörperung des Kriegsgottes Tyr/Tiwaz verehrten; dieser war nicht nur einer der ersten Germanengötter, die überregionale Bedeutung erhielten, sondern wurde darüber hinaus im kontinentalen Germanien ursprünglich als Hauptgott verehrt. Tyr/Tiwaz galt als ein aufrechter Bewahrer des Rechts und Beschützer der Thing-Versammlung, der sich selbst in den Kampf stürzte.

Die überregionale Bedeutung der sächsischen Stämme wird uns besonders deutlich an einem berühmten, 1865 bei Nydam gefundenen Grab. In ihm befand sich ein 23 Meter langes Schiff, das aus der Zeit um 320 n. Chr. stammt. Es beweist, dass das Leben am Wasser die Sachsen zu guten Seeleuten werden ließ. Allerdings verstehen die Archäologen diesen und ähnliche Funde großer Opferplätze als Zeichen innerer Konflikte, die dazu führten, dass die Sachsen, ebenso wie die weiter nördlich siedelnden Angeln, als Seeräuber und Siedler hinaus aufs Meer zogen. Mit Schiffen wie dem von Nydam wurden Sachsen, Angeln und Jüten zu Händlern, die sowohl entlang der Nordseeküsten als auch den Rhein aufwärts fuhren und in der Zeit des Verfalls die Handelskontakte aufrechterhielten. Mit diesen Schiffen, die rund 45 Männern Platz boten, gingen sie jedoch auch, Jahrhunderte vor den Wikingern, auf Beutezug, vornehmlich Richtung Ärmelkanal und zu den Britischen Inseln.

Bronzestempel zum Prägen von Folien zur Verzierung von Helmen

MIGRANTEN MIT GEMEINSAMEN GÖTTER-MOTIVEN

Im Gegensatz zu den Sachsen hinterließen die migrierenden „Germanen" dieser Zeit weit weniger Funde, denn Völkerschaften auf Wanderschaft legen weder dauerhafte Siedlungen an noch ebensolche Gräberfelder. Die Toten wurden meist am Wegrand oder auf einem bestehenden Gräberfeld beigesetzt. Dennoch geben uns die Grabbeigaben Einblicke in die damalige Glaubenswelt. „Beigaben wie Schmuck, Werkzeug, Waffen, Lebensmittel und sogar Pferde oder Hunde beweisen einen ausgeprägten Glauben an

Nur weil dieses Boot aus Eichenholz als riesige Opfergabe bei Nydam vergraben wurde, haben wir heute den Beweis, dass Sachsen und Angeln im 3. bis 5. Jahrhundert v. Chr. tüchtige Seefahrer waren.

ein Leben nach dem Tod, in dem die Verstorbenen die ihnen mitgegebenen Objekte weiter nutzen sollten", erklärt die Archäologin und Mittelalterexpertin Alexandra Pesch. In den Fokus der historischen Forschung sind dabei in den letzten Jahrzehnten kleine, von Hand geprägte Goldmünzen gewandert, die sogenannten Brakteaten. Brakteaten (von lateinisch bractea = dünnes Metallblech) sind Münzen, im 5. und 6. Jahrhundert jedoch vor allem Medaillons, die aus Silber- oder Goldblech gestanzt und auf weicher Unterlage einseitig und von Hand mit Bildern, Symbolen und Runen verziert wurden. Sie waren in der Völkerwanderungszeit in Skandinavien, England und Norddeutschland so weit verbreitet, dass Sammler und Archäologen in den vergangenen zwei Jahrhunderten über 900 Exemplare davon gefunden und aufbewahrt haben, und das, obwohl diese Fundstücke aus begehrten Edelmetallen bestehen. Sogar den Ursprung dieser Tradition können Archäologen anhand eines Fundes erklären. Bei der Ausgrabung eines frühmittelalterlichen Markt- und Opferplatzes, ausgerechnet auf dem Gelände der Zeche Erin nahe Castrop-Rauxel, fanden sie einen der frühesten Goldbrakteaten überhaupt. Er zeigt die Imitation einer römischen Münze mit

Solche Brakteaten – rechts mit einem reitenden Odin/Wodan – wurden in der Völkerwanderungszeit als Schutzamulette mit einer Kette um den Hals getragen und später den Verstorbenen ins Grab beigelegt.

WODAN-MÜNZEN, VÖLKERWANDERUNG UND GERMANISCHE WOCHENTAGE ▶ 197

HEIMDALL – WÄCHTER ÜBER ASGARD

Heimdall wird in der Prosa-Edda als der „glänzendste der Asen" tituliert – sein Name wird übersetzt mit „der die Welt Beleuchtende". Das liegt zum einen daran, dass sich dieser Gott durch besondere Schönheit und ein goldenes Gebiss auszeichnen soll. Zum anderen ist er, da er als äußerst scharfsinnig gilt, der Wächter von Asgard, der Festung der Asen. „Er bedarf weniger Schlaf als ein Vogel, sieht bei Nacht wie bei Tag hundert Meilen weit und hört das Gras auf der Erde, die Wolle auf den Schafen wachsen", schreibt die Prosa-Edda über ihn. Heimdall soll neun Mütter haben, allesamt miteinander verschwisterte Riesinnen. Der Vater wird nicht genannt, muss aber ein Ase sein, sonst wäre Heimdall kein Gott. Die „Völuspá" zeichnet ihn sogar als Vater der Menschheit aus – ohne diese Auszeichnung allerdings weiter zu erklären. Heimdall ist nicht nur Wächter von Asgard, sondern auch von Bifröst, dem Regenbogen. Dieser verbindet der Legende nach das Götterheim Asgard mit der Menschenwelt Midgard. Er reitet auf seinem Pferd Gulltop, und auf Abbildungen wird er stets mit Giallarhorn dargestellt, dem ‚schallenden Horn" – das halbmondförmige Horn wird an anderen Stellen der Dichtung auch als rituelles Trinkhorn dargestellt.

Und noch eine wichtige Aufgabe kommt auf Heimdall zu: Bei Beginn der Götterdämmerung soll er mit Giallarhorn die Asen vor den aufziehenden Feinden warnen. Dann, so weiß die Legende zu berichten, kommt es zum Kampf zwischen Heimdall und Loki – beide töten einander. Übrigens: Heimdalls Wächterfunktion und sein goldenes Gebiss sollen Ursprung für den Alltagsspruch sein: Morgenstund' hat Gold im Mund!

Heimdall bläst ins Giallahorn. Illustration von Jakob Sigurdsson zu einer Eddafassung des 18. Jahrhunderts.

dem Konterfei eines Herrschers sowie fiktiven römischen Buchstaben. Zunächst waren römische Münzen kopiert worden, und nach und nach wurden diese fremden Zeichen durch eigene Muster, Ornamentik und typische Götterszenen ersetzt. Dabei entwickelten die Germanen durchaus eine eigene Bildersprache. „In Antike und Mittelalter waren Bilder Bedeutungsträger", erklärt die Brakteatenexpertin Alexandra Pesch. „Die eigenen Bildchiffren grenzten eine Kultur ab von Völkern, die andere Bildsprachen benutzten. Gerade in schriftlosen Epochen transportieren Bilder gesellschaftliche und religiöse Identität." Im Fall der Germanen waren dies standartisierte Szenen mit Tier- und Götterdarstellungen, die immer wieder kopiert wurden, allerdings von Meistern dieses Handwerks, denen sicherlich gleichzeitig magische oder priesterliche Fähigkeiten zugesprochen wurden. So sehen wir auf zwei Brakteaten – einer aus dem englischen Norfolk, der andere aus einem Hortfund bei Hamburg – einen Gott mit Schwert gegen zwei wolfsähnliche Ungeheuer kämpfen. Da klar erkennbar eine Hand des Gottes vom Maul eines Ungeheuers umfasst wird, muss es sich um den Himmels- und Kriegsgott Tyr/Tiwaz handeln, dem den Mythen nach der Fenriswolf eine Hand abbiss. Ein anderes häufiges Motiv stellt ein Pferd dar, auf dem ein nur durch den Kopf angedeuteter Reiter sitzt, dessen stilisierter Atem in Richtung des Pferdkopfs geht. Genau so soll der Legende nach Wodan ein Ross geheilt haben. Ein anderer Brakteat zeigt eine weitere Schlüsselszene der germanischen Mythologie: Von den drei abgebildeten menschenähnlichen Gestalten wird die mittlere von einer Art Speer durchbohrt – das kann nur Wodans Sohn Balder sein; der listige Loki, kleiner und mit Wuschelkopf dargestellt, stiftete den blinden Hödr an, einen Pfeil oder Speer auf Balder abzuschießen.

Diese Medaillons mit den Abbildungen von Wodan, Tyr/Tiwaz oder Balder dienten nicht etwa als Tauschmittel, ganz im Gegenteil. Sie waren häufig der wichtigste Teil eines Schutzamuletts, das sich vermutlich nur Angehörige der Stammesfürstenfamilien leisten konnten. Denn sie wurden

Grabstein der christlichen Germanin Rignedrudis aus dem 6. Jahrhundert n. Chr. aus Brühl-Vochem (Rheinisches Landesmuseum Bonn)

für einen ganz bestimmten Menschen angefertigt, gaben deshalb nur ihm Schutz und wurden ihm in der Regel mit ins Grab gelegt. Nur deshalb finden Archäologen noch heute immer wieder Exemplare dieser über 1000 Jahre alten Brakteaten. Aus ihrer Verbreitung ziehen die Forscher jedoch noch weitere Informationen. „Wenn aber die Oberschichten verschiedener Regionen in einem intensiven, regelmäßigen Austausch standen, wenn sie alle dieselben Schriftzeichen benutzten, dieselben Bilder auf ihrem Schmuck und ihren Waffen trugen und als Kernsymbol-Amulette und programmatisches Material gleichartige, voneinander kopierte Goldbrakteaten herstellten", schlussfolgert Alexandra Pesch, „dann dürfen wir auch davon ausgehen, dass diese Gesellschaft weit über sporadische Kontakte oder gelegentliche Handelsbeziehungen hinaus dauerhafte überregionale Organisations- und Herrschaftsstrukturen aufgebaut hatte und pflegte." Die Menschen im nördlichen Mitteleuropa verlagerten in diesen Jahrhunderten zwar ständig ihre Siedlungsgebiete, doch sie standen miteinander in Kontakt, entwickelten in ihren Verbänden ähnliche Sozialstrukturen, verehrten die gleichen Götter und hatten gemeinsame Heiligtümer, die sicherlich auch als Marktplätze dienten. Wenn es „die" Germanen mit einer gemeinsamen Kultur und Religion je gab, dann genau in dieser Zeit. Doch gleichzeitig muss an dieser Stelle auch festgehalten werden, dass sich der Glaube der Germanen stark von unseren heutigen religiösen Vorstellungen unterschied. „Die altnordischen Völker kannten keinen auf göttlichen Vorschriften basierenden Moralkodex und keine göttliche Autorität", urteilt der englische Wikinger- und Schamanismusexperte Neil Price. „Die Beziehung des Menschen zu den Göttern war nicht von Anbetung und Gehorsam geprägt, ebenso wenig von vorbehaltloser Unterwerfung."

Die Germanen mussten sich mit ihren Göttern, aber auch mit den vielen anderen, ihre Umwelt bevölkernden Geisteswesen arrangieren, diese Schicksalsmächte mussten besänftigt, nicht verehrt werden.

TIRSDAG, ONSDAG, TORSDAG – GERMANISCHE WOCHENTAGE

Einer von etlichen Bildsteinen aus dem Gotland der Wikingerzeit. Die bis zu drei Meter hohen Kalksteinplatten wurden zwischen 700 und 1100 n. Chr. aufgestellt und mit Runen und Bildern verziert. Das abgebildete Fragment ist immerhin 175 Zentimeter hoch und zeigt innerhalb der Runenumrandung im oberen Teil eine Szene aus Walhall und unten ein Wikingerschiff. (Statens Historiska Museum Stockholm)

Einen weiteren Beweis für die Wichtigkeit der germanischen Götter in dieser Zeit stellt die Einführung der Namen für die Wochentage in Germanien dar. Der zunehmende Kontakt des Römischen Reichs zur orientalischen Welt führte dazu, dass sich die westlichen Herrscher von den Vorzügen der Zeiteinteilung in eine Siebentagewoche, die babylonische Astronomen als Erste errechnet hatten, überzeugen ließen. Im Jahr 321 n. Chr. gab Konstantin der Große die Anweisung, sie im gesamten Römischen Reich einzuführen. Da die Wochentage mit den Namen der Planeten bzw. Götter bezeichnet wurden und die Römer in kulturellen Dingen tolerant gegenüber den eroberten Provinzen waren, nutzten die germanischen Provinzen für die Benennung der Wochentage zum Großteil Lehnübersetzungen der römischen Namen.

Der Montag wurde nach der römischen Göttin Luna (der Mond) benannt – kein Problem für die Germanen, die ebenfalls den Mond verehrten.

Der Dienstag wurde von den Römern nach dem Kriegsgott Mars benannt und heißt noch heute in Frankreich Mar-di. Also wählten die Germanen ihren Himmels- und Kriegsgott Tiwaz/Tyr zum Namensgeber, was sich am eindrucksvollsten auf Skandinavisch: Tirs-dag, und auf Englisch: Tues-day nachvollziehen lässt.

Der Mittwoch wurde eigentlich dem Gegenpart zum römischen Handels- und Betrugsgott Merkur gewidmet, dem verschlagenen Gott Wodan/Odin, der zu dieser Zeit noch nicht germanischer Hauptgott war: „Woutanestac" (althochdeutsch). Auch das englische Wednes-day heißt nichts anderes als Wodans-Tag, die skandinavische Odin-Variante wird noch heute benutzt: Odins-dag. Doch den christlichen Missionaren war ein Wodansdag in Germanien zu wild. „Wodan is es furor", schrieb Adam von Bremen. Und so bekamen wir einfach eine Wochenmitte.

Bis heute dagegen bleibt Thor/Donar der Namensgeber des Donnerstags, der auf Skandinavisch: Tors-dag und auf Englisch: Thurs-day heißt.

Auch die Namesgeberin für den Freitag, der im Römischen Reich der Göttin Venus gewidmet wurde (französisch: vendre-di), lässt sich noch gut nachvollziehen: Die Göttin Frija wurde Patin für den Freitag, althochdeutsch fria-tac, englisch Fri-day.

Heftige Dispute gibt es bei Samstag: Hier konnten die Germanen anscheinend keinen entsprechenden Gott für Saturn finden. Ließen sie es bei Saturns-tag (= Satertag?), wie es im Englischen noch heute heißt: Satur-day? Oder aber wurde der jüdische Sabbatstag, vermittelt über das kirchengotische Sabbato, schließlich in Samstag umgewandelt? Im Althochdeutschen taucht gleichzeitig auch schon der Sonnabend auf: sunnun aband.

Beim Sonn-tag schließlich erwiesen sich die Germanen als die wahren Traditionswahrer. Auch die Römer hatten zunächst diesen Tag nach ihrem Sonnengott Sol benannt – bei den Germanen war die Sonne dagegen eine weibliche Göttin. Doch während die Germanen auch nach der Christianisierung an Sonntag festhielten, wurde er im Lateinischen, wie auch später im Italienischen, zum Tag des Herrn „Dom(i)enica" umbenannt.

GERMANISCHE KINDER DES RÖMISCHEN REICHES

Wochentage und Brakteaten sind die eindeutigen Indizien für eine einheitliche Götterwelt in der Völkerwanderungszeit. Das heißt aber nicht, dass wir es in dieser Zeit mit der Ausformung einer durch und durch germanischen Kultur in neuen germanischen Reichen zu tun haben. „Im Laufe der Spätantike verschwand der Germanenbegriff überhaupt aus der zeitgenössischen politischen Geografie", erklärt der Historiker und Germanenexperte Walter Pohl. „Die Völkerwanderung hatte ihm seine geografische Basis entzogen, und durch die Vielfalt der Lebensformen von Gruppen germanischer Herkunft auf Reichsboden verlor er offenbar jede Evidenz." An seine Stelle traten die neuen Großvölker: Goten, Vandalen, Franken und Alemannen. Und sie alle, besonders jedoch die Eroberer Roms, erwiesen sich als Kinder und Erben des Römischen Reiches. Das Weströmische Reich war auf neue Formen der Staatlichkeit angewiesen, denn es ging an seinen inneren Widersprüchen zugrunde. So wurde das Missverhältnis von öffentlicher Armut und privatem Reichtum unüberbrückbar, die Bürger gaben ihren Staat auf. „Das Eindringen der ‚Barbaren' in das Römische Reich war nichts anderes als die letzte Episode einer Reihe von Austauschbeziehungen, die schon lange bestanden", urteilt der Grand Seigneur der Mittelalterforschung, Jacques Le Goff. „Die Neuankömmlinge übernahmen alle die römische Kultur und ließen sich zum Christentum bekehren, spalteten sich aber politisch auf." Das politische System „Römisches Reich" ging unter, nicht aber die italienische Bevölkerung oder große Städte wie Rom oder Ravenna. Die Absetzung von Romulus Augustus im Jahr 476 war einer von zehn Kaiserstürzen seit 455, nur dass dieses Mal ein Nichtrömer Kaiser wurde. Doch was heißt „Nichtrömer"?

Darstellung eines Kriegers (fränkisch), Grabstein aus Niederdollendorf aus dem späten 7. Jahrhundert (Rheinisches Landesmuseum Bonn)

Bereits in der Spätantike lebten viele Germanen in den römischen Provinzen. Unter den zahlreichen Germanen, die in der römischen Armee Karriere machten, befanden sich auch der Skire Flavius Odoaker und der Ostgote Theoderich, der mit seinem Beinamen „der Große" in die Geschichte eingehen sollte. Keine Barbaren sondern romanisierte Germanen übernahmen die Macht in Ravenna, so Herwig Wolfram: „Ein spätantiker Geschichtsschreiber hätte niemals daran gezweifelt, dass die barbarischen Königreiche zum politischen System des Reiches gehörten. Sie waren keine in das Imperium verlagerten Staatsgefüge, sondern nur innerhalb der römischen Reichsgrenzen möglich." Dies gilt auch für den Aufstieg eines der Stämme, die von den Verwerfungen der Völkerwanderungszeit profitierten: die Franken. Es heißt in der Chronik, dass Mitte des 5. Jahrhunderts das Reich der „Franken" entstand, gelebt aber haben dort vor allem Romanen. Die Romanen, das waren die Bewohner der römischen Städte, die auch nach dem Untergang des Reiches in den germanischen Provinzen blieben. 459 brachten die Franken Köln unter ihre Herrschaft und ernannten es zu ihrer Hauptstadt; doch Köln und die anderen ehemaligen Römerstädte glichen zu dieser Zeit mehr einem Abenteuerspielplatz mit Trampelpfaden und provisorischen Unterkünften. Es waren also vor allem die Romanen, die hier die christlich-römische Tradition weiterführten. Mit ihrer Hilfe gelang es den Franken, sich gegen andere Stammesverbände durchzusetzen.

Die Ersten, die sich aus den fränkischen Heerführern an die Spitze des Reiches setzten, waren die Merowinger am Niederrhein wie Childerich I. oder Chlodwig, der von 482 bis 511 herrschte. Bereits die Merowinger konnten in den folgenden zwei Jahrhunderten ihr Reich in westlicher und südlicher Richtung ausweiten. Da ihr „Volk" nach Herkunft, Sprache und Religion wild gemischt war, legten sich die neuen Führer zur Stabilisierung ihrer Herrschaft im Laufe der Zeit eine beinahe willkürlich gewählte Identität zu. Vage Heldentaten der eigenen Vorfahren wurden mit römischen Mythen gemischt, so beriefen sich die Merowinger darauf, legitime Nachfolger des Troja-Prinzen und Rom-Gründers Aeneas zu sein. Gleichzeitig wurde jedoch erbarmungslos um Macht und

Der Merowingerkönig Clothar I. teilte im Jahr 561 sein Königreich unter seinen vier Söhnen auf. Illustration aus dem 15. Jahrhundert.

FREYJA – GÖTTIN DER LIEBE UND FRUCHTBARKEIT, ABER NICHT MIT FRIJA/FRIGG ZU VERWECHSELN

Anhänger aus der Wikingerzeit mit der Figur der Göttin Freyja, die um ihren Hals das von Zwergen gefertigte Halsband Brisingamen trägt. (Statens Historiska Museum Stockholm)

Sie galt als die schönste Göttin im germanischen Olymp, erotisch und begehrenswert. Gleich ob Götter, Riesen oder Zwerge – zahllose Geschichten ranken sich um die vielen Versuche, die Gunst der Göttin Freyja zu erlangen. Schließlich galt sie als Göttin der Liebe und der Fruchtbarkeit, auch des Frühlings, des Glücks und des Zaubers. Aber dies alles gilt nur für die spätere nordische Mythologie, vor allem zwei Gedichte aus der Lieder-Edda sind ihrem Schicksal gewidmet, während sie in den südgermanischen Quellen dagegen so gut wie gar nicht auftaucht.

Freyja ist die Tochter des Gottes Njördr, des Fruchtbarkeitsgottes aus dem alten Geschlecht der Wanen, und gehört deshalb auch den Wanen an – im Gegensatz zur Asengöttin Frigg/Frija. Allerdings ging Freyja mit ihrem Vater als Geisel zu den Asen, wo sie mit ihrem Gatten Odr (manche sagen, eine Gestalt von Odin) auf dem Hof Folkwang lebt. Sie soll ihrem Gatten so treu sein, dass sie Tränen aus rotem Gold vergießt, wenn dieser längere Zeit fort ist. Deshalb werden Gold oder Bernstein in den späten nordischen Dichtungen auch gern als

„Tränen der Göttin der Wanen" umschrieben. Nur einmal wurde sie untreu – Zwerge hatten das unwiderstehliche Halsband Brisingamenf geschmiedet und wollten als Entlohnung nur den Beischlaf der Göttin akzeptieren, worauf diese sich schließlich einließ. Das erzürnte Odr/Odin so sehr, dass er das Halsband von Loki entwenden ließ und der Göttin nur zurückgeben wollte, wenn sie künftig auch dafür sorgen würde, dass Krieg unter den Menschen herrschen würde. In Freyjas Gestalt beugten sich die friedfertigen Wanen dem Gesetz der Asen.

Wenn Freyja übers Land zieht, verwendet sie einen Wagen, der von Katzen gezogen wird. Neben Katzen gelten auch Hasen als ihre heiligen Tiere – der heutige Osterbrauch soll auf das Fruchtbarkeitsfest zu ihren Ehren zurückgehen. Freyja wird häufig mit ihrem besonderen Halsband abgebildet und auch immer wieder mit Frigg/Freija gleichgesetzt oder auch verwechselt – sind es zwei Göttinnen oder nur eine? „Frigg und Freyja werden gewöhnlich als gestalteins gesehen, doch ist nicht auszuschließen, dass es sich in Wirklichkeit um zwei verschiedene Göttinnen handelte", urteilt noch das „Herder-Lexikon der germanischen und keltischen Mythologie".

Doch das ist nicht mehr Stand der Forschung, darauf verweist der Literaturwissenschaftler und Germanenexperte Rudolf Simek: „Nicht ganz unwahrscheinlich scheint mir aber auch die Annahme, dass sich Freyja erst frühestens in der Wikingerzeit als eigenständige Gottheit aus einem Aspekt (Liebe, Liebesmagie, Promiskuität) der ursprünglich vieles in einer Person vereinenden Gemahlin des Götterherrschers Frigg losgelöst und dann vorwiegend literarisch weiterentwickelt hat." In der neuzeitlichen Folklore verdrängt Freyja/Frigg schließlich völlig und wird zu einer idealen Familienmutter stilisiert.

Erbe gekämpft, kaum ein Merowinger starb friedlich in seinem Bett.

Die Epoche der sogenannten Völkerwanderungen bildete nicht nur die Zeit einer einheitlichen germanischen Religion, sondern auch die eigentliche historische Brutstätte der großen nordeuropäischen Heldenmythen: Ob Siegfried oder Beowulf, ob König Artus oder die Nibelungen, sie alle nehmen in dieser Zeit der Eroberungen ihren Anfang. Vor dem Hintergrund erbitterter Familienfehden und grausamer Kriege finden sich tapfere Krieger und gerühmte Herrscher, die große Heldentaten vollbrachten und ihr außergewöhnliches Schicksal bis zum bitteren Ende durchlitten. Das sind die Stoffe, aus denen die Heldenepen des europäischen Frühmittelalters gestrickt werden – und alle enden in einer für den Norden typischen Tragik. Über Jahrhunderte wurden diese Geschichten von ganzen Generationen von Hofdichtern, die bei den Westgermanen „Skop", bei den Nordgermanen „Skalde" genannt wurden, vorgetragen, wiederholt, abgewandelt und erweitert. Das Nibelungenlied schließlich wurde erst 600 Jahre nach den eigentlichen Hauptereignissen aufgezeichnet.

VON BEOWULF ZU KÖNIG ARTUS

König Artus begrüßt die ankommenden Ritter zu einem Turnier in Camelot. Französische Miniatur eines Tristan-Romans aus dem 15. Jahrhundert.

*„Artus hat zu seinen Zeiten
in solchem Maß vollendet schön gelebt,
dass er darob die Ehrenkrone trug."*

HARTMANN VON AUE

DIE BRITISCH-ANGELSÄCHSISCHEN MYTHENWELTEN

Welch eine nordische Lichtgestalt! Ein König, der unzählige Male an vorderster Linie sein Land gegen Eroberer verteidigte. Ein Ritter, der die edelsten seiner Zunft um sich versammelte, um für Ehre und Gerechtigkeit einzustehen. Und gleichzeitig ein Romantiker, der sich trotz aller Warnungen in die Königstochter Guinevere verliebte und darüber ins Verderben stürzte. Kein Wunder, dass er zu den wichtigsten Mythengestalten Britanniens gehört; dem gesamten Abendland wurde er als Artus bekannt, die Engländer selbst nennen ihn Arthur.

Schon früh jedoch wurde an der Wahrheit der Artusgeschichte gezweifelt, mittlerweile wissen wir außerdem, dass Artus in einer Zeit gelebt haben muss (im 5. oder 6. Jahrhundert n. Chr.), in der es weder ein Königtum in Britannien noch überhaupt Ritter gab. Nicht nur fehlte es für Letztere an den ausgefeilten Ritterrüstungen und den schweren Schwertern, die mit zwei Händen geführt werden mussten. Vor allem gab es vor Karl Martells Panzerreitern (um 711) noch keinen Steigbügel in Europa, mit dessen Hilfe

Vorangehende Doppelseite: Ruine des Turms von St. Michael's auf dem Glastonbury Tor

aus einem Reiter erst eine mit beiden Armen agierende „Kriegsmaschine zu Pferde" werden konnte. Doch solche Einwände haben die Ausbreitung der Artussage nicht verhindert, denn diese löste sich vollständig von historischen Ereignissen, als nationaler Gründungsmythos Britanniens ebenso wie als strahlender Rittermythos, der sich über das gesamte mittelalterliche Abendland verbreitete. Ein Mythos, der auch nach eineinhalb Jahrtausenden nichts von seinem Glanz verloren zu haben scheint.

BRITANNIENS „DARK AGES"

Eigentlich führt die Legende um Artus in eine Epoche, die als das weitgehend unbekannte Dunkle Zeitalter („Dark Ages") der Britischen Inseln gilt: Mit dem Rückzug der Römer im frühen 5. Jahrhundert zerbrach die damalige Zivilisation. Städte, Landhäuser und Festungen zerfielen, die Schriftkultur ging für rund drei Jahrhunderte verloren. Die verbliebenen keltisch geprägten Briten lebten in bescheidenen Siedlungen und betrieben Landwirtschaft. In dieser Zeit zog es Sachsen, Angeln und Jüten aus dem friesischen Küstenraum, die mit ihren Schiffen wie dem von Nydam (320 n. Chr.) seit rund zwei Jahrhunderten auf Handels- und Beutefahrten gingen, Richtung Britische Inseln, um sich dort anzusiedeln. Diese Angelsachsen, von den Angeln leitet sich der Name Eng-land ab, hinterließen keine großen überirdischen Spuren. „Archäologisch wird ihre Anwesenheit durch das vermehrte Auftreten charakteristischer Fundstücke und Ausstattungen kontinentaler Prägung in Gräbern Britanniens ab der Mitte des 5. Jahrhunderts belegt", erklärt der Archäologe Matthias Knaut. Dazu gehören kostbare Glasperlenketten, Tongefäße, Eisenmesser und Scheren sowie Kunstwerke aus Edelmetallen wie beispielsweise Schmuckfibeln im germanischen Tierstil, welche die Gestalt von Schlangen oder Vögeln andeuten. Können dies die Hinterlassenschaften von Völkern sein, die, wie es

Den mit über 6 Kilogramm und über 1000 Gold- und Silberobjekten größten jemals gefundenen Angelsachsen-Hort entdeckte im Jahr 2009 der Hobby-Archäologe Terry Herbert auf einem Acker in der Grafschaft Staffordshire. Der Schatz besteht überwiegend aus Verzierungen von Kriegswaffen und -ausrüstungen und dazu zählen auch – von oben nach unten: der Zierring eines Waffengriffs, Schmuckpyramiden, ein Zierknopf und eines von vielen bewusst zerstörten Objekten.

in den Geschichtsbüchern heißt, zur puren Subsistenzwirtschaft gezwungen waren? Vollends widersprechen dieser schlichten Lebensweise die spektakulärsten archäologischen Funde dieser Epoche: die Schiffsgräber von Sutton Hoo.

ANGELSACHSEN, GRABHÜGEL AM MEER UND EIN GOLDHORT

Die zwanzig sanften, grasbewachsenen Hügel, die sich am Ufer des Deben River in der ostenglischen Region Suffolk erheben, verbergen die Überreste eines geheimnisvollen Bestattungsrituals aus dem frühen Mittelalter. Bei der ersten Ausgrabung 1938 stießen die Archäologen zunächst auf ein Schiffsgrab, wie es für das gesamte angelsächsische England einmalig ist: Der 27 Meter lange Rumpf war angefüllt mit Waffen, bronzenen Gebrauchsgegerständen und filigranem Schmuck aus Gold und Silber. Das Schiffsgrab enthielt keine Spuren einer Leiche, was auch damit erklärt werden kann, dass diese sich in dem sauren Sandgrund innerhalb der letzten eineinhalb Jahrtausende vollständig aufgelöst hat. Doch die Archäologen fanden dort auch keine persönlichen Gegenstände wie Nadeln oder Ringe. Ein Königsgrab oder das symbolische Grab für einen verehrten Helden, vielleicht für Beowulf? Denn die Angelsachsen hatten aus ihrer Heimat auch ihre Erzählungen mitgebracht, eine davon ist uns heute noch bekannt: Beowulf, die älteste Quelle für die Sage um den Drachentöter, der später Sigurd oder Siegfried heißen sollte.

Beowulf, ein Held der Gauten, kommt dem dänischen König Hrothgar zu Hilfe, dessen Siegeshalle immer wieder von dem menschenverschlingenden Ungeheuer Grendel heimgesucht wird. Der Held kann nicht nur den Riesen und dessen Mutter töten, sondern besiegt später auch einen feu-

Replik eines bronzenen angelsächsischen Helmes aus dem 7. Jahrhundert, wie er im Schiffsgrab von Sutton Hoo gefunden wurde.

erspeienden Drachen. Dabei wird er jedoch tödlich verwundet und feierlich unter einem Grabhügel in Sichtweite des Meeres bestattet. Verbirgt sich hinter Sutton Hoo am Ende der Held Beowulf? Denn dessen Epos ist trotz skandinavischer Ortsangaben und vieler Bezüge auf die nordgermanische Götter- und Mythenwelt in einem frühen angelsächsischen Dialekt abgefasst. Allerdings ergaben neue Forschungen des British Museum, dass es sich nicht um ein einzelnes Heldengrab, sondern um die einer ganzen Dynastie handelt. In der Gegend um Sutton Hoo fanden Archäologen für das 7. Jahrhundert eine Häufung von Siedlungen und eine Auffälligkeit in den dazugehörigen Grabstätten. „Abnehmende Beigaben für das 7. Jahrhundert bei den normalen Gräbern – diese Indizien sprechen für den Aufstieg eines Königtums", urteilt Grabungsleiter Martin Carver.

In Sutton Hoo legten Archäologen neben dem Grab eines Kriegshelden, der mitsamt seinem Pferd bestattet worden war, ein zweites Schiffsgrab frei, in dessen Boot das Skelett eines Mannes lag. Der Bestattete ruhte in einem Holzsarg, umringt von Beigaben: einem Schwert, einem Schild, einem Speer, Trinkhörnern, blauem Glas, einem Bronzetopf und einer silberbeschlagenen Truhe. „Die Bestattung war eine aufwendige Zeremonie, um die dauernde Macht im Himmel und auf Erden zu demonstrieren", urteilt Carver. Die Sutton-Hoo-Funde beweisen, dass zu dieser Zeit nicht nur Handels- und Kulturverbindungen nach Skandinavien existierten, wo Schiffsgräber im 7. Jahrhundert weitverbreitet waren, sondern Münzen aus Frankreich, Objekte aus Byzanz und Nordafrika belegen darüber hinaus den Fernhandel in dieser Zeit. Das dunkle Zeitalter im Sinne einer lokalen Subsistenzwirtschaft erweist sich zumindest für Ostengland als ein Mythos. Mitte des 6. Jahrhunderts reorganisierte sich die Gesellschaft, und eine neue Aristokratie entstand, die ihre Verstorbenen mit Waffen und Schmuck beisetzte, ein Umfeld wie geschaffen für Artus.

ARTUS DER ANGEL-SACHSEN-SCHLÄCHTER

Die ersten Episoden, die um den legendären Artus vermutlich noch in der Spätantike entstanden, als die Römer noch in Britannien waren, wurden zunächst in der für diese Zeit typischen mündlichen Tradition erzählt und weitergegeben. Früheste schriftliche Spuren von Ereignissen, die später

König Artus und die Ritter der Tafelrunde: Eid eines Ritters. Französische Buchmalerei aus dem 14. Jahrhundert. Aus: Gautier de Moap, La quête du Saint Graal et la mort d'Arthus. (Bibliothèque Nationale Paris)

mit Artus in Verbindung gebracht wurden, finden sich laut Forschung bei den Chronisten Gildas und Bedaim im 6. und 7. Jahrhundert, nicht jedoch sein englischer Name Arthur. Dieser taucht erst um 820 bei dem Mönch Nennius auf, allerdings ist Artus hier nicht König, sondern ein britannischer Heerführer in den Schlachten gegen die angreifenden Sachsen im 5. Jahrhundert. Wenn es überhaupt ein Faktum über ihn gibt, das sich über alle Legenden und Zeiten hinweg behauptet, dann dies: Er kämpfte als Führer der keltischen Briten gegen die eindringenden Angelsachsen. Folglich kann er nicht in Sutton Hoo bestattet worden sein. In zwölf Schlachten soll er die Eindringlinge schließlich vernichtet haben, um sich anschließend gegen die einheimischen Konkurrenten durchzusetzen. Und wenn es eine historische Person als Vorbild für Artus gab, so die Historiker, dann muss es ein Feldherr gewesen sein, der im 5. Jahrhundert gelebt hat. Als mögliche Kandidaten sehen die Historiker:

- den Riothamus (höchster Anführer) der Britanni, die den Römern im Kampf gegen die Westgoten zu Hilfe kamen,
- den britischen Feldherrn Enniaun Girt (auch „Bär" oder „Artursus" genannt), der im 5. Jahrhundert die Sachsen besiegte, oder aber auch seinen Sohn Owain Ddantgwyn,
- den Comes Aurelius Amborianus (Britannien wurde zu dieser Zeit von einem Stammesrat und einem Comes [Grafen, Führer] regiert)
- und schließlich sehen einige Historiker als sein mögliches reales Vorbild den römischen Offizier Lucius „Artorius" Castus, der nachweislich in Britannien am Hadrianswall stationiert war – allerdings schon im 2. nachchristlichen Jahrhundert.

Mit der möglichen ursprünglichen Person hat der legendäre Artus indes sowieso wenig zu tun: In den folgenden Jahrhunderten stieg er vom Heerführer zum König der Briten und schließlich zum edlen Ritterkönig auf.

ARTUS ALS NATIONENGRÜNDER

Diese legendäre Gestalt nahm Artus jedoch erst im 12. Jahrhundert an; die Lücke in der Artus-Erzähltradition, die im Frühmittelalter entstand, erklären einige Experten inzwischen so: Ein Großteil der keltischen Briten war vor den Angelsachsen in die Bretagne geflohen. Dort pflegten sie ihren Artusmythos und brachten ihn wieder zurück in die Heimat, als sie zusammen mit den Normannen Britannien zurückeroberten. Nun verschmolz diese Legende nicht nur mit anderen, die in Wales und Cornwall tradiert worden waren, sondern sie wurde außerdem in eine klar umrissene Gestalt verwandelt. Zunächst in der Chronik der britischen Könige, in deren Auftrag der Geschichtsschreiber Geoffrey von Monmouth seine ganze Fantasie zum Einsatz bringen konnte: So soll der Zauberer Merlin, welcher der keltischen Mythologie entstammt und bei Geoffrey Sohn eines männlichen Abts und einer Nonne ist, im Auftrag Artus' beim Bau von Stonehenge beteiligt gewesen sein. In seiner 1136 erschienenen „History of the Kings of Britain" (Geschichte der Könige von

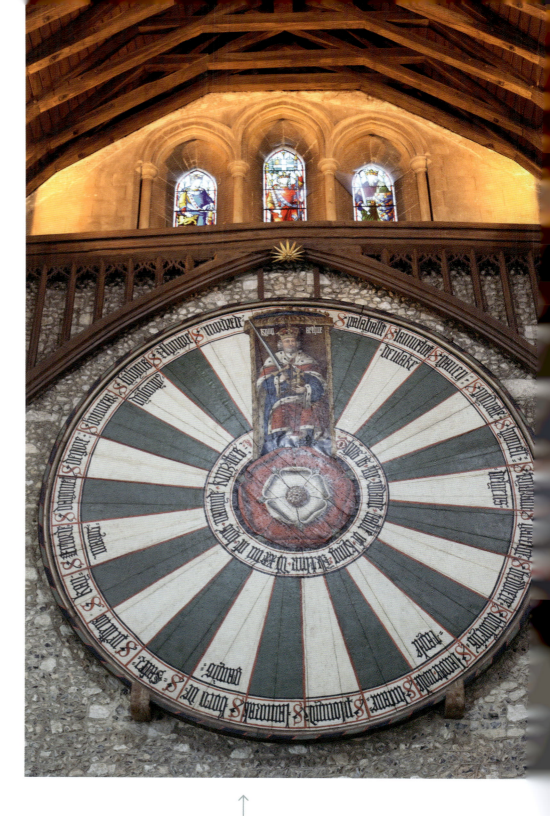

Aufnahme des 1522 bemalten runden Tisches aus der großen Halle von Winchester Castle, der die Tafelrunde des legendären König Artus darstellt.

England) behauptete er, der Steinkreis, den er „Chorea Gigantum", Tanz der Riesen, nannte, sei um 500 n. Chr. erbaut worden. In dieser Zeit kämpften die Briten unter Aurelius Ambrosius und dessen Bruder sowie Artus' Vater Uther Pendragon gegen die verhassten Angelsachsen, die von Hengist geführt wurden, der 460 britische Adelige in eine Falle lockte. Nachdem Ambrosius das Heer von Hengist besiegt hatte, wollte er für die ermordeten Adeligen ein imposantes Denkmal errichten lassen. Merlin riet ihm eine Gruppe von magischen Steinen, den „Tanz der Riesen", zu nehmen – Riesen hatten sie demnach von Afrika nach Irland gebracht. Uther zog mit 15 000 Kriegern nach Irland, doch es gelang ihnen erst mit der Hilfe Merlins, die Steine zu bewegen.

Die Gralsrunde, französische Buchmalerei des 15. Jahrhunderts aus der „L'Estoire de Saint Graal" von Robert de Boron (Bibliothèque Nationale Paris)

KÖNIG ARTUS

Artus ist der Sohn des Britenkönigs Uther Pendragon und seiner Feenfrau Ygerna und steht von klein auf unter der Obhut des Zauberers Merlin. Dieser sorgt dafür, dass Artus während der Kriege gegen die Angelsachsen Pflegeeltern findet und als Fünfzehnjähriger der Einzige ist, der ein Schwert, in einigen Quellen ist es das Zauberschwert Excalibur, aus einem Felsgestein ziehen kann: der Beweis seiner Königswürde. Allerdings muss er diesen Rang gegen elf Könige aus dem Norden verteidigen. Der Letzte dieser Aufständischen schickt ihm seine Frau Morgause als Spionin. Mit ihr, Artus' Schwester, was er jedoch nicht weiß, zeugt er Mordred, der sich zum Finsterling entwickelt und Artus später den Untergang bringen wird. Als Artus vom Inzest erfährt, lässt er alle Jungen, die am gleichen Tag wie Mordred geboren wurden, entführen.

Artus residiert im Kreise seiner Ritter auf der legendären Burg Camelot, die irgendwo in Südwales angesiedelt wird. Der alte Kern der Artuslegende, der Kampf gegen die Angelsachsen, wird in den Dichtungen eher ne-

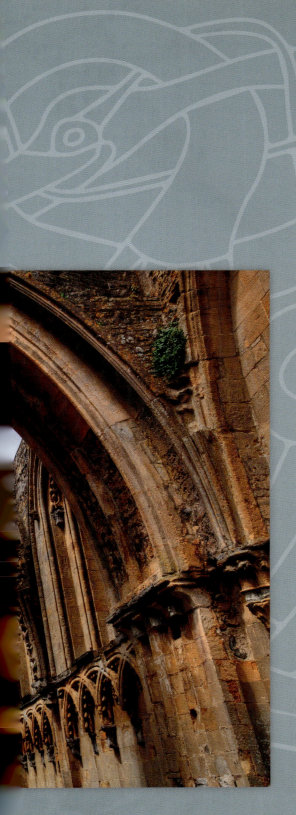

Letzte Ruhestätte von König Artus? Die Klosterruine von Glastonbury.

bensächlich abgehandelt. Seine Macht verdankt Artus neben der Unterstützung Merlins dem magischen Schwert Excalibur, das er aus dem Fels zog oder welches ihm nach anderen Quellen von einer Fee geschenkt wurde. Doch gegen den Rat von Merlin heiratet Artus aus romantischer Liebe die Königstocher Guinevere (französisch: Genièvre) – es bleibt eine keusche Ehe. Während Artus anderweitig Liebesabenteuer sucht, wird Guinevere von den Rittern der Tafelrunde verehrt und von Lanzelot begehrt. Als Guinevere entführt wird, befreien Gawein und Lanzelot ihre Königin. Auf dem Heimweg sollen Lanzelot und Guinevere von einem Liebestrunk betört sich einander hingegeben haben. Diese Liebschaft wird ausgerechnet vom hinterlistigen Mordred, den Artus an seinem Hof duldet, publik gemacht. Als Artus daraufhin seine Frau zum Scheiterhaufen verurteilt, stellt sich jedoch ein Teil der Ritter hinter Lanzelot und gemeinsam befreien sie Guinevere. Es kommt zu einem erbitterten Krieg, den erst der Papst in Rom beenden kann. Guinevere kehrt zu Artus zurück, auch Lanzelot bleibt am Leben, doch die besten Jahre der Tafelrunde sind vorbei, und die Ritter haben eine neue Herausforderung gefunden, die Suche nach dem Heiligen Gral.

Sein eigener Sohn Mordred stellt schließlich ein großes Heer auf, um seinem Vater den Königstitel zu entreißen. Am Ende einer gewaltigen Schlacht stehen sich die beiden verwundeten Anführer gegenüber. Artus hat zwar sein Schwert Excalibur verloren, kann aber seinen Sohn mit einer Lanze durchbohren. Der verwundete König wird in eine Kapelle gebracht, stirbt und wird anschließend im Kloster Glastonbury beigesetzt. Jedoch – wie könnte es anders sein – so kann die Legende von Artus natürlich nicht enden. Andere Quellen berichten, dass der sterbende Ritterkönig von seinen Gefährten oder einer Fee mit einem Schiff auf die Insel Avalon entführt wurde, dem keltischen Reich der Seligen.

Merlin wurde auch zum Schutzpatron von Artus. Er half ihm das legendäre Schwert aus dem Fels zu ziehen, warnte ihn jedoch auch vor der Liebe zu Guinevere.

Von diesen Geschichten beeindruckt, veranlasste niemand Geringeres als Richard Löwenherz im Jahr 1191, dass in und um das Kloster Glastonbury herum nach dem Grab seines sagenhaften Vorgängers Artus gesucht wurde. Und wie sollte es anders sein: Bei dieser Grabung wurde ein Bleikreuz entdeckt, auf dem stand: „Hier ruht König Artus, der einstige und künftige König", und darunter lagen die passenden Gebeine begraben. Allerdings handelte es sich bei dieser Entdeckung um eine zeitgenössische Fälschung. Denn Löwenherz war kein früher Archäologe auf Wahrheitssuche, sondern ein König, dessen noch junge Herrschaft labil war und der eine Legitimation durch solch einen Ahnherren gut gebrauchen konnte. Doch schon sehr bald wandelte sich das Artus-Bild, weg vom Anführer als altem Haudegen, hin zum Ritter mit edler Gesinnung.

ARTUS, DER EDLE RITTER UND SEINE TAFELRUNDE

Ab Mitte des 12. Jahrhunderts verbreitete sich zeitgleich die Artuslegende als literarischer Stoff über ganz Europa. Erst jetzt wurde Artus vom Feldherrn zum König befördert, auch andere Erzählmotive traten nach und nach hinzu. So wurde die Tafelrunde der Ritter das erste Mal um 1190 in Wace' Geschichte Britanniens – betitelt „Roman über Brutus" – erwähnt. Es waren jedoch vor allem Ritterromane mit Artus als Haupthelden, die an allen europäischen Höfen regelrecht Mode wurden. Besonders der französische Dichter Chrétien de Troyes ließ in ausschweifender Sprache eine höfische Idealwelt vor den Augen seiner Leser entstehen. Am Hof von König Artus

Parzival bei Artus, im Zweikampf mit Feirefiz und er erkennt selbigen als seinen Halbbruder. Buchmalerei aus dem 13. Jahrhundert. (Bayerische Staatsbibliothek München)

versammeln sich an der Tafelrunde nur die edelsten Ritter, unter ihnen Lanzelot und Parzival. Jeder von ihnen hat Bewährungsproben, Aventiuren, zu bestehen. Sie rückten aus in nicht lokalisierbare, fantastische Länder, um gegen böse Landsherren, Riesen und Monster zu kämpfen, armen Witwen und Waisen beizustehen und geraubte Prinzessinnen zu befreien. All ihr Handeln dreht sich um die ritterliche Ehre, um „Minne", die höfische, streng geregelte Liebe, um „Maze", das Maßhalten, und „Milte", die Großzügigkeit. Nicht nur Artus, zur selben Zeit entstanden auch Ritterromane um Aeneas (Eneas), den Troja-Prinzen und Rom-Gründer, oder Karl dem Großen, dessen Graf Roland oder Dietrich von Bern – all diese Helden wurden zu Vorbildern für das Verhalten an europäischen Höfen.

Doch woher stammt diese edle Gesinnung eigentlich? Als das französische Königtum im 10. Jahrhundert zu kränkeln begann, konnte sich der Adel ungehemmt auf Kosten der breiten Bevölkerung ausleben. Die Kirche versuchte dagegenzusteuern; sie ächtete den unmoralischen Egoismus, versuchte wichtige Rituale wie den Ritterschlag von Priestern ausführen zu lassen und stellte einen Verhaltenskodex auf. Mit den Kreuzzügen gelangte diese Gesinnung schließlich zum Durchbruch, so der Ritterexperte Andreas Schlunk: „In der höfischen Dichtung des Mittelalters verschmolzen nach und nach die unterschiedlichen Aspekte weltlicher Prägung mit der religiös geprägten Auffassung von Ritterlichkeit. Diese Verschmelzung der beiden Komponenten führte schließlich zu dem Idealtypus des Ritters, der beides in sich zu vereinen suchte: Adel der Geburt und Adel der Gesinnung." Doch der Ritter, der in voller Rüstung (Vollharnisch) hoch zu Ross mit Lanze, Schild und Schwert die Feinde besiegte, die Schwachen verteidigte und mit seinen Turniersiegen die Damen bei Hofe eroberte, ist größtenteils Mythos. Vom Früh- bis ins Hochmittelalter trugen die Ritter als Schutz einfach nur Panzerhemden, die aus miteinander verbundenen Kettengliedern oder aus Leder gefertigt wurden, auf die Plättchen oder Scheiben aus Metall gesetzt waren. So sind die normannischen Krieger auf dem berühmten Teppich

Der Wandteppich von Bayeux erzählt in sorgfältig komponierten Bildern die Geschichte von der Überfahrt der Normannen nach England und ihrem Sieg in der Schlacht bei Hastings.

von Bayeux während der Schlacht von Hastings 1066 dargestellt. Ab 1240 wurden dünne rechteckige Eisenplatten wie Schürzen an den Waffenrock angenäht (Spangenharnisch), und erst im Laufe der folgenden zwei Jahrhunderte entwickelte sich der Vollharnisch. Die Gelenke wurden mit runden Kacheln oder Kniebuckeln geschützt, Arme und Beine verschwanden in eisernen Röhren, und schließlich wurden Brustplatte, stählerner Oberschenkelschutz sowie Arm- und Beinröhren zum Vollharnisch vereint.

Zur höchsten Blüte gelangte das Rittertum allerdings nur in einer kurzen Phase von Mitte des 12. bis Anfang des 13. Jahrhunderts. In dieser Zeit mussten Knappen den Rittern helfen aufzusitzen, und sie griffen auch ins Kampfgeschehen mit ein. Selbst bei den frühen Turnieren mischten sie mit, bis ihr Eingreifen verboten werden musste. Dennoch wurden Ritter zu Vorbildern: Sie konnten reiten wie die legendären Hunnen und wussten mit Schwert, Lanze, Bogen und Armbrust umzugehen. Laufen, Ringen, Klettern, Speerwerfen wurde täglich geübt. Doch sie mussten sich auch in der höfischen Kultur auskennen. Tischmanie-

> **„Wenn unsere Ritter einen Feldzug unternehmen, werden die Pferde nicht mit Waffen, sondern mit Wein beladen, nicht mit Lanzen, sondern mit Käse, nicht mit Speeren, sondern mit Bratspießen."**
>
> PETRUS VON BLOIS (ENDE DES 12. JH.)

ren, Tänze, Brettspiel, Laute spielen. Das Ideal der Curialitas (Höfischheit) sah vor, dass Ritter in den Sieben Freien Künsten (die in den Klosterschulen gelehrt wurden) ausgebildet waren. Zum Idealtypus dieser mittelalterlichen Ritterkultur wurden Artus und seine Tafelrunde, an den Königshöfen ganz Europas wurden Artus-Feste gefeiert und Artus-Turniere veranstaltet. Doch selbst in dieser kurzen Blütezeit widersprach die Realität des Ritteralltags dem höfischen Ideal. Die Ritter waren beim einfachen Volk bekannt und gefürchtet dafür, dass sie die Armen schonungslos unterdrückten und ausraubten, sich dem Nichtstun und der Trunksucht hingaben. Doch schon im 14. Jahrhundert unterlagen die schwerfälligen Ritter den Fußsoldaten mit ihren neuen Waffen wie dem Langspieß und der Armbrust, deren Pfeile die Rüstungen durchbohren konnten. Während jedoch Ritterlegenden wie die um Aeneas in den folgenden Jahrhunderten mit der Ritterkultur selbst langsam verschwanden, verbreitete sich der Artusmythos unaufhaltsam. Die Geschichten um König Artus und seine ritterliche Tafelrunde bilden einen nordischen Mythos reinster Form, dessen historische Bezüge sich im Dunkeln des frühmittelalterlichen Britanniens verlieren.

Obwohl die Artuslegende seit dem 12. Jahrhundert immer wieder schriftlich aufgezeichnet wurde, wandelten sich die Geschichten um sein Leben und Wirken im Laufe der Jahrhunderte, eigentlich bezeichnend für eine Erzählung in mündlicher Überlieferung. Dabei vermischten sich immer mehr weltliche Taten mit heidnisch-keltischen und christlichen Legenden, und es flossen immer neue Details ein wie die Tafelrunde oder die Suche nach dem

Südliche Stirnwand im Hansasaale des Rathauses von Köln mit gotischem Fialwerk und den sogenannten Neun Guten Helden (von rechts beginnend): die Heiden Alexander der Große, Hektor und Iulius Caesar, die Juden Judas Maccabaeus, David und Josua sowie die Christen Gottfried von Bouillon, König Artus und Kaiser Karl der Große.

Heiligen Gral. Außerdem existieren Orte, die als Artus-Kultstätten verehrt werden können. So gilt die Ruine Tintagel als Artus' Geburtsort und die Klosterruine von Glastonbury als seine Grabstätte. Gleich mehrere Stätten haben Historiker und Archäologen in England als den Ort lokalisiert, an dem sich Artus' Camelot befunden haben könnte, darunter Cadbury Castle in der Grafschaft Somerset. Eine Art paradiesisches Jenseits wie Walhall für die Germanen stellt für die keltischen Briten Avalon dar. Es soll, je nach Erzählung, unter dem Wasser oder unter der Erde liegen, auf jeden Fall jedoch waldreich und voller Feen sein. Hierher soll Artus nach seiner Verwundung gebracht worden sein. Um dort zu sterben? Oder um dort langsam zu genesen, damit er eines Tages zurückkehren kann? Wie bei jedem guten Mythos bleibt dieses Geheimnis ungelöst.

BEOWULF – HÖRT! DENKWÜRD'GER TATEN

Die vollständige Geschichte von Beowulf, die nur in einem Manuskript aus dem 10. Jahrhundert überliefert ist, umfasst 3182 Langzeilen im Stabreim. Das im Unterschied zu den kurzen Heldenliedern einzige durchkomponierte germanische Epos des frühen Mittelalters ist auch das alleinige Zeugnis einer altenglischen Literatursprache aus dem 8. Jahrhundert. In der Geschichte werden jedoch Ereignisse angeführt wie die Kriege zwischen den Dänen und den Franken der Merowingerzeit sowie den mit ihnen verbündeten Friesen, die nach der Chronik Gregor von Tours' im Jahr 522 stattfanden. Beowulf wird als ein Held und Neffe des Königs der Geatas dargestellt, einem skandinavischen Volk, das von Historikern mit den Goten oder Jüten, meist jedoch mit den Gauten gleichgesetzt wird. Er reist mit 14 Gefährten nach Dänemark, an den Hof des ruhmreichen Königs Hrothgar, dessen viele gewonnenen Kriege aufgezählt werden. Um seinen Ruhm zusammen mit seinen Kriegern genießen zu können, ließ Hrothgar die große Halle Heorot erbauen. Doch jedes Mal, wenn der Hof feiert, erscheint dort das Ungeheuer Grendel, entführt einen der Krieger, um ihn zu fressen. Hrothgar empfängt Beowulf fürstlich, der von seinen Heldentaten berichtet, doch als die Männer Met-trunken einschlafen, erscheint Grendel und zerfetzt den nächstbesten Krieger. Beowulf tritt dem Ungeheuer mit seinen bloßen Händen entgegen und reißt ihm einen Arm aus. Daraufhin erscheint dessen auf Rache sinnende Mutter und raubt ebenfalls einen Krieger. Doch die Krieger verfolgen die Blutspuren, die an einem Tümpel enden, in den Beowulf hinabtaucht. In diesen Untiefen findet er die Wohnhalle der Ungeheuer, beim Kampf mit der Riesin versagt sein eigenes Schwert, er ergreift ein Schwert, das dort an der Wand hängt, und schlägt Riesin und Sohn die Köpfe ab. Mit dem Kopf der Mutter und dem Riesenschwert kehrt er zurück und wird von Hrothgar für diese Taten reichlich belohnt.

Beowulf kehrt ins Gautenreich zurück und dient weiter seinem König Hygelac und nach dessen Tod dessen Sohn Heardred. Als auch dieser im Kampf gegen die Schweden fällt, steigt Beowulf zum König der Gauten auf und sichert sein Land gegen die kampflustigen Nachbarn. So vergehen viele Jahre, der Held ist gealtert und will nur noch von seinem Ruhm zehren, da

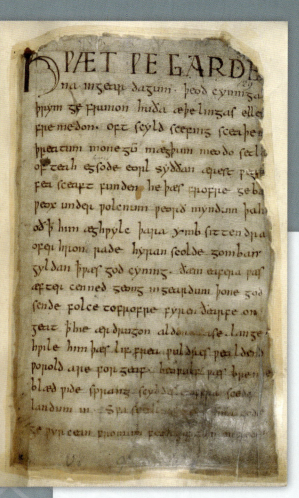

*Erste Seite der Beowulf-Handschrift mit den Anfangsworten: „Hwæt! Wé Gárdena ..."
(Hört! Denkwürd'ger Taten ...)*

zieht ein feuerspeiender Drache durch das Land. Dieser hatte eigentlich schlummernd den Schatz eines untergegangenen Volkes bewacht, wurde jedoch durch Grabräuber gereizt und zieht nun mordend und Zerstörung bringend umher.

Zunächst versucht Beowulf mithilfe eines kleinen Heeres den Drachen zu vernichten, doch sie scheitern. Daraufhin beschließt der Held, das Versteck des Drachen zu suchen, doch nur Beowulfs Neffe Wiglaf traut sich, ihm zu folgen. Beowulf kann den Drachen töten und den Goldhort retten, doch wird er dabei vom Gifthauch des Drachen getroffen und stirbt wenig später qualvoll. Bei der feierlichen Bestattung in Sichtweite des Meeres hält Wiglaf die Leichenrede auf Beowulf, in der er seinen Kampfgenossen elende Feigheit vorwirft und sie gleichzeitig daran erinnert, dass die Kämpfe gegen ihre Erzfeinde Schweden, Franken und Friesen noch lange nicht ausgestanden sind. Dann wird Beowulf auf einem riesigen Scheiterhaufen verbrannt und darüber ein kolossaler Grabhügel aufgeschüttet.

Sein Ruhm jedoch bleibt unsterblich und wird nach anfänglicher mündlicher Überlieferung schließlich in dem unbetitelten Epos besungen, das beginnt mit den Worten: „Hwæt! Wé Gárdena (Hört! Denkwürd'ger Taten)". Einer der eifrigsten Erforscher dieses Werkes war übrigens J.R.R. Tolkien. Er schrieb darüber wissenschaftliche Aufsätze wie „The Monsters and the Critics" (1936) und verwendete in seinen eigenen literarischen Werken aus dem Epos Begriffe wie „Mittelerde" (angelsächsisch: „middangeard") und Motive wie den Drachen, den er anfangs „Pryftan", später erst „Smaug" nannte.

DIE WIKINGER –
DIE LETZTEN WAHREN „NÖRDLINGE"?

> „Einige sehr grimmige Völker!"
>
> ADAM VON BREMEN ÜBER DIE WIKINGER

ENTDECKER, EROBERER – ABER AUCH KULTURBRINGER?

Vorangehende Doppelseite: Detail der kunstvollen Schnitzereien des Wagens, der zusammen mit dem Oseberg-Prunkschiff gefunden wurde. Er ist der einzig erhaltene Wagen aus der Wikingerzeit.

Runenstein mit Inschrift und Wikingerboot am Wikingermuseum in Bork am Ringkøbing Fjord (Dänemark)

„Annähernd 350 Jahre haben wir und unsere Glaubensbrüder in Britannien friedlich gelebt, und niemals zuvor wurde in diesem Land eine solche Grausamkeit gesehen, wie wir sie nun durch die Hand heidnischer Männer erlitten haben", klagt der König des nordenglischen Northumbrien im Jahre 793. „Besprizt mit dem Blut der Priester Gottes, aller Einrichtungen beraubt, so haben die Heiden unsere Kirchen entweiht." Zunächst verbreiteten die Wikinger im späten 8. und ganzen 9. Jahrhundert auf den Britischen Inseln Angst und Schrecken. Lose Stoßtrupps zogen jeden Sommer mit ihren Schiffen die britische Küste entlang auf der Suche nach Beute, denn nur die Nordsee trennte sie von den unbefestigten Klöstern in England und Irland. Und schon bald drangen sie mit ihren flachen Booten über Flüsse auch in andere Regionen vor. Um 845 griffen Wikingergruppen Paris und Hamburg an, zwischen 859 und 862 plünderten sie Küstenstädte am Mittelmeer, 861 noch einmal Paris und 862 Köln und andere Rheinstädte. Nun schlossen sich die gefürchteten Nordmänner, die überwiegend aus den Gebieten des heutigen Dänemark und Norwegen stammten, zu großen Heeren zusammen, stießen ins Hinterland vor und errichteten erste Überwinterungslager. Dabei vergruben sie ihre erbeuteten Gold- und Silberschätze häufig in sogenannten „Horten". Unzählige ließen sie zurück, und bis heute werden immer wieder welche durch Zufall entdeckt.

„Wikinger-Euro" mit Rabenmotiv und dem Schriftzug Olaf (eigentlich Anlaf) Guthfrithsson, dem Wikingerkönig von Northumbria (geprägt zwischen den Jahren 939 bis 41). Mit solchen Silberpennies wurde in ganz Europa gehandelt.

Legendär wie ihre Horte scheint uns die gesamte Welt der Wikinger: eine raue, heidnische Männergesellschaft, deren Mitglieder Abenteuer und Beute in der Ferne suchten, sich nur allzu gern schlugen und ansonsten Unmengen Met tranken und dazu Spottverse schmetterten – waren die Wikinger die letzten wahren Nördlinge? Dieses Bild, das Opfer und Feinde von ihnen entwarfen und das durch romantische Motive im 19. und 20. Jahrhundert zum Klischee erstarrte, erweist sich jedoch als höchst unvollständig, denn Eroberungen und Plünderungszüge bildeten nur den einleitenden Teil der Geschichte. Wikinger unterhielten außerdem weitverzweigte Handelsnetze, legten Siedlungen an und ließen sich als Handwerker nieder. Vor allem jedoch waren sie tollkühne Seefahrer und wagemutige Entdecker, ihre Expeditionen führten sie weiter in den Nordwesten des Atlantiks als andere vor ihnen. So besiedelten sie Island, Vinland (Nordamerika) und eine große Insel, die so grün schien, dass sie diese Grönland (Grünland) nannten. Während sich die Skandinavier, denen Sprache und Kultur gemeinsam war, im frühen Mittelalter selbst vor allem über ihre Sippe und ihr Land definierten, unterteilten Zeitgenossen sie nach den geografischen Gegebenheiten in Danen, Götar, Nordmänner und Svea. „Die Wikinger ist schon falsch gesagt", klärt uns Frühgeschichtler Michael Müller-Wille auf. „Mit dieser Bezeichnung erfassen wir nicht die skandinavische Bevölkerung des 8./9. Jahrhunderts." Viking, dieses altnordische Wort, leitet sich von „wik" (= Bucht, Handelsort) ab und bezeichnet keine soziale Zugehörigkeit, sondern einen Zustand: einen Raubzug zu Wasser. Als die „Wikingerzeit" bezeichnen wir heute die Kriegs-, Handels- und Siedlungsaktivitäten der Skandinavier zur See und an den Küsten, die von ca. 800 bis 1050 n. Chr. stattfanden. In dieser Weise lebten jedoch nur rund fünf Prozent der damaligen Bevölkerung, die in den Gebieten des heutigen Schleswig-Holstein, Dänemark, Schweden und wie getupft verteilten Arealen Norwegens siedelten. Gemeinsam war diesen Volksgruppen, dass sie sich zu dieser Zeit noch einheitlich in Altnordisch verständigten, ihre Gemeinschaften in Sklaven, Freie sowie gewählte Stammesfürsten und -könige aufgliederten und vor allem die gleichen Götter verehrten. Warum jedoch plötzlich, gegen Ende des 8. Jahrhunderts, ein kleiner Teil der Skandinavier zu Raubzügen, kaltblütigem Mord und Totschlag sowie verwegenen Expeditionen aufbrach, darüber streiten die Wissenschaftler nach wie vor: Überbevölkerung kommt ebenso infrage wie Unterernährung, Seuchen oder gar eine Klimaverschlechterung. Bei den Argumenten „Armut" und „Freiheitsliebe" handelt es sich dagegen um Motive, die in Berichten aus späteren Zeiten unterlegt wurden, so der Skandinavist Rudolf Simek: „Der Wikingermythos überlagerte bereits im frühen Mittelalter die historischen Fakten."

Wikingerhelm aus dem 10. Jahrhundert (Kulturhistorisches Museum Oslo)

Im 8. Jahrhundert hielt sich die große Mehrheit der auf ca. zwei Millionen Menschen geschätzten Skandinavier mit Fischfang, ein wenig Viehzucht und primitivem Getreide- und Gemüseanbau nur mühsam am Leben. Gerstenbrei, hartes Roggenbrot, Kohl, Rüben und getrockneter Fisch standen tagein tagaus auf dem Speiseplan. Da es nicht genug bewirtschaftbares Land für alle gab, vererbten die Väter es immer nur an die erstgeborenen Söhne. Für die anderen Söhne bedeutete dies, dass sie sich durch Jagd, Fischfang oder eben Beutezüge ernähren mussten. Überraschendes Anlanden, gewalttätiges Zuschlagen und bereits wieder Verschwunden sein, bevor Abwehrmaßnahmen eingeleitet werden konnten, war ihre Taktik, die sie „Strandhagg" nannten. Einziger Trost für die Feinde war, dass die Wikinger ihren „Strandhagg" traditionell nur in den drei Sommermonaten durchführten.

Lange Zeit wusste die Nachwelt nur aus historischen Berichten von der Existenz ihrer Kriegsschiffe, den sogenannten Drachenbooten. Erst die Entdeckungen eines Schiffsgrabes bei Ladby (1935) sowie des Wracks von Haithabu (1953 entdeckt, gehoben erst 1979) und zweier Langboote, die aus dem dänischen Roskilde-Fjord geborgen wurden, bestätigte deren extreme Schlankheit. Sie hielten den Wasserwiderstand äußerst gering, und der geringe Tiefgang erlaubte es, praktisch alle Gewässer bis ins Landesinnere zu nutzen. Doch Experimente zeigten auch die Grenzen der Kriegsschiffe, die zwar die offene See überqueren können, jedoch kaum hochseetüchtig sind. Für ihre späteren Entdeckungs- und Handelsreisen im 10. und 11. Jahrhundert nutzten die Wikinger vor allem kleine, wendige Küstenfrachter wie das „Roskildewrack 3": Er nutzt mit tieferem Kiel, breiterem Rumpf und höheren Bordwänden das Potenzial von Mast und Segel wesentlich besser aus. Sein Nachbau aus Eichenholz kann bei 14 Metern Länge vier Tonnen Fracht an Bord laden und unter Segel acht Knoten Fahrt erreichen.

Die langen Seereisen ins Ungewisse waren für die Wikinger gleichzeitig auch eine Art Initiationsritus; wer diese Mischung aus zu bestehender Mutprobe und ritueller Einweihung nicht durchlief, wurde von den Wikingern „heimskr" genannt. Dieses Wort bezeichnet gleichzeitig zwei Eigenschaften: einen „Daheimgebliebenen" und einen „Dummen". In der Logik der Wikinger war einer, der daheim bleibt, dumm, nur Weitgereiste brachten es zu sozialer Anerkennung. Diese Welt-Erfahrung drückte sich in der Dichtung in einer regelrechten Hochstimmung aus. Doch woher nahmen sie das Wissen und die Kraft, um ihre Fahrten zu unternehmen? Liegt das Geheimnis in ihrer Kultur und Religion – woran glaubten die Nordmänner?

Nachbildung eines hochseetauglichen Wikingerschiffs. Dieser Typ wurde weniger für Raubzüge, sondern vor allem für Besiedlungs- und Handelsfahrten genutzt.

BAUMREICHE ODER SCHEIBENWELTEN?

Für die Wikinger waren die germanische Götterwelt ebenso wie die Entstehung des Kosmos aus der Leere Ginnungagap sowie die unterschiedlichen Welten wie Asgard und Midgard einfach Realität. „Auf jeden Fall stellten sich die Wikinger das Universum ausgesprochen räumlich vor", schlussfolgert der Wikingerexperte Neil Price. „Eine komplexe Abfolge sich überschneidender Welten und Landschaften war nicht nur mit Menschen, sondern mit allen erdenklichen lebenden und toten Mächten bevölkert." Die Erde war nach Vorstellung der Wikinger eine kreisrunde Scheibe, an ihren Rändern vom Meer umgeben. Midgard, das Reich der Menschen, liegt genau in ihrem Zentrum, umschlossen wird es von Utgard (unwirtliches Land), zu dem auch Jötunheim gehört, das Reich der Riesen. Um Midgard gegen die Riesen, Dämonen, Ungeheuer und Geister aus den Meeren zu schützen, haben die Götter einen Wall aus Ymirs Augenbrauen rund um Midgard errichtet. Gleichzeitig jedoch weist die kosmische Ordnung auch drei

Ebenen auf: die Oberwelt mit Asgard/Asenheim, Sitz des Göttergeschlechts der Asen, dann Wanenheim, Sitz des Göttergeschlechts der Wanen, und Alfenheim (Albenwelt der Lichtalben und -elfen), das zum kleineren Teil auch in Midgard liegt. Zur Mittelwelt gehört neben Midgard auch Jötunheim und Muspelheim (Feuerwelt der Feuerriesen). In die Unterwelt sind Myrkheim (Dunkelwald der Zwerge), Niflheim (Dunkelwelt, Reich des Nebels und des Weltmeers) und Hel (Totenreich) verdammt. Und wenn es weiter heißt, diese Welten seien durch die Esche Yggdrasil verbunden, ist dann damit wirklich ein Baum mit seinem Wurzel- und Astwerk in verschiedenen Höhen gemeint? Oder, wie manche Experten vermuten, eher Welten aus übereinander gelegenen Scheiben, die von einer Art Achse gehalten werden? Vermutlich war dies überhaupt kein Problem für die Wikinger, die sich nicht unbedingt einen Plan von ihrem Kosmos machen, sondern sich dessen Ordnung durch Erzählungen bestätigen lassen wollten.

Rekonstruktion der um 981 errichteten Wikingerburg Trelleborgen (Slagelse), Schweden

Obwohl die Wikinger mit den Runen über eine funktionsfähige Schrift verfügten, schrieben sie keine längeren Texte. Das lag vor allem daran, dass ihre Tradition, die Bewahrung ihrer Mythen und Heldengeschichten, in die ihre eigene Genealogie eingebettet war, ganz wesentlich auf dem Erzählen durch eingeweihte Skalden basierte. „Eine heilige Geschichte erzählen bedeute so viel wie ein Mysterium enthüllen", erklärt der Religionswissenschaftler Mircea Eliade, „denn die Personen des Mythos sind Götter oder Kulturheroen, und ihre Handlungen bilden Mysterien, die der Mensch nicht erfahren könnte, wenn sie ihm nicht enthüllt würden." Diese Enthüllung war an bestimmte Kultorte, bestimmte Opferfeste und an die Person des Erzählers gebunden.

Ihrem vielschichtigen Weltmodell entsprechen auch die komplexen Vorstellungen vom Jenseits, die sich Wikinger ebenso wie frühere Germanen machten. So wissen wir, dass sie glaubten, der Mensch bestehe aus einem äußeren Gefäß oder einer Hülle („hamr") und einem Wesen („hugr"), das seinen wahren Charakter ausmache. Außerdem verfüge er über eine Art Geist oder Seele (hamingja), die dem Menschen Erfüllung oder Glück bringe, die ihn jedoch auch (nicht erst mit dem Tod) verlassen kann. Weiter glaubten sie an eine Art Doppelgänger, oder Folger: fylgja, ein Wesen, das immer weiblich sei und den Menschen beschütze, im Traum erscheine und wichtige Ratschläge gebe. „Die Wikinger lebten inmitten einer riesigen unsichtbaren Schar von Wesen, die sie aber nicht als ‚übernatürlich' nach unserem Verständnis empfanden, sondern ebenso als Teil der Natur wie die Menschen selbst und insofern als genauso real", urteilt Neil Price. Und da auch die Seelen der Verstorbenen den Lebenden zusetzen konnten, spielte der Totenkult eine wichtige Rolle.

TOTENBESTATTUNGEN UND AHNENKULT

Der einzige Augenzeugenbericht eines Wikinger-Begräbnisrituals stammt von dem arabischen Kaufmann und Diplomaten Ibn Fadlān. Er berichtet von der Beisetzung in einem Bootsgrab, deren Zeremonien zehn Tage ohne Pause gedauert haben sollen. Wir wissen jedoch, dass die Wikinger völlig unterschiedliche Begräbnissitten praktizierten. Die Verstorbenen wurden begraben oder verbrannt, in Einzel- oder Sammelgräbern oder unter Tumuli beigesetzt oder ihre Asche wurde in sakraler Umgebung verstreut. In der „Heimskringla" (der Geschichte der norwegischen Könige) beschreibt Snorri Sturluson, wie Odin den nordischen Göttern die Totensitten brachte: „Er ordnete an, dass man alle Toten verbrennen und mit ihnen ihre Besitz-

WALHALL UND DIE NORDISCHEN JENSEITSVORSTELLUNGEN

Walhall, das Paradies der germanisch-wikingerischen Kriegergesellschaft, hat der Edda nach Gottvater Odin in der Götterwelt Asenheim erbauen lassen: eine riesige Halle, deren Dach aus Schildern besteht, die mit Speeren befestigt wurden. Auf diesem Dach soll die gewaltige Ziege Heidrun ruhen, die sich vom Blattwerk der Weltenesche Yggdrasill ernährt und dabei Met produziert, der aus ihren Eutern direkt in die Trinkbecher und Helme der durstigen Krieger in der Halle fließt. Nur im Kampf gefallene Krieger finden in dieser Halle Odins Aufnahme. Sie werden jedoch nicht vom Gott selbst, sondern von seinen Dienerinnen, den Walküren, gleich auf dem Schlachtfeld in Empfang genommen und nach Walhall entführt.

Finden dort wirklich nur gefallene Krieger Einlass? In der „Heimskringla" verkündet Odin, dass jeder, der auf dem Scheiterhaufen verbrannt werde, nach Walhall komme, und zwar mit den wertvollen Dingen, die er auf seinem Scheiterhaufen bei sich habe. Denn wie sollte sonst die Halle mit allen sie fassenden 432 000 Kriegern gefüllt werden? Wie kommt man überhaupt auf diese Zahl? Wenn die Götterdämmerung beginnt, sollen der Edda nach aus jedem der 504 Hallentore jeweils 800 Krieger ausrücken. Bis zum Beginn dieser Endschlacht allerdings geht es den gefallenen Kriegern auf Walhall gut. Umsorgt von den lieblichen, gleichzeitig aber auch wehrhaften Walküren, üben die Männer den ganzen Tag lang ihre Kampfeskunst, um ihn dann mit einem Gelage zu beenden. Gegessen wird dabei das niemals endende Fleisch des Ebers Saehrimnir, und der Met fließt in Strömen, nur Odin hält sich an Wein. Bis dann schließlich Heimdall auf seinem Horn zum letzten Gefecht ruft, bei dem die Asengötter trotz des Beistands aus Walhall zusammen mit ihren Feinden und der ganzen Welt untergehen werden.

Ob jedoch schon die Germanen der Römer- und Völkerwanderungszeit an dieses jenseitige Kriegerparadies glaubten, darüber streiten sich die Experten. Als sicher gilt nur, dass die Wikinger diese Vorstellungen hegten, was vermutlich, ähnlich wie bei den muslimischen Dschihadisten unserer Zeit, ihren schonungslosen Kampfeseinsatz mit erklären könnte. Und es scheint auch nicht verwunderlich, dass noch lange nach der Christianisierung Skandinaviens das germanische Kriegerparadies mit den christlichen, weniger sinnlichen Himmelsvorstellungen konkurrierte, um im Zuge der Renaissance nordischer Mythen im 19. Jahrhundert aufs Neue zu faszinieren.

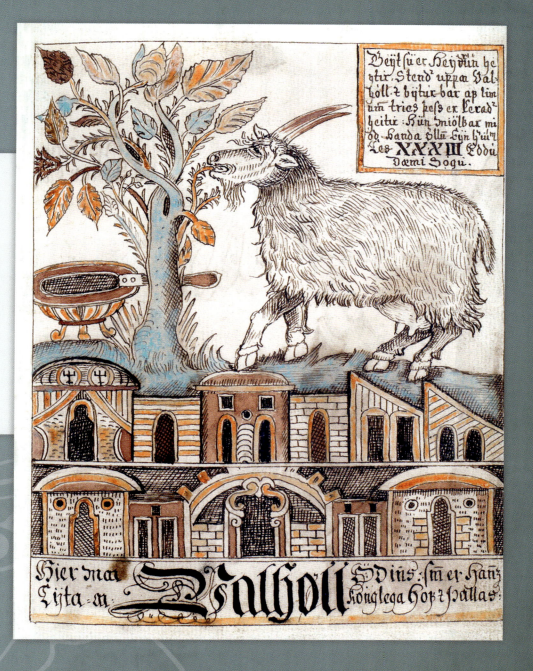

Auf dem Dach von Walhall ruht die Ziege Heidrun und frisst die Blätter der Weltesche Yggdrasil. Illustration von Jakob Sigurdson zu einer Eddafassung des 18. Jahrhunderts.

↓ Zeremonielle Trinkschale in der Form eines Drachen

tümer auf den Scheiterhaufen legen sollte. Er sagte, dass jeder mit den wertvollen Dingen nach Walhall komme, die er auf dem Scheiterhaufen bei sich gehabt hätte, außerdem solle er über all das verfügen können, was er vergraben hätte. Die Asche solle man ins Meer streuen oder begraben, über vornehme Männer solle aber ein Grabhügel zur Erinnerung errichtet werden."

Zu den herausragenden Grabhügeln gehören Schiffsgräber wie das berühmte im Jahre 1904 freigelegte von Oseberg. In den Tumulus war ein 21,5 Meter langes funktionstüchtiges Langschiff mit Ausrüstung eingelagert worden. Im Vorschiff lagen ein Wagen, drei Schlitten, 15 geopferte Pferde und viele weitere Beigaben, darunter ein Bildteppich mit Kriegs- und Prozessionsszenen. In der hölzernen Grabkammer lagen die Skelette zweier Frauen, 80 Jahre und 50 bis 60 Jahre alt. Als der Tumulus im Jahr 834 angelegt wurde, gab es noch kein Königreich in Norwegen, es muss sich also bei den Bestatteten um Mitglieder der regionalen Führungselite handeln, vielleicht bedeutende Zauberinnen oder Priesterinnen. Kennzeichnend für solch aufwendige Tumuli ist außerdem, dass sie nahe an weltlichen Machtzentren errichtet wurden. Oseberg und zwei weitere Schiffsgräber in der Region Vestfold liegen zwischen dem Königssitz Borre im Norden und der ältesten norwegischen Stadt Kaupang im Süden. „Augenscheinlich dienten Schiffsbestattungen und die dazugehörigen prunkvollen Rituale und Opfer dazu, Machtansprüche auf entscheidende Gebiete demonstrativ zu bekräftigen", urteilt der Wikingerexperte Jan Bill. Das bestätigt auch das ebenfalls bekannte Schiffsgrab von Gokstadt. Der Tumulus wurde in nur rund 500 Meter Entfernung zu einem betriebsamen Marktplatz errichtet. Religiöse und weltliche Belange gehörten für die Wikinger offenbar zusammen – doch bis heute fragen sich Historiker, wo fanden ihre Kultfeiern statt?

VON ODINS HAIN BIS TORSACKER

Zwar liefern Ortsnamen, die bis heute in Skandinavien in Gebrauch sind, Hinweise auf mögliche Kultstätten – so verweist beispielsweise Odenslunda auf „Odins Hain", Torsaker auf „Thorsaker" und Frösön auf „Freyas Insel" –, doch ist es den Archäologen erst nach jahrzehntelanger Suche endlich gelungen, einzelne wikingerzeitliche Anlagen aufzuspüren und auszugraben, die als solche Kultstätten infrage kommen. So fanden sie in Lilla Ullevi („kleines vé des Ull") im schwedischen Uppland am Rande eines von Menschen geformten Hügels im Boden eine abgerundete rechteckige „Steinpackung" mit einer Art

Das im Jahr 1904 entdeckte Oseberg-Schiff ist bis heute der reichste und wichtigste Fund aus der Wikingerzeit.

Ihre Schiffe verwandelten sie in Kunstwerke – und viele ihrer Kunstwerke weisen Schiffsmotive auf – wie diese Brosche aus einer Kupferlegierung.

Vorhof. Um diese Konstruktion herum fanden sich Pfostenlöcher, die zu Pfeilern oder Podesten gehörten, sowie Depots von Waffen und Amulettringen. Eine viel größere Stätte mit neun rechteckigen „Steinpackungen" wurde in Götavi („Vé der Götter") im schwedischen Närke gefunden. Doch in der Regel waren es wohl nur einfache Festsäle auf Gutshöfen, in denen kultische Versammlungen stattfanden, sie werden in den späteren schriftlichen Quellen als „hörgr" beschrieben und sind aus zahlreichen Ausgrabungen von Wikingersiedlungen bekannt. Da es keine Priesterkaste gab, waren die weltlichen Führer gleichzeitig zuständig für kultische Handlungen. Denn im Gegensatz zu anderen Religionen waren keine ständigen Rituale nötig, dafür aber hin und wieder Opferungen (altnordisch: „Both"), um Götter und andere Geister zu besänftigen. Auf grausige Weise wurden nicht nur Kleintiere, sondern auch Pferde oder Ochsen so geköpft, dass das Blut sich im Raum verteilte. Dabei schlugen die Teilnehmer hämmernde Bewegungen in die Luft und leisteten Eide auf ihre Ringe oder Amulette. Solche Opferungen forderte Odin nach Sturlusons „Heimskringla": „Am Winteranfang solle ein Opfer für ein gutes Jahr dargebracht werden, zum Mitwinter eines für Wachstum und ein drittes im Sommer als Siegesopfer." Und Adam von Bremen berichtet, dass die Opferkulte an den schwedischen Haupttheiligtümern für Odin, Freyja und Thor sogar nur alle neun Jahre dargebracht wurden: Dann aber umfassten sie neun männliche Exemplare jeder bekannten Spezies, einschließlich der menschlichen.

Weit häufiger als Opferungen wurden Thing-Versammlungen der Männer abgehalten, bei denen Recht gesprochen wurde, gleichzeitig jedoch auch der Met in Strömen floss. Dabei trugen Skalden die bekannten Dichtungen in immer neuen Varianten vor, wobei sie die „Kunst der Andeutung" praktizierten. Die Männer nutzten die Versammlungen, um angeberisch vergangene und zukünftige Heldentaten zu verkünden. So wollte der Wikingerhäuptling Ragnar Lodbrok England mit zwei Schiffen erobern – er beendete sein Leben in einer englischen Schlangengrube. Über Glück und Unglück entschieden weniger die großen germanischen Götter, sondern vielmehr lokale Gottheiten, Folgegeister und Walküren bis hin zu herumgeisternden Ahnen, so Neil Price: „In der Menschenwelt waren neben Gottheiten zahllose weitere Wesen zu Hause, mit denen man ebenfalls auf gutem Fuß stehen musste und die es gelegentlich zu besänftigen galt." Dies geschah vor allem im Alltag durch magische Rituale und kleine Symbole. Die Wikinger setzten Magie – Zaubereien („seidr") und Zaubergesang („galdar") – für verschiedene Ziele ein:

- Der Schadenszauber zielte auf Feinde, aber auch auf Nachbarn, mit denen man im Streit lag, und sollte diese nachhaltig schwächen oder auch vernichten.
- Der Liebeszauber zielte auf das Herz oder auch nur die sexuelle Eroberung einer begehrten Person.
- Oder aber das Zauberritual selbst mit ekstatischen und sinnlichen Ausschweifungen war Mittel zum Zweck.

Der größte erhaltene Brakteat aus Skandinavien stammt aus der Wikingerzeit und wurde aus Gold gefertigt, das aus der Gegend Asum, Skåne, Schweden stammt. Brakteate sind einseitig geprägte Münzen oder Medaillen aus dünnem Blech, die als Amulett getragen werden und häufig religiöse Motive aufweisen. (Stockholm, Statens Historiska Museum)

Wichtigkeit und Vielfalt der Magier zeigen sich auch darin, dass rund vierzig unterschiedliche Begriffe für Zauberinnen und Zauberer in den Sagas und nordischen Dichtungen verwendet werden. Und in über fünfzig Frauengräbern fanden die Archäologen verzierte Metallstäbe, die in den Sagas als Attribute von Zauberinnen genannt werden. Der Legende nach hatten die Götter die Zauberei („seidr") von Freyja gelernt, doch als Großmeister der Magie entpuppte sich am Ende der Göttervater Odin. Was etwas verblüfft, denn die Zauberei gehörte eindeutig zu den weiblichen Tätigkeiten; Männer bedurften der Magie nicht, sie galt als Zeichen der Verweichlichung und Feigheit. Männer mussten das Schicksal herausfordern – und ihm mit Kraft und Mut trotzen. Das hinderte sie jedoch nicht daran, im Alltag magische Rituale und zahlreiche kleine Symbole zu verwenden, welche die einzelnen Götter und Wesen zu ihren Gunsten beeinflussen sollten. Beweise

„ᚠ-ᚢ-ᚦ-ᚨ-ᚱ-ᚲ" – FUTHARK, DIE RUNENSCHRIFT

Runeninschriften aus dem frühen Mittelalter finden sich in ganz Nordeuropa, überall dort, wo Wikinger Kolonien gründeten. Doch die meisten, über 3000, sind uns aus dem skandinavischen Raum aus der Zeit vor 1300 n.Chr. bekannt. „Runen waren nichts als eine simple Buchstabenschrift, die verschiedenen Zwecken diente: dem Totengedächtnis, dem Recht, dem praktischen Leben", resümiert die Wikingerexpertin Colleen Batey. „Magie war nur eine Art ihrer Anwendung und nicht einmal eine besonders wichtige." Die Forschung geht allerdings davon aus, dass die Runenschrift bereits im 1. oder 2. Jh. n. Chr. in Skandinavien entwickelt worden ist.

Und zwar von Menschen, die selbst die lateinische Schrift kannten, denn wie die Römer ihr Alphabet, so nutzten die nordischen Gelehrten zunächst eine Reihe von 24 Zeichen, das Futhark, benannt nach den ersten sechs Zeichen: „ᚠ"(f)- „ᚢ" (u) – „ᚦ" (th) – „ᚨ" (a) – „ᚱ" (r) – „ᚲ" (k).

Diese Zeichen repräsentierten jeweils einen Laut und konnten zu Wörtern, diese wiederum zu Sätzen zusammengesetzt werden.

Runen bestehen in den meisten Fällen aus einer vertikalen Linie mit angefügten horizontalen Strichen oder Bogen, denn sie wurden in der Regel in Felswände, Gedenksteine, Holzstücke oder auch in Gebrauchsgegenstände eingeritzt. Deshalb blieben die

Inschriften meistens auf wenige Worte wie Personennamen oder Eigenschaften begrenzt. „Eroberer" steht auf vielen Schwertern, manchmal sind es auch kurze Sätze wie „Der das Ziel trifft" auf Speerspitzen. Was auf einem Kammhalter steht, erinnert dagegen schon an einen Werbespruch: „kamb: koþan: kiari: Þorfastr" – „Einen guten Kamm machte Thorfastr."

Warum sich dann jedoch bis zur Wikingerzeit die Zahl der Zeichen auf 16 verringerte, wissen wir nicht; es fehlten nun unter anderem die Vokale o und e sowie die Konsonanten d, g und p. Obwohl man statt Letzterer t, k und b nutzte, waren es zu wenig Zeichen, um alle Laute des Altnordischen wiederzugeben. Trotzdem setzten sich zwei Schriftzeichensysteme mit jeweils 16 Zeichen durch: Während das gewöhnliche oder Langzweig-Runen-Alphabet vor allem in Dänemark genutzt wurde, war das Kurzzweig- oder Rök-Runen-Alphabet vor allem in Schweden und Norwegen in Gebrauch. Doch beide wurden nicht allzu streng auseinandergehalten, und gar nicht so selten wurden beide Schriften gemischt – wie bei den berühmten Runeninschriften auf der Isle of Man.

Neben der Lautbedeutung kann jede Rune auch einen Begriff repräsentieren, häufig mit magischer Bedeutung. „ᚠ" – die F-Rune bedeutet „Besitz oder Vieh" und damit auch „Glück". „↑" – die T-Rune wurde vom Kriegsgott Tyr abgeleitet und sollte einer Waffe zusätzliche Kraft verleihen. Dadurch entstand wohl auch die weitverbreitete Vorstellung, die Runen seien eine Art magische Geheimschrift, die nur von Eingeweihten zu entziffern sei. Tatsächlich wirken die Zeichen einiger Runeninschriften verschlüsselt oder zumindest verdreht. Experten sehen den Grund dafür jedoch vor allem in der nicht konsequent durchgehaltenen Rechtschreibung: „Verschiedene Runenmeister gaben ein Wort auf unterschiedliche Art wieder, sodass Runeninschriften oft schwer zu deuten sind", so Colleen Batey. Als das Christentum Skandinavien eroberte, setzten die Missionare zunächst auch die Runenschrift für ihre Zwecke ein, dabei schufen sie neue Runen, um die Lücken im Alphabet zu schließen. Doch langfristig wurden die Runen vom lateinischen Alphabet abgelöst.

Ausschnitt aus dem Runenstein von Rök, der im frühen 9. Jahrhundert errichtet worden war und rund 200 Jahre später von Christen in einen Kirchenanbau eingemauert wurde. Die verschlüsselte Runeninschrift der heute wieder freistehenden Stele gilt zwar als entziffert, aber nicht verständlich. Sie beginnt: „Zum Gedenken an Vamund stehen diese Runen."

Nachbildung eines Wikingerbugs nach einem Fund nahe Haroldswick. Das rekonstruierte Schiff segelte im Jahr 2000 von Schweden auf die Shetlandinseln.

dafür liefern vor allem die vielen Amulette, die in Gräbern und ehemaligen Siedlungen gefunden wurden: Einige sind Göttern zuzuordnen wie der beliebte Anhänger eines Thorshammers. Die meisten jedoch wie Ringe aus Feuerstahl, Bärentatzen oder -zähne oder Miniaturen von Waffen, Schilden oder Sicheln sollten den Beistand irgendwelcher Geister heraufbeschwören. Besonders auffällig sind winzige Silberstühle mit Frauenfigürchen in verschiedenen Haltungen – handelt es sich dabei um Walküren, wie lange angenommen wurde, oder um andere weibliche Erscheinungen? Auch die wichtigsten Gebrauchsgegenstände, besonders jedoch Waffen und Schiffe, wurden von geschickten Handwerkern mit etlichen schützenden Symbolen ausgestattet. Für die Wikinger waren ihre Schiffe keine reinen Transportmittel, sie investierten auch in deren Schönheit und luden sie mit Symbolen auf: Vergoldungen am Bug, geschnitzte Drachen- und Tierköpfe als Bug- und Heckspitze sowie farbige oder verzierte Segel waren keine Seltenheit. Über 500 poetische Umschreibungen für Schiffe kennt die skandinavische Dichtung: „faxi byrjar" – Windpferd, „ormr inn langi" – Lange Schlange oder „hárknífr" – Rasiermesser!

CHRISTEN MIT THORSHÄMMERN

„Mit der Taufe hörten die Wikinger einfach auf, Wikinger zu sein", erklärt der französische Wikingerexperte Régis Boyer, denn in Skandinavien wurde die Wikingerkultur im Laufe des 11. Jahrhunderts abgelöst von einer christlich-europäischen Kultur. Allerdings wurden dabei zum Teil alte heilige Orte und Praktiken übernommen. So fanden sich beispielsweise in der Kirche von Frösön (Schweden) direkt unter dem Altar die Überreste alter Wikinger-Kultstätten. Auch einzelne Aspekte der alten Heidenkultur wurden weitergeführt, so die Errichtung von Runensteinen, natürlich mit christlichen Gebetsformeln verziert. In Schweden soll es den Chroniken nach noch um 1066 grausame Christenverfolgungen gegeben haben, außerdem soll in Uppsala weiter ein Heiligtum für Odin, Freyja und Thor betrieben worden sein. Die überzeugendsten Beweise dafür, dass die Skandinavier neben dem Christengott für längere Zeit auch weiter ihre alten nordischen Götter anriefen: ein Thorshammer-Anhänger aus dem 10. Jahrhundert, der zusätzlich mit einem christlichen Kreuz verziert wurde, und eine Gussform aus Speckstein, ebenfalls aus dem 10. Jahrhundert, die Formen für zwei Kreuze und einen Thorshammer aufweist – doppelt hält eben besser! Mancherorts wurden nun erst recht alte Traditionen weitergeführt, etwa in der Anlage immer größerer Grabhügel. Und trotz der Christianisierung nahmen die Nordmänner nach einem halben Jahrhundert Pause die alte Tradition der Raubzüge gen Westen wieder auf.

Wikingeramulett aus Silber in der Form von Thors Hammer Mjölnir aus dem 9. Jahrhundert, Schweden.

Die Wikinger scheinen tatsächlich die letzten wahren Nördlinge gewesen zu sein. Jedoch in einer anderen Weise, als es in der Öffentlichkeit meist dargestellt wird: Gemeinsam war ihnen der Drang, ihrer kargen Landschaft zu entkommen. Um dieses Ziel zu erreichen, waren sie bereit, Abenteurer zu werden, jedoch auch Händler, Siedler und am Ende christliche Untertanen in straff regierten Königreichen. Männlichkeitsrituale und Raub ließen sie zum Mythos werden, doch ihr historischer Verdienst bleibt zum einen die Vernetzung des Handels Nordeuropas im frühen Mittelalter und zum anderen die Erkundung und Besiedlung der Weiten des Nordatlantiks. Außerdem gehen wir heute davon aus, dass die Wikinger ihre Umwelt als Ganzes wahrnahmen, bevölkert mit all den unsichtbaren Wesen, die nicht nur Tiere und Pflanzen wie die heiligen Bäume, sondern auch die für uns heute unbelebte Natur beseelten. Diese Mentalität soll zumindest in Ansätzen auf nördlichen, entlegenen Inseln wie Island und den Färöer überlebt haben.

DIE NIBELUNGEN

> „Das Nibelungenlied ist keineswegs ein Fremdkörper in der europäischen oder gar der deutschen Literaturgeschichte. Es formuliert im Gegenteil die zentrale Urangst des europäischen Feudalismus, nämlich dass mit der Herrscherfamilie auch der Staat untergeht."
>
> VOLKER GALLÉ

GNADENLOSE HELDEN, MAGISCHE SCHÄTZE UND GRAUSAME RACHE

Vorangehende Doppelseite: Zugang zur Höhenburg Eltz aus dem 12. Jahrhundert

Siegfried wird während der Jagd von Hagen ermordet. Szene aus dem Nibelungenlied in einem kolorierten Stich des 19. Jahrhunderts.

Nibelungen – schon der Name dieser später zum Nationalepos erhobenen, jedoch auch schon im Mittelalter bei Hofe beliebten Dichtung scheint düstere Vorahnungen zu wecken. Kein Wunder, dass frühere Gelehrte den Namen, der im Altnordischen als „Niflungen" angeführt wird, von „Nifthel/Niflheim" ableiteten, dem Nebel- oder Dunkelreich. Doch in den letzten Jahrzehnten setzt sich in der Gelehrtenwelt mehr und mehr die Erklärung durch, dass es sich um einen gebräuchlichen Namen des frühen Mittelalters handelt. Denn in den alten Quellen haben die Historiker nicht nur für die Zeit um 750 einen Grafen Nibelung von Burgund gefunden. Darüber hinaus wurden zahlreiche Namen aus der Dichtung nicht nur in den Chroniken links-, sondern auch in denen rechtsrheinischer Herrscherhäuser gefunden: Siegfried und Kriemhild, Gunther, Brünhild und Hagen.

Die Dichtung greift auf historische Namen zurück oder es ist genau umgekehrt, gibt der Mittelalterexperte Jörg Oberste zu bedenken: „Der Sagenstoff hatte ältere Wurzeln und war bereits in der frühen Karolingerzeit so populär, dass einige Familien die Namen aus der Sage in ihre eigene Haustradition aufnahmen." Nicht nur die Namensgebung verliert sich so im Nebel der Geschichte, auch viele Elemente der Geschehnisse reichen bis in die Völkerwanderungszeit und weiter zurück. So geht die Vorstellung vom Nibelungenhort auf die bereits erwähnten „Barbarenschätze" aus dem spätantiken 3. Jahrhundert zurück: Beutegut, das germanische Plündertruppen bei der Rückkehr über den Rhein verloren. Und historisch verbürgt für das 5. Jahrhundert ist der Untergang der in der Dichtung namentlich erwähnten Burgunder, der zum Kern der Nibelungensage wurde. Doch Tatsache scheint auch zu sein, dass schon im frühen Mittelalter zahlreiche Variationen kursierten, welche um zwei Erzählthemen kreisen: den Untergang der Burgunder und Jugend und Tod des überragenden, jedoch tragisch endenden Helden, der in der kontinentalen Welt Siegfried, im skandinavischen Raum Sigurd heißt. Diese Geschichten wurden zunächst von Skalden beziehungsweise fahrenden Sängern mündlich weitergegeben; die konnten sich aus einer ganzen Anzahl von kleinen Liedern bedienen wie beispielsweise dem Sigurdlied, in dem es schon heißt: „Der Meineid wird die Mörder fällen!" Und in der „Ulfshuer" wird über Attila geschrieben, dass er zwar wie ein Mensch ausgesehen, aber das Wesen eines Wolfes besessen habe.

Erst die späteren Autoren der Nibelungenepen schweißten die beiden Geschichten unter dem Titel Nibelungen („Niflungen" im Altnordischen) zusammen. „Uns wird in alten Erzählungen viel Wunderbares berichtet", so beginnt das Nibelungenlied, „von rühmenswerten Helden, großer Kampfesmühe, von Freuden, Festen, von Weinen und Klagen." Der Kern der Geschichte: Ein überragender Held erwirbt auf recht gnadenlose Weise besondere Macht und eine glänzende Gattin. Deren Sippe lässt jedoch den Helden hinterrücks ermorden, worauf sie der Untergang erwartet. Unterschiede dagegen existieren insbesondere in der Vorgeschichte, bei der Rolle, die der Schatz/Nibelungenhort in der Geschichte spielt, aber auch beim Tatort des Heldenmordes (Waldsee, Bett oder Thing-Versammlung) und beim eigent-

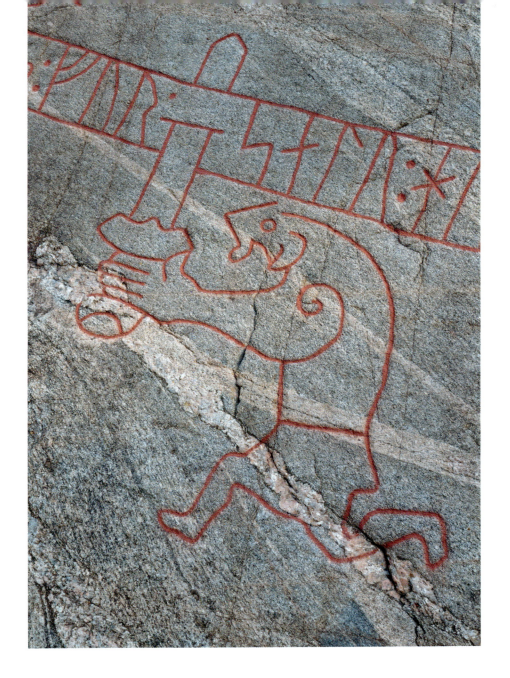

Die Ramsund- oder Sigurdritzung ist ein Stein mit eingeritzten Zeichnungen im schwedischen Södermanland nahe Sundby mit Darstellungen aus der Sigurdsage. Detail mit der Tötung der Schlange durch Sigurd, der den Schlangenschwanz mit seinem Schwert durchbohrt.

lichen Tatmotiv für die groß angelegte Rache: War es die Rachsucht Brünhilds, ein Erpressungsversuch Attilas, das Urteil der Götter oder der Fluch des Nibelungenhorts? Die vielen Varianten lassen sich aus heutiger Sicht in zwei große Erzählzyklen zusammenfassen: das eigentliche kontinentale Nibelungenlied und die nordischen Dichtungen rund um die „Niflungen". Während das Nibelungenlied uns weit in die historische Welt zurückführt, weisen uns die nordischen Dichtungen über die Nibelungen einen Weg in die Welt der germanischen Göttermythen.

Sigfrieds Schwert Balmung wird vom Zwerg Regin aus dem zerbrochenen Schwert Gram geschmiedet. Historiengemälde im Schloss Neuschwanstein von Wilhelm Ernst Ferdinand Franz Hauschild (1827–1887).

SIGURD UND DER VERFLUCHTE NIFLUNGENHORT

Die „Völsung Saga" verbindet die Sigurdsage sogar mit den Göttermythen und geht dabei zurück in eine Zeit, als die Götter noch unerfahren und ohne große Macht waren. Die drei noch jungen Asengötter Odin, Hönir und Loki erledigen bei einem Jagdausflug unvorsichtigerweise einen Otter. Es handelt sich jedoch um den Sohn des Riesen Hreidmar, der hin und wieder die Gestalt eines Otters annimmt. Hreidmar lebt als einfacher Bauer mit seinen Söhnen Otur, Regin und Fafnir, ist aber ein mächtiger Zauberer, der die drei Götter festsetzt. Nur der durchtriebene Loki kommt frei, um eine angemessere Entschädigung aufzutreiben. Denn die drei Götter haben Otur das Fell abgezogen und es Hreidmar ahnungslos präsentiert. Der erkennt seinen Sohn und fordert ein Wergeld, eine Wiedergutmachung: Oturs Fell soll von innen und außen mit Gold bedeckt werden. Dazu lässt Hreidmar Loki frei, der sich zum Zwergen Andvari begibt, dem Hüter eines Schatzes und Besitzer des Ringes Andvaranaut – dessen magische Kräfte können seinen Besitzer zum Herren der Welt machen. Wie es Loki gelingt, dem Zwerg Gold und Ring abzuschwatzen, wird nirgendwo überliefert. Jedoch scheint Andvari den Betrug geahnt zu heben, denn als Loki ihm den ganzen Schatz abnimmt, belegt er diesen mit einem Fluch. Das Gold reicht aus, um das Otterfell zu füllen und zu bedecken – doch ein Schnurrhaar lugt hervor. Und so muss er den Ring nehmen, um es zu bedecken. Hreidmar akzeptiert zwar das „Lösegeld", weiß mit ihm aber nichts Rechtes anzufangen ...

In einer Zeit ohne Schrift bestand die Aufgabe der Skalden nicht nur darin, die Menschen zu unterhalten und zu belehren, sie sollten darüber hinaus eine Art Genealogie zwischen Göttern, Helden und amtierenden Herrscherfamilien schaffen, in ausschweifenden Geschichten Verwandschaftsbeziehungen herstellen. So greifen die nordischen Dichtungen weit zurück: Schon Sigurds Ur-Ur-Großvater soll göttlicher Abstammung sein, dessen Sohn

Rerir kann nur einen Sohn bekommen, weil er sich mit einer Riesin verbindet, die einen von Frigg gesegneten Apfel in seinen Schoß fallen lässt. Rerirs Spross erobert das Hunnenland und heiratet wiederum eine Riesin, die ihm zehn Kinder schenkt, darunter Siegmund und Signy. Die wiederum zeugen in einer verwirrenden Geschichte im Inzest Sigurd, der jedoch ohne Mutter aufwachsen muss, weshalb die Götter ihn adoptieren. Diese wollen den Schatz, vor allem jedoch den magischen Ring Andvaranaut, unbedingt zurückbekommen und schmuggeln ihren Zögling als Pflegesohn beim Schmied und Hreidmar-Sohn Regin ein. Sigurd gewinnt das Vertrauen Regins, der ihn zum Verbündeten gegen seinen Bruder Fafnir macht, der sich den riesigen Schatz des Vaters angeeignet hat und ihn in der Gestalt eines Drachen bewacht. Mit dem aus Regins Werkstatt stammenden Schwert Gramr kann Sigurd den Drachen töten, indem er eine Grube gräbt und von dort die verletzbare Unterseite des Drachen trifft. Als Regin Fafnirs Herz am Feuer rösten lässt, probiert Sigurd heimlich davon und hat die Vision, dass Regin ihn umbringen will. Daraufhin köpft er Regin kurzerhand und wird so zum Herrn des Schatzes – übernimmt damit aber auch dessen Fluch.

Daran schließen sich nun die Sigurd-Geschichten beispielsweise der „Thridrekssaga" an, deren geografischen Angaben schlussfolgern lassen, dass sie auf eine niederdeutsche Variante des Nibelungenstoffes zurückgreifen: König Gunnar und seinen Untertanen lebten in einer Region am Rhein, und die Burg Attilas, die hier Susat genannt wird, liegt in einer fiktiven Region, in der Rhein und Donau zusammenfließen. Viele Historiker setzen Susat mit Soest gleich, eine der drei bedeutenden Hansestädte fernab der Küste im Hinterland. Mit großer Wahr-

← Ausschnitt aus dem Stabkirchenportal von Hylestad (Norwegen) aus der Zeit um 1200 mit Darstellungen aus der Sigurd-Dichtung: Sigurd röstet das Drachenherz, während Regin schläft (oben), Sigurd tötet Regin (links). (Universitetets Oldsaksamling Oslo)

scheinlichkeit dagegen geht die Legende vom verfluchten Schatz auf die bereits erwähnten „Barbarenschätze" aus dem spätantiken 3. Jahrhundert zurück: Beutegut, das bei der Rückkehr von den Plünderzügen der Franken und Juthungen über den Rhein verloren ging. Teile davon wurden vermutlich in den folgenden Jahrhunderten immer wieder an die Rheinufer geschwemmt und haben mit Sicherheit die Vorstellung von einem mythisch-magischen Schatz angefacht. Da Gold in Germanien immer eine knappe Ressource blieb, verdeutlicht der Nibelungenhort zudem, welch eine bedeutsame Rolle Gold bei den Germanen bis ins frühe Mittelalter hinein spielte – einem Kriegervolk, das Macht mit der Eroberung von Schätzen verband. Warum jedoch bringt der Nibelungenhort niemandem Glück?

BRÜNHILD GEGEN KRIEMHILD – HELDENSAGEN, RITTERTUM UND EHRE

Warum wurde das Nibelungenlied im Mittelalter so verbreitet und beliebt? 36 Abschriften, die meisten allerdings nur Fragmente, sind aus dem Mittelalter erhalten geblieben. Aus den seit Ende des 18. Jahrhunderts in Klosterarchiven wiederentdeckten Handschriften hat der Philologe Karl Lachmann die ältesten drei ausgesucht, mit den Buchstaben „A" (Hohenems-Münchener Handschrift – Ende des 13. Jh.), „B" (St. Gallener Handschrift Mitte des 13. Jh.) und „C" (Donaueschinger Handschrift – frühes 13. Jh.) gekennzeichnet und auf ihrer Grundlage 1826 eine kritische Ausgabe des Nibelungenliedes auf Hochdeutsch veröffentlicht: 2400 Strophen, die annähernd 10 000 Verszeilen umfassen. „Lied" wird diese Erzählung in Versen deshalb genannt, weil sie von „Sängern" entweder wirklich singend oder zumindest deklamierend bei Hofe vorgetragen wurde. Während die

Nibelungenlied, Handschrift B, Codex 857, 13. Jahrhundert, Stiftsbibliothek Sankt Gallen

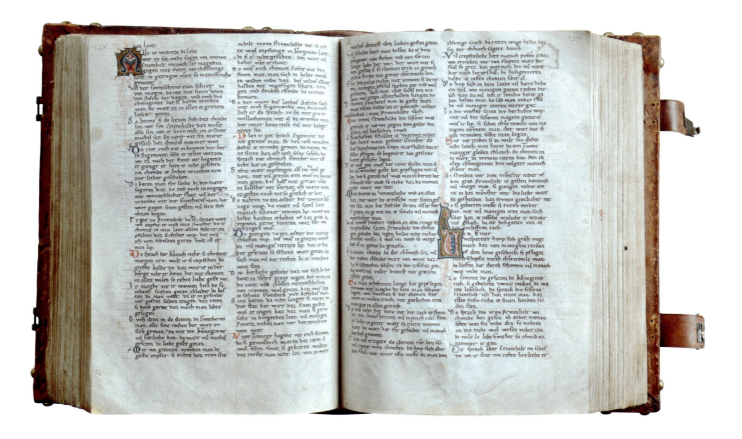

Autoren der Ritterromane genannt wurden, war es bei der Art von Heldenliteratur wie dem Nibelungenlied jedoch üblich, dass der Verfasser anonym blieb. Auch hat das Werk weder Titel noch Überschrift, aber es endet typisch: „Daz ist der nibelunge not." Nur der Schreiber der C-Fassung, der diese mit Änderungen und Glättungen an den Zeitgeist anpasste, lässt sie enden mit dem Satz: „Daz ist der nibelungen-liet." Weitgehend einig sind sich die Wissenschaftler jedoch darin, dass die Erstfassung des Epos, das dann immer wieder abgeschrieben wurde, bis es im 16. Jahrhundert in Vergessenheit geriet, in der Zeit um 1200 erfolgte. Während Lachmann die Handschrift A als die früheste einstufte, sehen die Wissenschaftler heute in den Handschriften B und C die ältesten Fassungen – und sie haben den Entstehungsort systematisch eingekreist. Da es damals noch kein Hochdeutsch gab, wurde in Dialekten gesprochen und geschrieben. Vom Nibelungenlied sind Abschriften in bayrischem, alemannischem, fränkischem und norddeutschem Dialekt erhalten, doch in allen Fassungen fanden die Forscher Reste von eindeutig bayrischen Reimen. Und obwohl die Handlung überwiegend in den Regionen des Nieder- und Mittelrheins spielt, kannte sich der Autor offenbar am besten in den süddeutschen und österreichischen Gebieten aus, davon zeugen seine Ortsbeschreibungen. Hinzu kommt, dass ohne zwingende Notwendigkeit der Bischof von Passau Pilgrim (971 bis 991) in die Erzählung – deren Handlung Jahrhunderte zurückliegt – eingebaut wurde. Alle Spuren führen für die Wissenschaftler demzufolge nach Passau, doch ohne Original bleibt es beim Indizienbeweis.

Ähnliche Fortschritte haben die Historiker bei der Suche nach den historischen Vorbildern für handelnde Personen und Völker der Dichtung gemacht. So wie hinter Dietrich von Bern Theoderich der Große als Vorbild steckt, so dienten die Burgunderbrüder Gundahar, Gislahar und Gundomar als Vorbilder für die Epos-Königsbrüder Gunther, Gernot und Giselher. Erwähnt werden Erstere ausdrücklich im Prolog der „Lex Burgundionum", der Aufzeichnung der burgundischen Rechtsauffassung. Der römische

DIE THIDREKSSAGA UND ANDERE NORDISCHE NIFLUNGENDICHTUNGEN

In der nordischen Dichtung wurde die Niflungengeschichte in mehr als einem Dutzend Liedern wie dem Sigurd-, Gudrun- und Atlilied, in Epen wie der „Völsung saga", am umfangreichsten jedoch in der „Thidrekssaga" besungen: Gotenkönig Thidrek von Bern (Theoderich der Große) besteht Abenteuer, bevor wir von Sigurd erfahren, dass er als Kind ausgesetzt und von dem Schmied Mimir großgezogen wurde. Die Brüder Mimir und Regin konkurrieren um den geerbten Schatz, den Regin in der Gestalt eines Drachen bewacht. Als dieser, von seinem Bruder aufgestachelt, Sigurd eine Falle stellt, tötet der das Ungeheuer mit einem brennenden Holzscheit und badet in dessen Blut, um unverwundbar zu werden. Mimir kann sich nur retten, indem er Sigurd das Zauberschwert Gram und den Hengst Grani überlässt, mit denen sich der Held in neue Abenteuer stürzt.

In den nordischen Dichtungen ist Brünhild eine Walküre, eine mächtige Kämpferin, die Sterbliche herausfordert und sie tötet. Sie lebt umgeben von einem Feuerwall in Verbannung. Sigurd überwindet die Barriere, „erobert" Brünhild und erlöst sie aus ihrem Bann. Doch damit verwirkt er sein Leben in der Menschenwelt. Schließlich gelangt Sigurd an den Hof des Königs Issung, wo er im Zuge sogenannter Heldenduelle gegen Thidrek antritt. Die beiden ebenbürtigen Männer kämpfen zwei ganze Tage gegeneinander, bis sich Thidrek das Zauberschwert Mimung geben lässt, Sigurd sich geschlagen geben muss und Thidreks Lehnsmann wird. Der anwesende König Gunnar lädt die Helden ein in sein Reich Niflungenland. Doch erst verliert Thidrek sein Königreich an seinen herrschsüchtigen Onkel Ermanrich, dann folgen am Hofe Gunnars die Ereignisse, die zum Tode Sigurds führen: Sigurd kann die Königsschwester Grimhild (oft auch: Gudrun) zur Frau gewinnen und schlägt König Gunnar vor, um Brünhild zu werben. Gunnar kann Brünhild nur mithilfe von Sigurds Zauberkräften heiraten und im Ehebett „bezwingen". Doch mit ihrer Unschuld verliert Brünhild auch ihre magischen Kräfte. Außerdem konkurriert sie mit Grimhild um die höchste Stellung bei Hofe, im Streit verrät diese, dass Gunnar nur mit Sigurds Hilfe Brünhild erobern konnte. Brünhild fühlt sich von ihrem Ex-Liebhaber doppelt betrogen, plant seine Ermordung und findet im Hofmeister Högni (Hagen) ihren Verbündeten. Doch während Brünhild nach dem hinterhältigen Anschlag auf Sigurd Selbstmord begeht, sinnt Grimhild nur noch auf Rache. Denn der Fluch des Nibelungenhortes ist auf Grimhild übergegangen – im Gegensatz zum Nibelungenlied wird der Schatz nicht von Högin im Rhein versenkt, sondern nur versteckt.

Nach sieben Jahren beginnt Grimhild ihre Intrige und kann Attila für den Plan gewinnen, von Högni die Lage des Schatzverstecks zu erpressen. Daraufhin lädt der Hunnenkönig die Niflungen zu einem Fest nach Susat, wo die ersten Reibereien nicht lange auf sich warten lassen. Schon bei der ersten Schlacht wird Gunnar gefangen und stirbt qualvoll in einer Schlangengrube – das ist der Grund für die Niflungen, bis zum letzten Mann gegen die Hunnen zu kämpfen. Sie sind auch durchaus erfolgreich, bis Thidrek an der Seite Attilas in den Kampf eingreift und die Gegner reihenweise niedermetzelt. Högni ist zunächst nur schwer verletzt und kann auf dem Krankenlager in Thidreks Haus noch einen Sohn zeugen. Grimhild jedoch beginnt einen schweren Frevel: Um zu testen, ob ihre Brüder Gernot und Giselher wirklich im Kampf fielen, steckt sie ihnen brennende Holzscheite in den Mund, woraufhin der schwer verletzte Giselher stirbt. Daraufhin wird sie von Thidrek mit dem Schwert hingerichtet. Er, und damit schließt sich der Erzählkreis, verlässt Susat, und da sein Erzfeind Ermanrich gestorben ist, kann er in die Heimat zurück und den Thron besteigen. Thidrek besteht noch viele weitere Abenteuer, und als es keine ebenbürtigen Feinde mehr gibt, besteigt er ein mysteriöses Riesenpferd und entschwindet.

Darstellung aus der Sigurdsage, Sigurd und der Drache, im Rathaus von Oslo

Kaiser Konstantin hatte König Gundahar und seinem Stamm im Jahr 407 ein Siedlungsgebiet am Mittelrhein überlassen, wo diese als neue Bundesgenossen ihr Burgunderreich errichteten. Doch die Burgunder begannen, aus welchen Gründen auch immer, im Jahr 435 im nördlichen Gallien, einer römischen Provinz, zu plündern. Bis der römische Feldherr Flavius Aetius mit hunnischen Hilfstruppen eingriff, die Burgunder schwer abstrafte und den Rest des Stammes in die linksrheinische Region zwangsumsiedelte, die noch heute Burgund heißt. Dieser Straffeldzug wurde dann später dem Hunnenkönig Attila zugeschrieben. Aus Attila wird im Epos König Etzel, der zwar noch Heide ist und in Ungarn lebt, aber ansonsten herrschen an seinem Hof die Normen des christlichen Mitteleuropas.

Doch wenn nahezu alle wichtigen Akteure des Nibelungenlieds auf historische Personen zurückgehen, wer steckt dann hinter Siegfried? Ein Held, Heroe, aus dem germanischen „Olymp" als Gott der zweiten Generation? Oder hat auch er ein historisches Vorbild? Auf jeden Fall ist ein Frankenkönig Si-

Dieterich von bern, der z König Kam in Ittal: A°. 487. tödet alda 4 Herzɔ u. ward König A°. 493. Starb A°. 526.

gibert I. in den Quellen nachweisbar, der sich im Jahr 566 mit der westgotischen Königin Brunichildis vermählte. Oder reicht der Nibelungenmythos gar noch weiter zurück? Schon relativ kurz nach der Wiederentdeckung des Nibelungenliedes im Jahr 1837 vertrat der Germanist Adolf Giesebrecht eine Theorie, die seitdem immer wieder auftaucht: Könnte sich hinter Siegfried nicht der Cherusker Arminius verbergen? Siegfried kam dem Nibelungenlied nach aus Xanten. Xanten war aber eine alte römische Stadt, die vordem als Militärlager gegründet worden war. Auch die Spur des legendären Siegers der Varusschlacht, ein Germane in römischen Diensten, führt dorthin. Noch weiter jedoch führt die Namenssuche: Arminius, dieser Name war dem germanischen Aufrührer ja nur von den Römern gegeben worden, denn der Häuptlingssohn war als kindliche Geisel nach Rom gekommen und hatte später im römischen Heer gedient – von daher kannte er ja auch dessen Schwächen. Hermann der Cherusker – dieser Name wiederum ist nur die eindeutschende Verballhornung von Arminius. Seinen cheruskischen Namen kennen wir nicht, aber Tacitus überliefert die Namen der Verwandten: Sein Vater hieß Siegmar/Segimerus, sein Schwiegervater Sieggast/Segestes. Und da es beim germanischen Führungsadel üblich war, die Verwandtschaft durch gleiche Anlaute zu betonen, lässt sich schlussfolgern, dass der berühmte Widerstandskämpfer, warum nicht, Siegfried/Segifrit hieß.

Doch nicht nur Xanten, alle wichtigen Handlungsorte (Xanten, Worms und die Etzelburg an der Donau) befinden sich in ehemaligen Grenzregionen zwischen römischen Provinzen und dem freien Germanien. Entlang des Rheins und der „Nibelungenstraße" zwischen Worms und dem ungarischen Gram (Esztergom) liegen außerdem viele Burgen, die als Orte der Geschehnisse gelten oder an diese erinnern sollen. Doch in der Zeit, auf die sich die historischen Geschehnisse des Nibelungenlieds beziehen, gab es gar keine Burgen. Die nahmen ihren Anfang erst um das Jahr 1000 als Fluchtburgen für die Bevölkerung (sogenannte Motten) aus Erd- und Holzwäller auf

In der Gestalt Dietrich von Berns lebt Theoderich der Große, König der Ostgoten (um 453 bis 526), im Nibelungenlied fort. (Kupferstich, 17. Jh., spätere Kolorierung)

„Den Trümmern allein traue ich was zu."

SIEGFRIED IN RICHARD WAGNERS „SIEGFRIED"

zum Teil künstlich angelegten Hügeln und als Turmburgen, die aus einem einzigen kompakten Turm in Steinbauweise bestanden, mit einer Wanddicke von bis zu vier Metern. Diese wandelten sich im Laufe der Zeit immer stärker zu Wohntürmen der Grundherren und ihrer Dienerschaft. Komplexe Burgen als sichtbarer Ausdruck der Macht, wie wir sie heute kennen, entstanden erst in einer zweiten Gründungswelle ab Mitte des 13. Jahrhunderts, als das Deutsche Reich von Krisen geschüttelt wurde. Was sich dagegen in sehr realistischer Weise in der Dichtung spiegelt, das ist die Lebenswelt der vornehmen Menschen im Mittelalter. Alle bei Hofe anwesenden Adeligen werden aufgezählt und große Feste und prächtige Turniere ausführlich geschildert, die der damals üblichen Redewendung „Hoffieren, tantzen, stechen und durnieren" folgten. Auf die Turniere folgte das Festessen, dabei wurde musiziert oder Dichtungen vorgetragen. Anschließend wurde zu Musik getanzt – nicht in Paaren, sondern in Reihen, die einem Vortänzer folgten. Bei diesen Anlässen durchlebten die Ritter Freud und Leid der „hohen" und „niederen Minne": „Bei der niederen Minne geht es um nichts anderes als um die Befriedigung der körperlichen Lust", erklärt der Mittelalterexperte Andreas Schlunk. „Bei der hohen Minne stand die ‚edle Frau', die ‚Herrin', im Zentrum der Fantasie. Je edler und unerreichbarer sie war, umso mehr mussten sich Pagen, Knappen oder Ritter bemühen, ihr gleich zu werden, denn nur als Gleicher konnten sie ihrer Liebe würdig sein." Doch ausgerechnet Brünhild weist jede Art von Minnekunst seitens Gunther zurück und will in archaischer Weise nur den Mann akzeptieren, der sie körperlich zu überwältigen weiß – im Kampf und im Bett. Das kann nur Siegfried; indem er es jedoch unter der Tarnkappe für Gunther tut, zieht er Brünhilds Rache auf sich. Auch die ritterlichen Werte wie Ehrgefühl und Gerechtigkeitsdenken geraten im Epos in den Widerstreit zu altgermanischen Werten wie beispielsweise der Gefolgschaftspflicht.

Tötete Siegfried/Arminius gar den Drachen in Form der römischen Truppen, die sich lindwurmartig und kilometerlang durch den dichten Teutoburger Wald schlängelten? Otto Albert Koch (1866–1920) malte sein Schlachtengemälde ganz im Stil der Zeit.

Obwohl das Nibelungenlied in Form und Inhalt durchaus die Literaturmode um das Jahr 1200 herum spiegelt, ist die Grundstimmung der Dichtung im Vergleich zu ähnlichen Heldenepen wie etwa dem „Parzival" von Wolfram von Eschenbach viel dunkler. Liegt es an den Schicksalskräften des Hortes und anderer Elemente aus der germanischen Mythenwelt wie Riesen und Zwerge sowie magische Gegenstände wie die Tarnkappe und das Schwert Balung? Doch diese bilden nur Rudimente in einer feudalen Welt, in der alte, germanische Götter und ihre Rechte keine Rolle mehr spielen. Oder liegt es eher daran, dass auch christliche Motive in das Epos eingeflossen sind? So wird eine Schlüsselszene des Streites zwischen Brünhild und Kriemhild gegenüber älteren Fassungen auf den Kirchgang in den Dom von Worms verlegt.

So können einzelne christliche Hintergrundmotive natürlich nicht darüber hinwegtäuschen, dass die Grundmotive der Dichtung in die vorchristliche Zeit hineinreichen, auch die düsteren Rachemotive speisen sich mehr aus dem alten germanischen Vergeltungsrecht denn aus christlichem Vergebungsgebot. Hier mischen sich die unterschiedlichen Moralvorstellungen aus einem halben Jahrtausend bewegter Geschichte, bis zum drastischen Ende in einem gewaltigen Blutrausch. Das ist kein Drama mehr, das ist, um es neudeutsch auszudrücken, „Trash" – und wie um die Wirkung noch zu steigern, wendet sich der Dichter ganz am Ende noch einmal an sein Publikum: „Ich kann nicht sagen, was danach geschah. Nur so viel kann ich berichten, dass Ritter, Frauen und edle Knappen den Tod ihrer teuren Freunde beweinten. Hier ist die Erzählung zu Ende. Das ist der Untergang der Nibelungen – daz ist der Nibelunge not." Damit lässt er Hörer oder Leser derart ratlos zurück, dass nur wenige Jahre nach der Niederschrift der Passauer Geistliche Meister Konrad sich genötigt sah, eine Fortsetzung, eine Art Bewältigung, zu verfassen: die Klage. In ihr werden die Leichen gesichtet, man beginnt mit der Totenklage und fragt nach der Schuld. Die meisten Handelnden haben die größte Sünde des christlichen Mittelalters

„Die Rheintöchter" umschwimmen das am Grunde liegende Rheingold. Aquarell, 1889, von Hans Thoma (1839–1924). (Berlin, SMPK, Kupferstichkabinett)

DIE NIBELUNGEN 269

begangen: Hochmut. „Es war der Teufel, auf dessen Betreiben alles geschah." Doch angesichts der allgewaltigen Strafe Gottes bekennt sich nun auch der Heide Etzel zum Christentum. Nun taucht noch einmal Brünhild auf und erfährt, dass fast ihre gesamte Verwandtschaft niedergemetzelt wurde: Ihre Trauer ist „maßlos". Die Königsmutter Ute stirbt sogar nach der bestürzenden Botschaft und wird in Lorsch beigesetzt – neben Siegfried.

Dazu gibt der Autor den Lesern seine zentrale Botschaft mit auf den Weg: „Gott hat uns einen Trost gegeben: Wer sein Leben in Ehren verliert, dem ist das Himmelsreich gewiss." Doch eigentlich bindet die Nibelungensage das tragische Schicksal an den Besitzer des Schatzes. „Auf dem Schatz (mhd. „Hort") beruht die Macht seiner Besitzer. Als er gestohlen wird, und das passiert gleich zweimal, geht der Name ‚Nibelungen' auf die neuen Besitzer über, die alten verlieren nicht nur ihren Reichtum, sondern auch ihre Identität", kommentiert Historiker Oberste. Warum wird der Erwerb des Schatzes jedoch zwangsläufig zum Fluch? Der große Zusammenhang wird uns in der skandinavischen Variante der Nibelungensage aufgezeigt: Der Fluch, mit dem der beraubte Zwerg Andvari den Gott Loki belegt, geht mit dem Schatz und dem magischen Ring auf Hreidmar und seine Söhne über, von ihnen auf Sigurd und Gudrun – bis der Schatz von Högni unauffindbar versteckt wird. Die zentrale Botschaft lautet: Schätze, Gold, Geld werden letztlich der Erde entrissen – die Wunde heilt nie. Und deshalb rufen Gold und die damit verbundene Macht stets Neider und Feinde hervor; die Folgen sind Intrigen, Kampf und Krieg, bis alle ins Verderben gestürzt werden. Das kontinentale Nibelungenlied mischt die Motive und legt den Schwerpunkt dann letztlich auf die höfischen Intrigen und auf Kriemhilds Rache.

Figurinen der Uraufführung des Rings des Nibelungen (17. August 1876). Farblithografie nach Carl Emil Doepler (1824–1905).

DIE NIBELUNGEN 271

MACHT, EHRE UND RACHE – DAS MITTELHOCHDEUTSCHE NIBELUNGENLIED

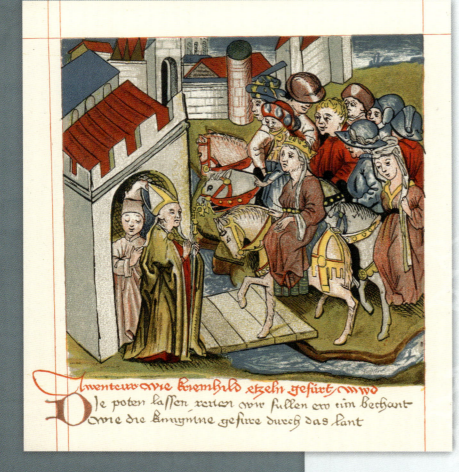

„Wie Kriemhild zu König Etzel geführt wird." Miniatur aus der sogenannten Hundeshagenschen Handschrift des Nibelungenliedes aus dem 15. Jahrhundert. (Staatsbibliothek Berlin)

Während im ersten der 39 Aventiuren (Abenteuer), wie die einzelnen Kapitel der Dichtung genannt werden, die Königsschwester Kriemhild den Mittelpunkt des Wormser Hoflebens spielt, erfahren wir nur wenig über Siegfried. Er stammt aus der Xantener Königsfamilie und ist kurz gesagt in allem der Beste und Schönste. Als dieser zu Gast bei den Burgundern ist, kann Hagen von Tronje seinem Herrn, König Gunther, allerdings berichten, wie Siegfried in den Besitz des Nibelungenhorts gelangte. Eigentlich stritten die beiden Zwerge Nibelung und Schildung um den legendären, magischen Schatz, Siegfried sollte richten und erhielt als Lohn das Schwert Balmung, mit dem er kurzerhand die beiden Kontrahenten exekutierte. Doch daraufhin stellte sich der Zwerg Alberich als Hüter vor den Nibelungenhort. Siegfried entriss ihm im Kampf seine Tarnkappe, besiegte den Zwerg und ließ diesen als Verwalter des Schatzes zurück. Die Drachentötung wird dagegen nur kurz angeführt, mit dem Hinweis, dass Siegfried anschließend in dessen unverwundbar machendem Blut badete, dabei aber eine Körperstelle übersah.

Am Königshof in Worms freit er nun die Königsschwester Kriemhild. Doch König Gunther will ihm seine Schwester nur geben, wenn er selbst die Prinzessin Brünhild zur Frau bekommt, die jedoch nur den heiraten will, der sie im Wettkampf besiegt. Also hilft Siegfried, verborgen unter der Tarnkappe, Gunther beim Kampf und später auch im Bett. Beide Paare können heiraten, doch zwischen Kriemhild und Brünhild herrscht von Anfang an tiefe gegenseitige Missgunst. Als Brünhild von der List Siegfrieds erfährt, will sie sich an ihm rächen und stiftet Hagen von Tronje, der dem Königshaus treu ergeben ist, zur Intrige an. Hagen gelingt es, aus Kriemhild das Geheimnis um Siegfrieds einzige verwundbare Stelle herauszulocken. Und so stößt Hagen bei der Jagd einen Speer zwischen Siegfrieds Schulterblätter und tötet ihn so. Außerdem versenkt er den von Siegfried erbeuteten Schatz im Rhein, weil er jedem Besitzer nur Unglück brachte oder, nach einer anderen Version, um Kriemhild so jede Handlungsmöglichkeit zu nehmen.

Während Brünhild nach Siegfrieds Tod einfach aus der Erzählung verschwindet, sinnt Kriemhild nur noch auf Rache. Und ihre Stunde kommt 13 Jahre später, als der Hunnenkönig Etzel um ihre Hand anhält. Sie willigt nur ein, weil der Heiratsvermittler Rüdiger von Bechelaren schwört, ihre Kränkung werde gerächt, und so zieht Kriemhild an Etzels Hof. Noch einmal 13 Jahre später lädt Kriemhild König Gunther, Hagen und die ganze Burgundensippe, die in der Dichtung nun zu den Nibelungen geworden sind, auf einen Besuch in die Etzelburg ein. Dort kommt es zu einem regelrechten Showdown. Mit List bringt Kriemhild Nibelungen und Hunnen so gegeneinander auf, dass sie übereinander herfallen. Es kommt zu mehreren Konfrontationen: Einmal werden einfach alle Knappen der Nibelungen getötet, dann wieder heroische Zweikämpfe geschildert. Schließlich werden die tapferen Nibelungen im Königssaal eingeschlossen, der in Flammen aufgeht: Zum Teil verbrennen sie oder unterliegen den viel zahlreicheren Hunnen in detailliert geschilderten Kämpfen. Als von den Nibelungen nur noch Gunther und Hagen übrig sind, greift der strahlende Held Dietrich von Bern als Letzter in den Kampf ein. Nur er ist in der Lage, die beiden Nibelungen zu entwaffnen und als Geisel zu nehmen. So will er ihr Leben retten, doch Kriemhild verlangt als Auslöse das Unmögliche: Hagen soll das Versteck des Nibelungenhorts nennen. Da er schweigt, lässt Kriemhild ihren Bruder Gunther köpfen und tötet dann den gefesselten Hagen mit Siegfrieds Schwert Balmung, woraufhin der alte Waffenmeister Hildebrand Kriemhild tötet.

NATIONALISMUS UND NORDISCHER MYTHOS

SIGURD, HERMANN UND VERCINGETORIX – AHNHERREN DER NATIONEN?

Vorangehende Doppelseite: Bühnenbild für Richard Wagners „Der Ring des Nibelungen – Siegfried", gestaltet von Max Bruckner im Jahr 1906.

Detail an einem Bildstein der Wikingerzeit, in Bunge (Schweden)

Die Durchsetzung des Christentums seit Mitte des 10. Jahrhunderts hatte für Skandinavien tiefgreifende Konsequenzen. Während bis zu dieser Zeit Könige aus den Reihen der Freien „erhoben" wurden, jedoch bei Versagen jederzeit wieder „gestürzt" werden konnten, herrschten die neuen Könige nun mit christlichem Segen und vererbten ihren Machtanspruch an ihre Nachkommen. Auf diese Weise wurden Stammesgruppen und Fürstentümer zu den Königreichen Dänemark, etwas später dann zu Schweden und Norwegen zusammengeschweißt. Doch bis sich dieses System etablierte, gab es Konflikte mit den Anhängern des alten Systems und zwischen den neuen skandinavischen Herrschern, die vielerorts den Untergang brachten, so etwa in Haithabu, wo Dänen die Handelsstadt angriffen und offenbar zerstörten. Noch bedurfte es der Legitimation durch heidnische Mythen und eingeführte Heldenlegenden. Die Wikinger hatten nicht nur erbeutete Schätze und Handelsgut von ihren Reisen mitgebracht, sondern auch neue Ideen und Geschichten aus anderen Kulturen, wie beispielsweise die eigentlich auf dem Kontinent beheimatete Nibelungensage, die sich jedoch in allen von Wikin-

„In der zweiten Hälfte des 19. Jahrhunderts ließ sich der Hermannsmythos politisch scharf machen, und der Kampf gegen die römischen Legionen fand im Widerstand gegen die französischen Divisionen seine Neuauflage."

HERFRIED MÜNKLER

gern kolonisierten Regionen verbreitete. Das beweisen unter anderem die Grabkreuze auf der Isle of Man aus dem 10. Jahrhundert, die vermutlich dem Andenken wichtiger Führer dienten. Das Steinkreuz von Kirk Andreas zeigt auf der einen Seite mehrere Szenen, wie Sigurd erst mit seinem Schwert gegen einen Drachen kämpft, das erbeutete Drachenherz über dem Feuer brät und dabei einen Finger in den Mund steckt und dann mit seinem Pferd Grani davonreitet. Auf der anderen Seite ist König Gunnar zu sehen, wie er gefesselt in einer Schlangengrube liegt. Der skandinavische Herrscheradel eignete sich die Nibelungensage an, indem er sie in die eigene Genealogie einbauen ließ – ansippen nennen das die Experten. So inspirierte der „Legendarischen Saga" nach eine Darstellung von Sigurds Drachenkampf den Skalden des norwegischen Königs Olaf der Heilige zu den Zeilen:

„.... Der König wird zornig./Das Schwert zittert in der Brust der Schlange und/der kampfesmutige König geht daran, das Herz zu braten."

Die norwegischen Königssagen erzählen auch, dass ihr legendärer König Erich I. Blutaxt die schöne Gunnhild heiratete, die im höchsten Norden bei Zauberern gelebt habe.

Noch weiter zurück reichen die Sagen der Schwedenkönige. Ihr Urahn Fjölnir soll aus der Verbindung zwischen dem Gott Freyr und der Riesin Gerdr hervorgegangen sein. In der „Heimskringla" berichtet Sturluson auch über das Ende dieses Sagenkönigs: Er feierte mit dem dänischen Sagenkönig Frodi, als er in einem riesigen Fass Met ertrank. Ihm folgte als Herrscher Sveidger, der mit der Wanin Vana verheiratet war. Er machte sich auf die Suche nach Asgard, wo ihn ein Zwerg so verzauberte, dass er diesem in einen Stein hinein folgte und nie wieder auftauchte.

Der Wikinger-Bildstein aus der Frühzeit der Christianisierung zeigt ein Paar, das mit dem Kreuzsymbol bestückt die Pforte zum Paradies durchschreitet. (Statens Historiska Museum Stockholm)

FRANKEN ALS NACHFOLGER VON RÖMERN UND TROJANERN

Auf dem europäischen Kontinent dagegen wurden die Traditionslinien gekappt. So verlor die Bezeichnung „Germanen", wenn sie überhaupt jemals etwas für die Gemeinten selbst bedeutet hatte, bereits in der Spätantike ihre Bezugsgröße, denn durch die Wanderungsphase waren die Völker nicht mehr territorial zuzuordnen. An ihre Stelle traten neue Großstämme wie Goten, Franken, Alemannen, Vandalen, später noch Burgunder, Sachsen und Thüringer. Die Franken wiederum, die bis zum Rückzug der Römer entlang des Rheins lebten, begannen ab Mitte des 5. Jahrhunderts konkurrierende Stämme zu unterwerfen und ihrem Reich einzuverleiben. Und diese Franken beriefen sich nicht auf ihre germanische Vergangenheit, sondern behaupteten, von einem Francius, einem Sohn des Priamos, abzustammen, der wiederum Gründer der Stadt Xanten gewesen sein soll. Über die zeitliche Lücke von mindestens einem Jahrtausend machte sich niemand Gedanken, denn die Franken waren erfolgreich. Das fränkische Adelsgeschlecht der Karolinger konnte sogar den ersten Kaiser Nordeuropas stellen: Karl der Große, der den Anspruch erhob, über gleichwertige trojanische Wurzeln zu verfügen wie die römischen Kaiser, die der Legende nach vom Priamos-Sohn und Rom-Gründer Aeneas abstammten.

Wie die Franken erklärten sich im Laufe des Mittelalters immer mehr europäische Herrscher und ihre Familien zu echten Nachfahren der Trojaner. „Die Trojasage ist im Mittelalter prominent, bei den Briten ist Brito ein Enkel des Aeneas; auch für die Normannen und Belgier wird eine trojanische Herkunft erzählt", erklärt der Trojaexperte und Historiker Justus Cobet. Und auch als im 10. Jahrhundert mit den Ostfranken ein erstes „Deutsches Reich" entstand, bezogen sich die neuen Herrscher nicht auf die Germanen als ihre Vorfahren, sondern betonten ihre Gemeinsamkeit mit den Römern, folglich auch von Aeneas abstammend. So entstand das „Heilige Römische Reich"

Karl der Große, lässt die Irminsul stürzen (772 bei Eresburg in Westfalen). Farbskizze, um 1846/48, von Alfred Rethel (1816-1859), Papier auf Leinwand. Entwurf zu dem Fresko, 1848, im Kaisersaal des Rathauses zu Aachen.

(Sacrum Imperium Romanum), der Zusatz „Deutscher Nation" wurde erst ab dem 15. Jahrhundert verwendet. „Es war eher Zufällen geschuldet, dass der östliche Reichsteil eine eigene politische Identität gewann und im Mittelalter zu ‚Deutschland' wurde", urteilt der Historiker Wolfgang Reinhard. „Dabei taucht ‚Germania' nur als geografischer Begriff auf; von einer Anknüpfung an die ‚Germanen' hingegen kann keine Rede sein." Folglich wussten die meisten Menschen lange Zeit so gut wie nichts über die vergangenen Zeiten der Germanen. Nur in den Klosterbibliotheken wurden die Schriften antiker Autoren immer wieder abgeschrieben, damit sie nicht im Laufe der Jahrhunderte unersetzbar verfielen. Auf diese Weise wurden auch Tacitus' „Annalen" erst in dem Kloster in Fulda, später im Kloster Corvey überliefert, bis im Jahre 1507 Teile des Werkes von einem Unbekannten gestohlen wurden. Plötzlich interessierte die Welt sich wieder für Autoren aus römischer Zeit – die Zeit der Renaissance und des Humanismus hatte begonnen und brachte eine Rückbesinnung auf die griechisch-römische Antike, deren Kultur und Wissen wiederentdeckt und hoch geachtet wurden.

Als die deutschen Humanisten nach dem Naturzustand des Menschen suchten, fanden sie ihn in Tacitus' „Germania": „Die Germanen selbst sind, möchte ich meinen, Ureinwohner und von Zuwanderung und gastlicher Aufnahme fremder Völker gänzlich unberührt." Damit nahm der Mythos von den germanischen Ursprüngen der Deutschen seinen Anfang, das Bild eines wilden aber reinen Volkes, noch unverdorben von der römischen Zivilisation, bot eine Projektionsfläche für romantische Verklärungen bis hin zur Rassenideologie. Und da in dieser Zeit die neue Technik des Buchdrucks entwickelt wurde, konnte die erste gedruckte Ausgabe von Tacitus' Werken bereits 1607 erscheinen.

ARMINIUS ODER SIEGFRIED?

Und so rückte ganz selbstverständlich bei der Suche nach den nationalen Wurzeln ein germanischer Held ins Zentrum der Aufmerksamkeit: Arminius, Sohn eines Stammesführers, der als Offizier germanischer Hilfstruppen im

Obwohl es Hunderte von Theorien gab, wo die Varusschlacht stattgefunden haben soll, wurden zur Zeit der deutschen Reichsgründung am Rande des Teutoburger Waldes mit dem Hermansdenkmal Fakten geschaffen.

römischen Heer gedient hatte. Als die Römer sich jedoch anschickten, seine Heimat zu unterwerfen, lockte er Varus und seine Kohorten beim Kalkriesen in einen Hinterhalt und schlug sie vernichtend. Doch im 18. Jahrhundert bekam Arminius Konkurrenz. Im Jahr 1755 entdeckte der Arzt Jakob Hermann Obereit in der Bibliothek des Schlosses Hohenems zwei mittelalterliche Handschriften einer grandios tragischen und gewaltstrotzenden Erzählung aus dem frühen Mittelalter, weitere folgten, und auf der Grundlage der ältesten drei veröffentlichte der Philologe Karl Lachmann 1826 eine kritische Ausgabe des Nibelungenliedes auf Hochdeutsch. Doch zunächst waren weder Denker noch Herrscher von diesem Epos angetan, so urteilte Friedrich der Große in einem Brief: „Ihr urteilt viel zu vorteilhaft von denen Gedichten aus dem 12., 13. und 14 Seculo. Meiner Meinung nach sind solche nicht einen Schuss Pulver wert." Auch Dichterfürst Goethe ließ die ihm zugesandte Ausgabe des Epos ein gutes Vierteljahrhundert unangerührt – doch dann kam die Wende. Goethe, der sich für seine Faust-Dichtung dem Mittelalter zugewandt hatte, erwärmte sich schließlich für das Nibelungenlied: „Die Kenntnis dieses Gedichts gehört zu einer Bildungsstufe der Nation." Und der romantische Dichter August Wilhelm Schlegel erhob die Dichtung schließlich sogar in den Rang eines „Nationalepos". Mussten sich die deutschen Dichter und Denker nun zwischen Arminius und Siegfried entscheiden? Nicht unbedingt, denn schon 1837 stellte der Germanist Adolf Giesebrecht die These auf, dass sich hinter Siegfried der Cherusker Arminius verbergen könnte. Siegfried stammte nicht nur aus der alten Römerstadt Xanten, alle wichtigen Handlungsorte des Nibelungenliedes befinden sich entlang der ehemaligen Grenzen zwischen römischen Provinzen und dem freien Germanien. Auch Arminius war als Germane, der für einige Zeit in römischen Diensten stand, ein Grenzgänger. Außerdem kennen wir seinen cheruskischen Namen nicht, doch da laut Tacitus sein Vater Siegmar/Segimerus, sein Schwiegervater Sieggast/Segestes hieß, könne der Verwandtschaftsbetonung durch gleiche Anlaute folgend der berühmte Widerstandskämpfer tatsächlich Siegfried/Segifrit geheißen haben. „Arminius und Siegfried/Siegmund" dachte sich

Ruhmestempel der Deutschen: In der Walhalla (erbaut 1830 bis 1847) ließ Bayernkönig Ludwig I. 160 Büsten bedeutender Deutscher aufstellen, um so auch einen Gegenpol angesichts der nachwirkenden Schmach der verlorenen Schlachten gegen Napoleon zu schaffen.

auch der Komponist Max Bruch und schuf nach der Gründung des Deutschen Reiches im Jahr 1874 sein „Arminius-Oratorium". Darin leben Arminius und Siegmund friedlich zusammen im germanischen Wald, jagen Bären und Ur-Ochsen, bis die Römer das Land unterjochen und Siegmunds Braut schänden. Eine Priesterin versichert den Helden Wodans Beistand, sie rufen alle germanischen Völker zum Widerstand auf und ziehen in die Schlacht. Siegmund stirbt den Opfertod, sein Geist wird nach Walhall verbracht, und mit Wodans Hilfe werden die Römer geschlagen. Arminius und die Priesterin singen zum Finale:

„Wir aber ziehen hinauf zur Höh',
zu Wodans Altar hinauf …
und singen der Freiheit hehres Lied,
der goldenen, süßen Freiheit!"

VERCINGETORIX – VORBILD FÜR ASTERIX UND OBELIX

„Siegen oder Sterben": Die gut 81 cm hohe bronzierte Figur des französischen Bildhauers und Medailleurs Emile Picault (1833–1915) zeigt den legendären Avernerfürsten Vercingetorix in verklärt-heroischer Pose mit geflügeltem Helm, langem Schwert sowie Schild und Streitaxt zwischen den Füßen.

Vercingetorix war 82 v.Chr. als Spross einer Fürstenfamilie des Avernerstammes geboren worden, die in Südgallien an der Grenze zum Römischen Reich lebte. Schon sein Vater war hingerichtet worden, als er sich zum König der Gallier machen wollte. Als die Gallier Stamm für Stamm von den Römern geschlagen wurden, konnte Vercingetorix nicht tatenlos zusehen, sondern setzte sich an die Spitze eines vereinten Heeres. Dabei suchte er keine Entscheidungsschlacht, sondern griff die Römer immer wieder an und fügte ihnen große Verluste zu. So lockte er sie immer weiter in den Norden. Gleichzeitig ließ er Dörfer und Felder niederbrennen. Doch Vercingetorix war kein uneingeschränkter Befehlshaber, und die anderen Keltenfürsten bestanden auf eine offene Schlacht, die sie bekamen und dabei von den Römern vernichtend geschlagen wurden. Das verbliebene Heer wurde geteilt und Vercingetorix mit dem kleineren Teil der Truppen in der Stadt Alesia eingeschlossen. Lange Zeit mussten die Römer das stark befestigte Oppidum belagern, wobei sie um ihren Belagerungsring einen Verteidigungswall errichteten, weil ihnen ein gallisches Entlastungsheer in den Rücken fiel. Doch nachdem diese zurückgeschlagen waren, hungerten die Römer die Belagerten regelrecht aus. Als alle Befreiungsversuche gescheitert waren, gab Vercingetorix auf und befahl seinen Leuten, ihn auszuliefern. Er wurde gefangen genommen und einige Jahre später in Rom hingerichtet. Ähnlich wie bei uns Hermann/Arminius wird Vercingetorix in Frankreich als Volksheld verehrt; im 19. Jahrhundert entstanden einige große Denkmäler für ihn – unter anderem in Alesia.

Zwar wird für Hermann, so wurde der Name des Helden Arminius einfach eingedeutscht, ein Denkmal im Teutoburger Wald errichtet, doch da im 19. Jahrhundert eine Renaissance nordischer Mythen und Heldengeschichten einsetzte, wurde das germanische Walhall von einem jenseitigen Kriegerhort in einen Ruhmestempel für die großen Deutschen umgedeutet. Und der bayrische König Ludwig I. ließ daraufhin den Architekten Leo von Klenze von 1830 bis 1847 bei Regensburg eine Walhall aus Steinen, eine „Walhalla", errichten, natürlich in griechischem Stil. Als dann 1876 Richard Wagner seine Nibelungen-Ring-Oper vorstellte, stand der neue Nationalheld fest.

EIN PREUSSISCHER SIEGFRIED EINT DAS DEUTSCHE REICH

Als die Pariser 1848 in Straßenkämpfen ihren König stürzten, ließ sich auch das deutsche Volk mitreißen. Demonstrationen, Aufmärsche und Barrikadenkämpfe bewegten die Herrscher auf deutschem Boden zum Einlenken. Eine Nationalversammlung wurde in der Frankfurter Paulskirche einberufen und löste sich unverrichteter Dinge wieder auf. Man konnte sich auf vieles nicht einigen, vor allem nicht darauf, wer zur deutschen Einheit gehören und sie anführen sollte. Ein kleindeutsches Reich unter Führung Preußens oder ein großdeutsches mit Österreich? Derweilen erholten sich die reaktionären Kräfte und verfolgten sowohl die revolutionären als auch die liberalen Köpfe im Land. Unter denen, die im Jahr 1848 in Dresden auf den Barrikaden für ein freies Deutschland gekämpft hatten und nun verfolgt die Heimat verlassen mussten, war auch der noch wenig bekannte Künstler Richard Wagner. Er wandte sich von der Politik ab und ganz den Künsten und Mythen zu.

Der Weg zur Einheit wurde nicht durch eine politische Basisbewegung oder durch den Glauben an einen neuen, alten Germanenmythos, sondern von

> „Da man aber über Tacitus und spröde Bodenfunde hinaus kaum etwas über die Kultur dieser angeblichen Germanen wusste, griff man auf die Götter und Heldenlieder der Edda und die Sagas zurück, die auf Island erst im 13. Jahrhundert entstanden waren."
>
> WOLFGANG REINHARD

Preußen geebnet, indem es zwei Kriege gegen Mächte gewann, die der Einigung im Wege hätten stehen können: gegen den Konkurrenten Österreich 1866 und gegen den Widersacher Frankreich 1871. So konnte, symbolträchtig und ohne irgendwelche Einsprüche, im Spiegelsaal von Versailles das Deutsche Reich ausgerufen und der König von Preußen, Wilhelm I., zum Deutschen Kaiser gekrönt werden. Es war der erzkonservative Lyriker Emanuel Geibel, der dazu dichtete: „Nun ward in Eins geschmiedet/Was eitel Stückwerk war." Und der große Lenker dieser Vorgänge, der preußische Kanzler und spätere Reichskanzler Otto von Bismarck, wurde zum symbolischen Schmied, der das magische Schwert erschafft, das er einer Germania in Walkürengestalt überreicht. So stellte es Guido Schmitt in einem Gemälde dar, dessen Motiv massenhaft auf Postkarten und Kunstdrucken vervielfältigt wurde. „Ihren Erfolg verdanken diese Darstellungen nicht zuletzt dem nibelungischen Bezug des Schmiede-Bilds: Bismarck erschien in diesen Bildern als neuer Siegfried", erklärt der Nibelungenexperte Joachim Heinzle. Nach der Reichsgründung erstarkt die neue Nation rasch und sehnt sich nach einer ruhmreichen Vergangenheit.

„Der Schmied der deutschen Einheit". Allegorie auf Bismarcks Anteil an der Gründung des Deutschen Reiches im deutsch-französischen Krieg 1870/71: Bismarck überreicht Germania das Schwert „Unitas". Holzstich, um 1895, nach einem Gemälde von Guido Schmitt (1834-1922).

BAYREUTH WIRD NATIONALE WALLFAHRTSSTÄTTE

Richard Wagner hatte etwas ganz Neues für die Opernbühne geschaffen: Ein Gesamtkunstwerk – diesen Begriff hat Wagner selbst in seiner Musiktheorie geprägt –, das durch Musik, Text und ein kolossales Bühnenbild zugleich den Zuschauer überwältigen sollte. Nach jahrzehntelangem Ringen wurde im Sommer 1876 in dem eigens errichteten Festspielhaus in Bayreuth der „Ring des Nibelungen" uraufgeführt. Mit einer Aufführungsdauer von 16 Stunden und mit über 100 Orchestermusikern und 34 Solisten als Ausführenden sollte diese Neuinterpretation des nordischen Zentralmythos nicht weniger als die Erneuerung der griechischen Tragödie aus dem Geist des modernen Musiktheaters werden, die Zuschauer sollten nicht unterhalten, sondern geläutert werden. Das Schicksal der Schatz- und Ringbesitzer, der Nibelungen, wird bei ihm zum Gleichnis: Macht vernichtet

Liebe. Mit dieser Fundamentalkritik legte Richard Wagner ganz offensichtlich die nordisch-naturalistische Variante der Nibelungensage seiner Nibelungen-Trilogie zugrunde. Die drei Rheintöchter, die das Rheingold bewachen, haben dem Zwerg Alberich verraten, dass „der maßlose Macht erringe", welcher der Liebe entsage und „aus dem Rheingold schüfe den Ring". Alberich kann das Gold gewaltsam an sich reißen und sich einen Ring und eine Tarnkappe schmieden lassen, doch alles wird ihm von Wotan und Loge (Loki) durch einen Trick wieder entwunden. Wotan wiederum gibt nur widerwillig das Gold den Riesen, die ihm seine Burg Walhall erbauten, anschließend irrt er durch die Welt, zeugt mit Erda Brünhilde und mit einer Menschenfrau Sieglinde und Siegmund, die nach langen Irrungen im unbewussten Inzest Siegfried zeugen. Dieser wächst beim Schmied Mime auf, fertigt aus den Bruchstücken der Waffe seines Vaters das Schwert Notung, mit dem er erst den Riesen Fafner tötet, der als Lindwurm das Rheingold bewacht, und dann Mime umbringt, bevor dieser ihn überlisten kann. Siegfried wird von den Vögeln gewarnt, die ihn zu Brünnhilde führen, in die er sich verliebt und der er den Ring schenkt. Ab dieser Stelle folgt die Oper der uns bekannten Nibelungensage mit einer Abwandlung: Es ist Hagen, unehelicher Sohn von Alberich, der die ganze Missgunst sät. Seine Liebe zu Brünnhilde vergisst Siegfried durch einen Zaubertrank; Gunther will Brünnhilde und das Rheingold, was ihm von Siegfried verschafft wird, der dafür Gutrune (Krimhild) zur Gattin erhält. Als Brünnhilde den Schwindel entdeckt, will sie Rache. Bei der verhängnisvollen Jagd bleibt Siegfried als Einziger ohne Beute und erzählt den Jagdgefährten sein früheres Leben, Hagen reicht ihm einen Erinnerungstrank. Nun erfahren alle von Siegfrieds Liebe zu Brünnhilde. Gunther ist entehrt, und

Kostümentwürfe von Carl Emil Doepler (1824-1905) für Wagners Ring-Zyklus in Bayreuth: Siegfried (unten links), Alberich (unten rechts) und die Walküre Ortlinde (rechts)

aus Rache kann Hagen Siegfried von hinten niederstechen. Erst im Sterben erkennt Siegfried seinen Irrtum und bekennt sich zu seiner Liebe zu Brünnhilde. Nun streiten Hagen, Gunther und Gutrune um den Besitz des Ringes, bis Brünnhilde auftritt, ihn an sich reißt und sich auf dem Pferd Grane in einem brennenden Scheiterhaufen opfert. Daraufhin bricht in der Welt das Chaos aus – nur das vom Fluch gereinigte Rheingold kehrt zurück zu seiner Heimstätte.

So erzählt der Nibelungen-Ring vom Versagen der Götter, allen voran Wotan, der gegen Ende nur noch Zuschauer des Weltgeschehens sein will, und vom Untergang der Helden. „Siegfried wird als der tragische germanische Held dargestellt, dazu bestimmt, bei seinem Versuch, die Götter und die Welt vor den kosmischen Mächten der Habgier, des Bösen und der Zerstörung zu retten, zu Fall zu kommen", urteilt Lars Lönnroth. Als Lichtgestalt und Schicksalserfüller zugleich kann Siegfried allerdings nur durch seinen Tod die überholten Weltmächte enden lassen und die Welt zu neuer Erkenntnis treiben. Oder wie Wagner es seinem Siegfried in den Mund legt: „Allein den Trümmern traue ich etwas zu."

Während im Nibelungenlied der Tod Siegfrieds und der Untergang der Burgunder absolute Ereignisse sind, die einzig nach Trauer oder Rache schreien, versuchte Wagner daraus eine Reinigung der Welt abzuleiten. Doch dieses tiefe Verständnis des Ring-Zyklus gewann nie irgendeine größere Bedeutung; zu schwierig ist es, die Gesangstexte während der Opernaufführung überhaupt zu verstehen, geschweige denn sie in ihrem Zusammenhang zu interpretieren. Die Mehrheit der Rezipienten hielt und hält sich weiter an Äußerlichkeiten; zu dieser Missdeutung führten zum Teil auch kleine Details, wie zum Beispiel die Kostüme der Ring-Oper. Wagner wollte für die Uraufführung Kostüme, die für das Publikum jenseits jeder Erfahrung liegen sollten, doch der Kostümbildner Carl Emil Doepler lieferte ihm Kleidung, die dem gängigen Germanen-Klischee entsprach. Wagner war entsetzt, hatte jedoch zu wenig Zeit und Geld, um Ersatz zu ordern. So wurden die Kostüme nicht nur für die Uraufführung des Ring-Zyklus verwendet, sondern auch an den Veranstalter einer Europatournee weiterverkauft – und sie wurden zum bildlichen Symbol der Ring-Oper mit ungeahnten Folgen. So urteilt auch der Literaturwissenschaftler Joachim Heinzle: „Diese Kostüme, deren Ikonografie der Flügelhelme und stählernen Büstenhalter bis in gegenwärtige Inszenierungen hinein nachwirkt, haben wesentlich dazu beigetragen, dass der Ring als ‚Deutsche Nationaloper' wahrgenommen wurde." Nicht der Inhalt der Oper, sondern die eigentlich vom bayrischen König Ludwig II. geförderte Aufführung im Festspielhaus von Bayreuth wurde nach und nach zu einem geheiligten Ritual: Im Ring-Zyklus manifestiere sich der deutsche Geist, und allein durchs Zuschauen könne jeder Teil dieser Handlung werden. Hinter solch einem Nationalmythos wollten auch die Franzosen nicht zurückstehen.

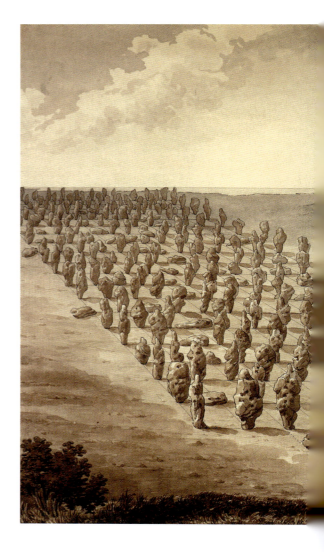

WIE DIE FRANZOSEN ZU EINEM NEUEN DRUIDENKULT FANDEN

Obwohl die Französische Revolution von 1789 für viele Länder in Europa zum Vorbild nationaler Erhebungen wurde, war das Ereignis im Mutterland selbst während des 19. Jahrhunderts stark umstritten. Die liberalen Kräfte sahen im Sturm auf die Bastille und in der Zerschlagung der Adelsherrschaft Symbole für Fortschritt in Freiheit, für die Konservativen zeigten sich darin ganz im Gegenteil Willkür und Gewalt. Dem allgemeinen europäischen Trend folgend, suchten auch die Franzosen die Wurzeln ihrer Nation möglichst weit zurück in der Geschichte, und auch hier führte die politische Gesinnung zu konträren Ergebnissen. Für die konservativen Franzosen wurde der Frankenkönig Chlodwig der erste Franzose, weil er der Chronik nach im Jahr 496 einen Schwur einlöste, in dem er sich nach der gewonnenen Abwehrschlacht gegen die Alemannen zum Christentum taufen ließ. Für die Liberalen ist es der Keltenheld Vercingetorix. Caesars Römer hatten vor der Zeitenwende Gallien nur deshalb Stamm für Stamm unterwerfen und ausrauben können, weil

In Reih und Glied stehen die Megalithen von Carnac auf dieser Illustration von F. Debret aus dem 19. Jahrhundert.

sich die untereinander zerstrittenen Gallier diese Behandlung gefallen ließen. Doch 53 v. Chr. schlossen sie sich unter der Führung des Keltenfürsten Vercingetorix gegen die römischen Eroberer zusammen und leisteten Widerstand. Dazu passte auch, dass im Laufe des 19. Jahrhunderts Westfrankreich als das vermeintliche Heimatland der Keltenkultur angesehen wurde. Vor allem drei Indizien sprachen für die Bretagne als ihr Stammgebiet: die Megalithbauten, die bretonische Sprache und die bretonische Volkskultur, die alle drei bis in die keltische Zeit zurückreichen sollten. Jacques Cambry erklärte in seinem Werk „Le Monde celtique" die Megalithbauten von Carnac, die er in Zeichnungen vollkommen überdimensioniert darstellte, zu Druidentempeln, den ältesten und größten Monumenten der Welt und folglich die Kelten-Gallier-Franzosen zum ältesten Kulturvolk der Welt. Dieser Status legitimiere sie auch dazu, die anderen zu befrieden. Die „Académie celtique" sollte der Erforschung der keltischen Sprache und Traditionen dienen, doch aus dem anfänglichen Nationalismus wurde bald ein Regionalismus. Denn aus der Keltenbewegung gingen gegen Ende des 19. Jahrhunderts Regionalgruppen wie beispielsweise die „L'Union Régionaliste Bretonne" hervor. Deren Mitglieder organisierten sich in logenartigen Bruderschaften. Ihrer beruflichen Herkunft folgend, unterschieden sie in „Druiden" (Professoren, Intellektuelle und Schriftsteller, die sich der Spiritualität verschrieben hatten), „Barden" (Poeten und andere Schriftsteller, Maler, Bildhauer und Musiker) und „Ovaten" (Pharmazeuten, Ingenieure und ländliche Großgrundbesitzer). Und sie zelebrierten rituelle Feiern und Initiationen wie das „Gorsedd" zur Mittsommerwende: Vom örtlichen Rathaus aus marschierten die Teilnehmer zunächst in ihren Festgewändern zum Festplatz. Nachdem ein Barde einen Dolmen erklettert, sein Horn geblasen und der „Große Druide" die Versammlung eröffnet hatte, wurden Gebete, Wortbeiträge und Gesänge auf Bretonisch dargebracht, Rituale wie die „Hochzeit des Schwertes", die Mistelzeremonie und die Initiation neuer Schüler durchgeführt. Die Veranstaltung endete mit dem Singen der bretonischen Nationalhymne.

DAS ROLANDSLIED UND ANDERE SAGEN UM KARL DEN GROSSEN

Obwohl das Frankenreich, das Pippin III. 768 hinterließ, unter seinen Söhnen Karl (Norden) und Karlmann (Süden) aufgeteilt wurde, fiel mit Karlmanns frühem Tod 771 das ganze Frankenreich an Karl. Aus Karl wurde „Karl der Große". Mithilfe seines Heeres aus Panzerreitern unterwarf er die Langobarden, die Bayern und nach langjährigen Konflikten auch die widerspenstigen Sachsen. Er ließ das zentral im fränkischen Kernland liegende Aachen zu seiner Residenz ausbauen, mit Palast und Pfalzkapelle. Seine Herrschaft im Land ließ er durch verstreut angelegte königliche Herbergen und Pfalzen wie diejenigen in Dortmund oder Ingelheim sichern. Als Karl Papst Leo III. 799 vor einer Revolte rettete, wurde er im Jahr darauf von diesem zum Kaiser gekrönt. Schon zu Lebzeiten wurde er von seinen Mitmenschen „der Große" genannt. Allerdings blieb er Zeit seines Lebens Analphabet – mit Mühe konnte er seinen Namen schreiben. Umso mehr setzte er sich dafür ein, dass unter der Schirmherrschaft der römischen Kirche die antike Kultur wiederbelebt wurde.

So steht es in vielen Geschichtsbüchern – doch damit bewegen wir uns auch schon im Umfeld der Karlssagen. Denn die tatsächliche Geschichte von Karl dem Großen lässt sich nur schwer von den Legenden über sein Leben trennen, da zu dieser Zeit nur in Klöstern und Herrschaftsresidenzen geschrieben wurde. Angaben zu Karls Leben stammen entweder von seinen abhängigen Hofschreibern wie Einhard oder Notker Balbulus, der in seinen „Gesta Karoli Magni" Karls Taten zu großartigen Erzählungen ausschmückte, oder sie stammen aus Quellen, die erst zwei, drei Jahrhunderte nach Karls Tod entstanden und als erzählte Legenden einzustufen sind. Die berühmteste ist das im 11. Jahrhundert in Frankreich entstandene Rolandslied („Chanson de Roland"). Roland stellt sich als Anführer der Nachhut des Karlsheeres dem nachfolgenden Sarazenenheer entgegen und stirbt bereits in der Mitte des Epos den Heldentod. Daraufhin folgt die Beschreibung von Karls Rache, der sämtliche Heiden vernichtend schlägt. Tatsächlich hat Karl der Große im Jahr 778 einen Feldzug gegen die spanischen Mauren geführt, diesen aber vorzeitig abgebrochen, und bei seinem Rückzug wurde die Nachhut überfallen, allerdings von christlichen Basken.

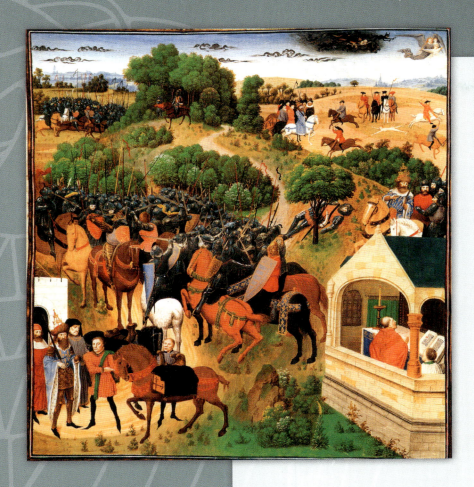

Burgundische Miniatur zu den Großen Französischen Chroniken, Pergament, Mitte 15. Jahrhundert (Eremitage-Bibliothek St. Petersburg). Karl der Große empfängt von Ganelon Gaben der Sarazenen, Schlacht bei Roncsevalles 778, Tod von Roland.

Eine Variante des Rolandslieds ist auch Teil der „Karlmeinet", einer niederrheinischen Sammlung von Karlssagen aus dem 14. Jahrhundert. Im ersten Teil („Karl und Galie") muss der junge Karl ins muslimische Toledo fliehen und zahlreiche Abenteuer bestehen, wobei er die heidnische Königstochter Galie und einen Königstitel erobert. Während der zweite Teil Intrigen am Hofe Karls und der dritte seine Feldzüge schildert, ist der vierte Teil („Karl und Elegast") wieder eine reine Legende: Der aus dem Reich verbannte Ritter Elegast schützt Karl vor einem Komplott. Der letzte Teil beschreibt Karls Lebensabend und Tod, an den sich 15 Vorzeichen des Jüngsten Gerichts anschließen. Auch bei den Schilderungen von Karls Privatleben („Hildegardsage", „Einhard und Emma") ist es fraglich, ob er tatsächlich neben seinen fünf rechtmäßigen, weil vom Papst abgesegneten Ehen noch zahlreiche Konkubinen hielt. Mindestens 18 Kinder werden ihm zugeschrieben, von denen er jedoch nur drei Söhne, die er mit der Alemannin Hildegard hatte, für die Königsnachfolge bestimmt habe.

Die Sagen gehen auch über seinen Tod hinaus: So berichtete der Mönch und Mystiker Wetti vom Kloster Reichenau, er habe eine Vision empfangen: Für seine sexuellen Verfehlungen muss Karl in der Hölle schmoren, allerdings nur für eine befristete Zeit. Und als Kaiser Otto III. Karls Grab im Aachener Dom habe öffnen lassen, soll er auf den weitgehend unversehrten Leichnam Karls gestoßen sein, der an einem Tisch saß. Da jedoch seine Fingernägel durch die Handschuhe hinausgewachsen waren, ließ er diese schneiden, hängte Karl einen Mantel um und verschloss das Grab.

NORDISCHE NIBELUNGENTREUE ODER LUST AM UNTERGANG?

Die Nibelungenhalle am Drachenfels bei Königswinter im Siebengebirge. Der 1913 errichtete Kuppelbau steht dort, wo einer Legende nach Siegfried den Drachen besiegte.

> „Brach Etzels Haus in Glut zusammen,
> als er die Nibelungen zwang,
> So soll Europa stehn in Flammen
> Bei der Germanen Untergang."
>
> FELIX DAHN

DAS 20. JAHRHUNDERT IM ZEICHEN DER NIBELUNGEN

„In Stalingrad selbst hilft man sich mit dem Vergleich, dass das Nibelungenlied in den Schatten gestellt sei", schreibt Joseph Goebbels am 23. Januar 1943 in sein Tagebuch, nachdem ein junger Major, der mit dem letzten Flugzeug aus Stalingrad herauskam, vor dem Führer über die aussichtslose Lage und die erschreckenden Zustände dort Bericht erstattet hatte. Was sich Romantiker wie Schlegel noch naiv gewünscht hatten, das wurde im Laufe des 20. Jahrhunderts in seiner ganzen Schicksal beladenen Wucht Wirklichkeit: Das Nibelungenlied bildete unzweifelbar das Nationalepos der Deutschen. Doch haben die Nibelungen das deutsche Schicksal durch welche Einflussnahme auch immer entscheidend mitgeprägt oder hat der deutsche Volkscharakter zur Vorliebe für die Nibelungen geführt? Auf jeden Fall waren drei mächtige Metaphern an der zentralen Weichenstellung deutscher Geschichte wirksam: die selbst gewählte „Nibelungentreue", zu der man stehen wollte, der „Dolchstoß", der den Helden hinterrücks von Verrätern versetzt worden sei, und schließlich der kompromisslose Untergang im Kampf mit dem „hunnischen Feind".

Vorangehende Doppelseite: Einstimmung auf Kommendes? Noch keine Suchscheinwerfer der Flak, die im „Endkampf" den Himmel nach feindlichen Fliegern absuchen sollten, sondern das Lichtspiel der Eröffnungsfeier der Olympischen Spiele 1936.

„SEIT AN SEIT" – NIBELUNGENTREUE I

Als im Jahr 1908 Österreich-Ungarn die Schwäche der Osmanen ausnutzte und den Vielvölkerstaat Bosnien-Herzegowina einfach zu seinem Hoheitsgebiet erklärt, weckte das den Unmut von Russland und Großbritannien. In dieser gefahrvollen Situation erklärt der deutsche Reichskanzler Bernhard Fürst von Bülow vor dem Berliner Reichstag geistreich, dass es bei einem Bündnisfall zwar „hier keinen Streit um den Vortritt wie zwischen den beiden Königinnen im Nibelungenlied" geben werde, jedoch: „Die Nibelungentreue wollen wir aus unserem Verhältnis zu Österreich-Ungarn nicht ausschalten, die wollen wir gegenseitig wahren." Dieser „Freibrief" für den Bündnispartner, der von seinen Nachfolgern wie auch von Kaiser Wilhelm II. erneuert wurde, sollte sechs Jahre später nicht unerheblich zur sogenannten „Urkatastrophe des 20. Jahrhunderts" beitragen.

Trotz dieser üblen Erfahrung wurde das Bild von der Nibelungentreue auch nach dem verlorenen Ersten Weltkrieg in inflationärer Weise gebraucht. Dazu trugen nicht nur Politikerreden, sondern auch kulturelle Aufarbeitung der Nibelungensage bei – allen voran Fritz Langs zweiteilige Nibelungen-Verfilmung: „Siegfried" und „Kriemhilds Rache". In den Werbematerialien für den Film beteuert die Drehbuchautorin, Langs Ehefrau Thea von Harbou, der Film ziele darauf ab, das deutsche Volk „zum Sänger, zum erzählenden Dichter seiner Selbst" werden zu lassen. Was nur noch Erinnerung sei, solle nun „schauend erlebt" und damit „neu gewonnen" werden: „das Hohelied von bedingungsloser Treue". Doch worin besteht die Nibelungentreue eigentlich genau?

Als der burgundische Adel zu einer Feier an den Hof des Hunnenkönigs Etzel und seiner Frau Kriemhild geladen wird, weiß Hagen von Tronje, dass der eigentliche Grund für das Zusammentreffen das Rachenehmen sein wird. Doch wider besseres Wissen folgt Hagen seinem Dienstherren zur

„Immer ersteht dem lichten/Siegfried ein Tronje im Nu/ Weh, wie wir uns vernichten/und das Reich dazu."

NS-BARDE JOSEF WEINHEBER

Programmhefte der Fritz-Lang-Filme von 1924 (Museum „Nibelungen(h)ort" Xanten)

Etzelburg – deshalb fragt der Historiker Oberste: „Fatalismus, blinder Gehorsam oder Hoffnung wider besseres Wissen? Welche Motive treiben Hagen an, als er mit der Blüte des burgundischen Adels den Donauweg nach Ungarn einschlägt?" Selbst als ein paar badende Meerjungfrauen Hagen bei der Fahrt über die Donau den Untergang voraussagen, hält er an dem Unternehmen fest: „Wenn Ihr Helden es gebietet, dann reite ich freudig mit Euch in das Land Etzels." (NL-Str. 1513). Die Nibelungentreue steht also für eine Situation, in der man seinem Bündnispartner folgt, obwohl man schon von dem unausweichlichen Scheitern der gemeinsamen Unternehmung weiß. Genau dazu sollte es dann im Verlauf des Ersten Weltkriegs kommen, doch anstatt zu dieser Treuehaltung zu stehen, flüchteten die Verantwortlichen in eine Ausrede, machten andere verantwortlich und schufen so die zweite große Nibelungen-Metapher.

DER FEIND SCHLEICHT SICH VON HINTEN AN

„Wie Siegfried unter dem hinterlistigen Speerwurf des grimmigen Hagen, so stürzte unsere ermattete Front; vergeblich hatte sie versucht, aus dem versiegenden Quell der heimatlichen Kraft neues Leben zu trinken." Es war ausgerechnet der zeitweilige Chef der Obersten Heeresleitung, der spätere Reichspräsident Paul von Hindenburg, der zu einem der Begründer der Dolchstoßlegende wurde und sich dabei der Nibelungen bediente. Aus dem hinterlistigen Speerwurf wurde allerdings, da es ja auch die Variante der Erdolchung Siegfrieds durch Hagen gibt, das noch niederträchtigere Bild des hinterrücksen Dolchstoßes. Tatsache jedoch ist, dass sich Hindenburg einer dreisten Lüge bediente, um seine eigene Haut zu retten. Denn er hatte seit 1916 die Oberste Heeresleitung angeführt, die spätestens seit Ende 1917 wusste, dass der Krieg unzweifelbar verloren war, und

„Kriemhild wirft sich über die Leiche Siegfrieds" (1817/20) von Johann Heinrich Füssli

trotzdem in immer neuen Offensiven Tausende von Soldatenleben aufs Spiel setzte. Ende Oktober 1918 verweigerten Matrosen der in Wilhelmshaven stationierten Kriegsschiffe den Befehl zum Auslaufen, weil die Oberste Heeresleitung die Flotte zu einem „letzten großen Kampf mit England" führen wollte. Doch nach den schweren Verlusten an den Fronten und dem jahrelangen Hungern der Zivilbevölkerung verweigerten die Menschen einfach die Gefolgschaft – die Novemberrevolution brach aus und führte dazu, dass der Krieg endlich beendet wurde und der Kaiser abdanken musste. Die Abwicklung übernahmen vor allem liberale und sozialdemokratische Politiker, was Hindenburg zum verräterischen „Dolchstoß" durch eigene Landsleute umdeutete. Gehör fanden diese Anschuldigungen vor allem bei jungen Kriegsveteranen, die sich den freiwilligen Korps zur Niederschlagung der sozialistischen Novemberrevolution anschlossen, viele von ihnen wurden Nationalsozialisten der ersten Stunde. Die psychische Verfassung dieser Männer umschreibt der Psychologe und Historiker Klaus Theweleit in seinen „Männerphantasien": Sie panzerten sich ein und konnten nur unter ständigen Befehlen und Drill ein geordnetes Leben führen. Sie verspürten Hass auf alles Lebendige, besonders auf die Masse in Gestalt proletarischer Aufstände, die ganze Weltordnung geriet in Gefahr, dagegen galt es mit aller Gewalt Dämme zu errichten. Zwei wesentliche Fundamente ihrer Anschauung bildeten die „Dolchstoßlegende" und die

WELTUNTERGANG: VON RAGNARÖK ZUR GÖTTERDÄMMERUNG

Ragnarök bedeutet in den Liedern der Edda eigentlich Götterschicksale – allerdings schildert die „Völuspá" unter diesem Namen den Endkampf zwischen den Asengöttern auf der einen und den mit ihnen verfeindeten Riesen sowie Ungeheuern auf der anderen Seite. Wie weit ist Ragnarök von der christlichen Apokalyptik inspiriert? Schon Jakob Grimm stellte zwar eindeutige Parallelen zwischen beiden Untergangsvisionen fest, betonte aber auch die eigenständige Qualität von Ragnarök. Denn die „Völuspá" schildert eine kompakte Geschichte vom Entstehen des nordischen Kosmos bis zum Untergang der Götter und ihrer Widersacher, aus der Sicht einer Seherin und in poetische Verse gebannt:

„Ich sah dem Baldur, dem blühenden Opfer,
Odins Sohne, Unheil drohen."

Der Untergang Asgards durch den Weltenbrand während der Schlussphase von Ragnarök (Illustration von Carl Emil Doepler, aus: „Walhall, die Götterwelt der Germanen", 1905)

Mit dem Tod Balders, der durch eine List von Loki mithilfe eines Mistelzweiges ermordet wird, verschwinden Glück und Schönheit aus der Welt, die kosmische Ordnung gerät immer mehr aus den Fugen. Loki wird zwar in Fesseln gelegt, doch da die Riesin Thökk sich weigert, um Balder zu trauern, kann dieser nicht ins Leben zurückgeholt werden. Odin, der auch ein Totengott ist, beginnt mithilfe der Walküren die tapfersten der gefallenen Krieger nach Walhall zu bringen, damit sie ihm im Endkampf beistehen können. Dabei weiß der Gott schon, dass dieser Kampf den Untergang für alle bringen wird, doch er muss hilflos zusehen, wie sich auch die Götter immer häufiger bekämpfen.

> „Unerhörtes ereignet sich, großer Ehebruch,
> Beilalter, Schwertalter, wo Schild krachen,
> Windzeit, Wolfszeit eh die Welt zerstürzt."

Die Wolfszeit beginnt, als der Fenriswolf und sein Vater Loki sich von ihren Fesseln befreien können und die Midgardschlange Meeresbeben auslöst. Die Welt gefriert in einer schrecklichen Finsternis, dann wird Midgard von den anrückenden Feuerriesen in Brand gesetzt. Als sich die Riesen auf einem Totenschiff nähern, bläst Heimdall in sein Horn, die Götter ziehen nach einem letzten Kriegsrat in die Schlacht: So wie Thor und die Midgardschlange sich gegenseitig töten, so sterben die Götter und ihre Widersacher auf dem Feld Vigridr. Der Fenriswolf verschlingt Odin, wird jedoch von Vidar zertrampelt, und Odins Krieger gehen im Kampf mit dem grässlichen Gewürm zugrunde. So ereignet sich die „Götterdämmerung", wie sie auf Deutsch genannt wird. Mit Richard Wagners gleichnamiger Oper wird dieser Begriff populär, steht aber nun für eine fatalistische Weltsicht, so urteilt der Literaturwissenschaftler Edmund Jacoby: „Diesem Konzept zufolge spielt nur das Leben im Hier und Jetzt eine Rolle, und der, der sein Leben voll und ganz ausleben will, muss auch mit seinem persönlichen Untergang rechnen." Die Nationalsozialisten machten daraus einen Kampf um die Überlegenheit einer Rasse: Wenn die Deutschen/Arier nicht siegen, dann sind sie eben zum Untergang verdammt. Ganz anders Ragnarök: Die Welten der Götter und Ungeheuer sollen untergehen, damit das Gleichgewicht bzw. die Unschuld des Kosmos wiederhergestellt sind. So kann die Welt sich erneuern:

> „Da werden unbesät die Äcker tragen,
> Alles Böse bessert sich, Balder kehrt wieder ..."

Balder und sein Mörder Hördr leben in Eintracht mit den Göttern der jungen Generation – sie symbolisieren das Helle. Aber auch die dunklen Mächte und der Tod überstehen den Untergang und sorgen weiter für ein Gegengewicht in der Welt:

> „Der düstre Drache tief drunten fliegt,
> die schillernde Schlange aus Schluchtendunkel.
> Er fliegt übers Feld; im Fittich trägt
> Nidhöggr die Toten; nun versinkt er."

„Nibelungentreue", wobei den neuen Weltrettern entging, dass sie, je nach Lage, mit der Dolchstoßlegende einmal das Opfer Siegfried, dann wieder mit der Nibelungentreue den Täter Hagen von Tronje für sich vereinnahmten.

„WIR BRAUCHEN UNS UNSERER VORFAHREN NICHT ZU SCHÄMEN!" (ADOLF HITLER)

Niemand anderer als der Verkünder der Dolchstoßlegende und spätere Reichspräsident Paul von Hindenburg ernannte im Januar 1933 Adolf Hitler zum Reichskanzler, obwohl seine Partei zu diesem Zeitpunkt über keine Mehrheit verfügte. Als drei Monate später der Reichstag brannte, erließ Hitler ein Ermächtigungsgesetz, und die Reichstagsabgeordneten stimmten ihrer eigenen Entmachtung zu. Alle Parteien außer der NSDAP wurden verboten, politische Gegner verhaftet, Gewerkschaften, Presse und die Justiz gleichgeschaltet. Auch versuchte der Nationalsozialismus von Anfang an, Geschichte und Archäologie für seine Zwecke zu instrumentalisieren. Allerdings erzwang die Parteiführung nicht, wie später erzählt wurde, von Historikern und Archäologen germanische Schwerpunkte. „Die jüngere Forschungsgeneration hat diese apologetische Legende entlarvt und aufgezeigt, wie sehr die Archäologen zum Funktionieren des NS-Staates beigetragen haben: Sie gaben den Politikern Ausgrabungen und Forschungsideen zu Germanien bzw. ab 1938 für Großgermanien vor", erklärt die Archäologin Uta Halle. Die auf Landesebene organisierte Vorgeschichtsforschung war an den Ausgrabungen und ihren ideologischen Präsentationen genauso beteiligt wie die beiden offiziellen, in Konkurrenz zueinander stehenden Parteiorganisationen, das „Amt Rosenberg" und das „SS-Ahnenerbe": das „Amt Rosenberg", benannt nach seinem Führer und

Irminsul-Brosche aus Silber. Die Irminsul war das Emblem der Stiftung „Deutsches Ahnenerbe", die 1935 von Himmler gegründet wurde.

Chefideologen Alfred Rosenberg, und das 1935 von Heinrich Himmler ins Leben gerufene „Deutsche Ahnenerbe – Studiengesellschaft für Geistesurgeschichte". Sie wiesen auch der Archäologie im Rahmen der angestrebten totalen Weltanschauung ihren Platz zu. Sie sollte das vorbestimmte Ziel, die Überlegenheit der arischen Rasse und Kultur, durch historische Funde und Rekonstruktionen rechtfertigen. Der Hintergrund dieser Ideologie bestand im Wesentlichen aus populären antisemitischen und völkischen Schriften des späten 19. und frühen 20. Jahrhunderts.

Bereits 1867 hatte der Theologe und Schriftsteller Wihelm Jordan in seinem Stabreim-Epos „Nibelunge" (eine schwülstige Nachdichtung aus Sicht der nordischen Niflungensage) ein einfaches Geschichtsmodell für den überlegenen Arier entwickelt: Zur Zeit des Wirkens Siegfrieds herrschte die strahlende „Heldenzeit". Es folgte der Verfall, eine „finstere Zeit", die von mediterranem und fränkisch-französischem Machtstreben sowie kultureller Dekadenz gekennzeichnet ist und bis in die damalige Gegenwart andauerte. Doch nun, so die Prophezeiung, breche ein „neues Heldenzeitalter" an. Gleichzeitig machte Houston Stewart Chamberlain, der Schwiegersohn Richard Wagners, in seinem Werk „Grundlagen des Neunzehnten Jahrhunderts" den Antisemitismus salonfähig.

Fasziniert waren die Nationalsozialisten vor allem von den Spekulationen über Thule und das nördliche Atlantis, die hauptsächlich von Hobbyarchäologen und Science-Fiction-Autoren inspiriert waren. So bildet im vierbändigen Atlantismythos von Edmund Kiss Atlantis das Zentrum einer weltumspannenden, völkischen Gemeinschaft von „blauäugigen Blondlingen", die Kraft ihres nordischen Willens über die Sklavenvölker des Südens herrschen. Adolf Joseph Lanz erzählte unter dem Pseudonym Jörg Lanz von Liebenfels die Geschichte weiter, wonach die blond-blauäugigen Herrscher von Atlantis/Thule ihre Macht und ihr Paradies verloren hätten, weil sie sich mit niedrigen Völkern vermischt hätten. Einer der eifrigsten Leser von Liebenfels war niemand anders als Adolf Hitler. Der wegen Fälschungen aus dem Universitätsdienst entlassene Historiker Herman Wirth sollte die nordische Atlantistheorie offiziell etablieren, gefördert wurde er vom Großkaufmann und Gründer der Kaffee-HAG Ludwig Roselius, der überzeugt war: „Alle wirklich große Kunst stammt von den Germanen." In der Bremer Böttcherstraße ließ Roselius als Begegnungsstätte das „Haus Atlantis" einrichten, dessen ornamentreiche Fassade auch einen am Lebensbaum hängenden Odin zeigte, eine Holzplastik, die jedoch stark an den gekreuzigten Christus erinnerte. Dort wurden völkische Ausstellungen eingerichtet und Pfingsten 1933 das erste „Nordische Thing" veranstaltet, bei dem Laienforscher und Nationalsozialisten zusammengebracht wurden. Junge, ideologisierte Nachwuchsforscher, fachfremde Außenseiter und Parteiemporkömmlinge nahmen die nordischen Mythen und Heldenlegenden wörtlich, sie versuchten, aus „Literatur" „Geschichte", ja, sogar „Wissenschaft" zu machen. Diese geschichtliche „Forschung" wiederum diente der nationalen Identitätsbildung und dem Beweis für die Überlegenheit der Arier.

GERMANISCHE GOTTESHÄUSER UND EIN „GERMANISCHES STONEHENGE"

Wilhelm Teudt war Freiwilliger im Ersten Weltkrieg gewesen und dann aus Protest gegen die französische Besetzung aus dem Ruhrgebiet nach Detmold gezogen, wo er sich Ende der 1920er-Jahre als Gauherr des völkisch-antisemitischen Deutschbundes immer stärker mit der germanischen Vergangenheit beschäftigte. Bald sah er in den auffälligen Felsformationen der benachbarten Externsteine das einstige sächsische Zentralheiligtum, an dem sich auch die Weltsäule Irminsul befunden haben soll. Als das

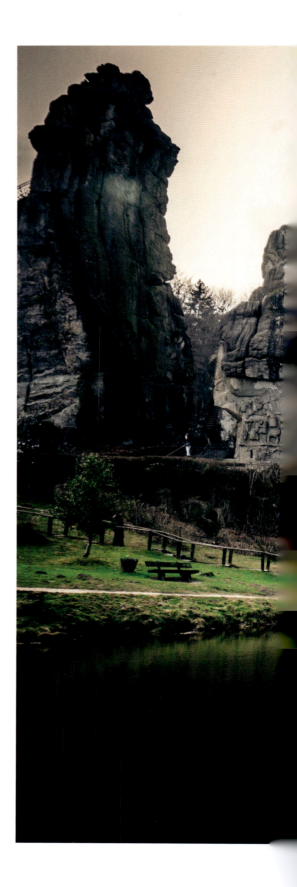

Majestätisch erheben sich die Externsteine am Rande des Teutoburger Waldes, doch wurden sie schon von den Germanen als Kultstätte genutzt?

„germanische Stonehenge" machte Teudt seine „Entdeckung" in der von der „Vereinigung der Freunde germanischer Vorgeschichte" herausgegebenen Zeitschrift „Germanien" bekannt. Daraufhin ordnete die Lippische Landesregierung fachliche Ausgrabungen an, bei denen allerdings keine Kulturreste gefunden wurden. Kein Problem für Teudt, der argumentierte, dass die germanischen Kultbauten zum einen aus vergänglichem Holz errichtet waren und zudem ja bekannterweise von Karl dem Großen zerstört worden seien. Um jedoch auch Zweifler zu überzeugen, wurde unter Teudts Leitung mit Unterstützung von Himmlers Stiftung „Deutsches Ahnenerbe" in den Jahren 1934/35 noch einmal an den Externsteinen „gegraben". „Die SS ließ das Gelände zu einem ‚Heiligtum' umgestalten und bezog es in ihre Propaganda ein", urteilt die Archäologin Halle.

Noch weiter zurück in die Geschichte, zu den monumentalen Hünenbetten, zog es den Architekten und überzeugten Nationalsozialisten Hermann Wille. Er untersuchte in den 1930er-Jahren Findlinge, Großsteingräber sowie alte Bauernhäuser und Ställe in Norddeutschland. Da sämtliche untersuchten Bauten Fundamente aus Findlingen aufwiesen, leitete Wille daraus seine 1933 als Buch erschienene Theorie von den „Germanischen Gotteshäusern" ab. Aus den anfänglichen Großsteingräbern hätten die Germanen schon im 4. und 3. Jahrtau-

Die sogenannte Visbeker Braut (Niedersachsen) ist ein Hünengrab der Trinkbecherkultur (um 4200 bis 2800 v. Chr.).

send v. Chr. Gotteshäuser entwickelt. Willes Beweisführung: „Ein Volk, das verstand, die Wohnungen der Toten aus riesigen schweren Steinen für die Ewigkeit zu bauen, war sicher bestrebt, für seine Gottheit schönere und größere Häuser zu bauen." Und um behaupten zu können, die Germanen wären die Erbauer, zog er die Geschichtstheorie von Herman Wirth heran. Demnach waren die Germanen direkte Nachkommen der arischen Atlantiker, die vor Jahrtausenden aus dem Nordkreis ausgewandert waren. Schließlich verstieg Wille sich zu der Aussage, dass die Germanen mit den Steinsetzungen das Grundprinzip der abendländischen Architektur geschaffen hätten. Der Grundriss der Gotteshäuser sei Gestaltprinzip nicht nur für die norddeutschen Bauernhäuser, sondern über die indogermanischen Auswanderungswellen in den Süden auch Vorbild für den antiken griechischen Tempelbau und die mittelalterlichen dreischiffigen Kirchen gewesen. Überprüfungen dieser These durch das Staatliche Museum für Naturkunde und Vorgeschichte an den Hünengräbern in Kleinkneten ergaben, dass sich weder Belege für gewaltige Überbauungen noch irgendein Bezug zu germanischen Altertümern fanden. Doch die Nationalsozialisten setzten auf die Macht des Faktischen: Auf Rügen wurde nach den Vorstellungen Willes eine Kulthalle errichtet. So ging es weiter: Wenn Beweise fehlten, wurde inszeniert!

DAS DRITTE REICH ALS GROSS-GERMANISCHES GESAMTKUNSTWERK

„50 000 H.J. (Hitler-Jungen) in Wildeshausen", notierte Alfred Rosenberg am 28.6.1934 über den Fackelzug zu den Megalithgräbern anlässlich des bereits von den Nationalsozialisten gefeierten „Niedersachsen-Tages". „Die Wertung der deutschen Geschichte vollzieht sich im Leben, durch das Leben selbst." Tatsächlich jedoch wurden die Massen durch Gleichschritt, Aufmärsche und von der Partei gegründete Organisationen weitestgehend kontrolliert, von der Hitler-Jugend über die „Deutsche Arbeitsfront" bis zum Reiseveranstalter „Kraft durch Freude". Schließlich konnte der ganze Jahreslauf der Deutschen im verkündeten „Tausendjährigen Reich" durch einen Kalender geregelt werden, der die alten christlichen Feste durch neue wie den „Tag der Machtergreifung" (30. Januar), Heldengedenktag (23. März), Führers Geburtstag (20. April) oder den „Tag der Arbeit" (1. Mai) und ganz alte germanische wie „Sonnenwende", „Julfest" oder „Winterwende" ersetzte. Eine der ersten dieser kultischen Feiern mit Einbindung der Urgeschichte war die Sonnenwendfeier im Sommer 1933 im Berliner Grunewaldstadion, bei der 500 Germanen zu Fuß und zu Pferde aufmarschierten. „Für diesen Germanenzug

Düstere Zukunftsvision: Modell der von Hitler und seinem Architekten Albert Speer geplanten neuen Hauptstadt Germania

hatte der Archäologe Albert Kiekebusch vom Märkischen Museum die wissenschaftliche Beratung übernommen", so Ute Halle. „Er setzte Nachbildungen des Sonnenwagens aus dem Fundort Trundholm sowie die Sonnenscheibe von Balkakra, einem spektakulären Bronzefund aus Schweden, ein." Eine drei Meter hohe Sonnenscheibe kam beim Sportfest in Neumünster zum Einsatz, bei dem die Sportler in germanischen Kostümen auftraten. Schließlich sollte die Sonderausstellung „Lebendige Vorzeit", die ab 1936 durch deutsche Städte tourte und unter Hakenkreuzfahnen Fundstücke und Modelle germanischer Kulturgüter zeigte, ein breites Publikum von der schon in der Geschichte angelegten Überlegenheit der arischen Rasse überzeugen. Und noch in den Kriegsjahren 1941/42 zeigte das Deutsche Museum München die Ausstellung „Großdeutschland und die See", in der die als Nordgermanen bezeichneten Wikinger als Vorbilder für die kampfbereiten deutschen Soldaten präsentiert wurden.

In der NS-Architektur sollte düsteres Aussehen der Bauwerke die Eigenschaften des germanischen Kriegers versinnbildlichen. Die öffentlichen Gebäude vom Olympiastadion bis zur Reichskanzlei orientieren sich dabei am frühgriechischen Stil, der dorischen Ordnung, allerdings in überzogener Größenordnung: Aus Marmor und Granit entstanden Gebäude mit kahlen Fassaden, geraden Linien und parallelen Säulenreihen. Das ganze Reich sollte zu einem nationalsozialistischen Gesamtkunstwerk werden. Von der Reichshauptstadt Germania mit ihrer zentralen, 300 Meter hohen Kuppelhalle verlaufen dann Autobahnen und ein überdimensioniertes Breitspur-Schienennetz bis an die Grenzen des stark erweiterten Großdeutschen Reiches. Während an der Westgrenze der von Hitler selbst entworfene funktionale Westwall gegen die Feinde schützt, sollten an den östlichen Grenzen über 100 Meter hohe Tumuli, sogenannte Totenburgen mit den Gebeinen gefallener Krieger, die östlichen Nachbarn abschrecken. Die nächsten Schritte zum Großdeutschen Reich folgten dann auch zügig. Die aufgerüstete Reichswehr marschierte 1936 ins entmilitarisierte Rheinland, Österreich und das Sudetenland wurden 1938 an das Deutsche Reich angeschlossen. Als die Deutschen am 1. September 1939 Polen überfielen, mussten dessen Verbündete Großbritannien und Frankreich Deutschland den Krieg erklären. Doch zunächst gelang es der deutschen Reichswehr mit ihrer „Blitzkrieg"-Strategie große Teile West-, Nord- und Südeuropas zu überrennen.

DIE LUST AM UNTERGANG – NIBELUNGENTREUE II

Hitlers Größenwahn führte jedoch dazu, dass er seine Generäle entmachtete und sich selbst zum Feldherrn ernannte, der nun auch die Sowjetunion erobern wollte. Doch der deutsche Vorstoß versackte in den Weiten des sibirischen Winters 1942/43. Und da zeigte sich, dass der Führer die ganze bittere Nibelungentreue von seinen Untertanen einforderte. Die Schlüsselszene hierfür liefert das Gemetzele im Königssaal der Etzelburg, als den Burgundern ein Angebot unterbreitet wird, sie sollten Hagen von Tronje ausliefern, um im Gegenzug freies Geleit zu bekommen. Darauf erwidert Gernot: „Eher lägen wir alle tot, als dass wir einen einzigen Mann als Geisel übergäben." (NL-Str. 2102). Alfred Rosenbergs Vermutung, dass sich die neue Wertsetzung der Nationalsozialisten durch das Leben vollziehe, erwies sich als Lüge. Das ahnte bereits der Bonner Germanist und seit 1933 Parteimitglied, Hans Naumann, der im Sommer 1942 in der Universitätsaula den Vortrag hielt: „Das Nibelungenlied – eine staufische Elegie oder ein deutsches Nationalepos?" Darin lobte er das Nibelungenlied in der damals üblichen Weise als das Hohelied des Heldentums und der Treue, doch als Nationalepos tauge es eben nicht, weil es von Anfang an mit „düsteren trauernden schreckhaften Unheilsverkündungen" auf den Untergang „alles germanischen Kriegesvolkes" zustrebe: „Das kann und will auch gar nicht von glückhaft aufbauender [...] stärkender Freude erweckender Wirkung auf eine ganze breite große gesunde Nation sein." Bis heute diskutieren Historiker, Psychologen und Philosophen über die Beweggründe der Nationalsozialisten und Adolf Hitlers: Größenwahn muss von einem tief sitzenden Todestrieb befeuert worden sein und äußerte sich letztendlich in einer „Ästhetik des Untergangs". Nichts symbolisierte schließlich die ausweglose Kriegslage mehr als der Kessel von Stalingrad, in den die deutschen Soldaten geraten waren, und nichts kennzeichnet besser die geistig-seelische Verfassung der NS-Führer. Statt auf die festgefahrene Situation rechtzeitig mit strategischem Rückzug zu reagieren, ließ die Heeresführung bis zum letzten Mann kämpfen. Und statt Selbstkritik zu üben, überhöhten die Nazigrößen die ausweglose Lage noch durch ihre Nibelungenvergleiche. „Vom General bis zum letzten Mann, wer da jetzt kämpft gegen eine gewaltige Übermacht um jeden Block, um jeden Stein", mit schillernden Beschreibungen leitete Hermann Göring am 30. Januar 1943 den Teil seiner Rede ein, in dem er die Kriegswende indirekt zugibt, ohne von Niederlage oder Fehlern zu sprechen. „Wir kennen ein gewaltiges, heroisches Liede von einem Kampf ohnegleichen, das hieß ‚Der Kampf der Nibelungen'. Auch sie standen in einer Halle von Feuer und Brand und löschten den Durst mit eigenem Blut – aber sie kämpften und kämpften bis zum letzten. Ein solcher Kampf tobt heute dort!" So stimmten die NS-Führer das Volk auf das große Finale, die „Götterdämmerung", ein. Wenn die Deutschen nicht den Endsieg erringen konnten, so Hitlers Logik, dann sind sie nicht die überragende Rasse und nur wert, im Endkampf zugrunde zu gehen. Ganz anders die Götterdämmerung der germanischen Mythen: sie sieht den Untergang der Asengötter und der sie verehrenden Germanen zugleich als einen Übergang, damit die Welt neugeboren werden kann.

Die Nibelungensage stand im Dritten Reich hoch im Kurs. Dieser mehrfarbig gestaltete Wandbehang aus grob gewebtem Wollstoff von E. Reinhold Fritz zeigt drei Darstellungen aus dem Heldenepos: im oberen Drittel die drei Nornen (Urd, Verdandi, Skuld), mittig Siegfried an der Quelle mit Hagen von Tronje, der zum Speerwurf ansetzt, und im unteren Teil eine Hochzeitsszene aus dem Burgunderreich. Zusammen mit den zwei holzgeschnitzten Fackeln mit plastischer Eichenlaubverzierung entstammt er vermutlich den Räumlichkeiten einer Burg.

WELTEISLEHRE, THULE UND DAS „NORDISCHE ATLANTIS"

Das scheinbar wissenschaftliche Fundament für die Theorie des nordischen Atlantis lieferte Anfang des 20. Jahrhunderts der Wiener Ingenieur Hanns Hörbiger mit seiner Welteislehre, der „Glazial-Kosmogonie", die in den 1930er-Jahren Millionen Menschen in den Bann zog. Im Glauben, Eis auf dem Mond entdeckt zu haben, sah Hörbiger feinen Eisstaub im Weltall treiben, von dem alle Himmelskörper überzogen würden, mit Ausnahme der Sonne und der Erde. Auf unserem Planeten spiele sich der kosmische Kampf zwischen Feuer und Eis ab. Planeten, die der Erde nahekommen, lösten gewaltige Katastrophen wie die letzte Eiszeit aus. Vor dieser Kälteperiode hätten für Jahrtausende Riesen in der warmen Arktis gelebt, deren Nachfahren die Arier geworden seien. An dieser Stelle setzt die Geschichtskolportage Hermann Wirths ein: Durch die Kontinentalverschiebung ging der einstige Arktis-Kontinent unter, der einst bei einer anderen Lage der Erdachse das ganze Jahr hindurch tropisch warm gewesen sei. Das langsame Sinken der Temperatur und das Auseinanderfallen des Kontinents zwangen die von dort stammenden Nordarier, nach Süden auszuwandern. Zunächst auf die atlantische Inselwelt Atlantis und nach deren Untergang in den Nord- und Ostseekreis. Übrig blieb Thule, jenes von Meer umschlossene Land im äußersten Norden, angeblich sechs Tagesfahrten nördlich von Britannien, worüber der griechische Entdecker Pytheas im 4. Jahrhundert v. Chr. berichtet. Waren mit Thule Island, die Färöer-, die Shetland- oder bereits untergegangene Inseln gemeint? Die Ideen Herman Wirths, der nach dem Sturz des Nationalsozialismus als Privatgelehrter in Heidelberg wirkte, werden bis heute weitergeführt, so nahm der Theologe Spanuth in den 1950er-Jahren an, dass Thule nahe bei Helgoland gelegen habe. Doch Forscher um den Berliner Geodäten Dieter Lelgemann, die sich vor wenigen Jahren die Weltkarte des Ptolemäus vorgenommen und die durch Lücken entstandenen Verzerrungen korrigiert haben, fanden nun auch die richtige Lage von Thule: „Thule ist Smøla, eine Insel vor Trondheim in Norwegen."

Die mythische Insel „Thule", in der Carta Marina des Olaus Magnus aus dem Jahre 1539 als „Tile" bezeichnet.

FAZIT

„In einem Europa, das die alten Nationalismen hinter sich lässt, könnten die Sagen von Artus, Siegfried oder Karl dem Großen zum Symbol einer Geschichte werden, die alle Völker teilen."

EDMUND JACOBY

ARBEIT AM MYTHOS – WOFÜR STEHEN DIE NORDISCHEN MYTHEN HEUTE?

↑ Vorangehende Doppelseite: Rekonstruierte Romantik. Ein Wikingerhelm hängt an einem traditionellen Holzzaun.

Als sich Richard Wagner nach der gescheiterten Revolution von 1848 in Dresden von der Politik ab- und den Mythen und Heldengesängen zuwandte, war er überzeugt davon, dass er zu den Quellen und Wurzeln nicht nur der deutschen Nation, auch nicht nur des zu dieser Zeit schon populären Germanentums, sondern zu den Quellen des Menschseins selbst zurückgehen müsse. Sein Siegfried steht für „den männlich verkörperten Geist der ewig und einzig zeugenden Unwillkür, den Wirker wirklicher Taten, in der Fülle höchster, unmittelbarer Kraft und zweifellosester Liebenswürdigkeit", wie er es selbst formulierte. Dafür bewunderte ihn Thomas Mann noch im Jahr 1923: „Dieser sonderbare Revolutionär war ebenso radikal in Hinsicht auf die Vergangenheit wie in Dingen der Zukunft. Die Sage genügte ihm nicht, es musste der Ur-Mythus sein. Das mittelalterliche Nibelungenlied, das war schon Modernität, Entstellung, Kostüm, Geschichte, bei Weitem nicht volksfrüh und musikalisch genug, um für die Kunst zu taugen, die er meinte. Er musste zurückdringen bis zum Urquell und Anbeginn, bis auf den vordeutsch-skandinavisch-frühgermanischen Edda-Grund des Mythus, erst

Richard Wagner und sein Siegfried, der eigentlich ein skandinavischer Sigurd ist.

das war die heilige Vergangenheitstiefe, die seinem Zukunftssinn entsprach." Wagners Offenbarung als Opern-Gesamtkunstwerk fasziniert zwar seit fast eineinhalb Jahrhunderten das Publikum, seine Deutung wurde von manchen sogar als psychologische Ergänzung zur ökonomischen Kritik des Kapitalismus gesehen, aber zu einem tieferen Verständnis der nordischen Mentalität trägt es nicht bei.

Nach jahrzehntelanger seriöser literarischer und historischer Forschung wissen wir heute, dass es einen Urmythos nicht gibt, gar nicht geben kann. Der von Priestern oder Barden offenbarte Mythos gilt zwar als unumstößliche Wahrheit, aber er lebt nur in der jeweiligen Erzählung, d. h. er wandelt sich im Wiedergeben und Weitergeben, langsam, aber unaufhörlich passt er sich der Lebenssituation der Gemeinschaft an. Denn echte Mythen, so C. G. Jungs Diktum, müssen die unbewussten Muster, Ängste und Wünsche ihrer Zuhörer ansprechen. Und deshalb müssen Mythen, in diesem Punkt hat Thomas Manns Würdigung von Wagners Werk jedoch recht, auch zukunftsweisend sein. Das gilt auch paradoxerweise für unsere so vergangenheitsvergessene Zeit, denn gerade unsere Zukunftsorientiertheit verschafft ihr diese Perspektive. Denn die Zukunft ist dunkel, sie hat noch kein Gesicht. Unsere Zukunftsvorstellungen sind Projektionen, bei denen wir aus der Bilderwelt der Vergangenheit schöpfen: Von Helden wie König Artus oder Siegfried über Fabelwesen wie Drachen, monströse Eisen und Lichtgestalten bis hin zu mythischen Orten wie Avalon, Thule oder Walhall; was uns in Science Fiction und Fantasy begegnet, sind immer wieder mythische und urgeschichtliche Motive, mit reichlich Technik aufgebauscht. Das Allerneueste korrespondiert häufig mit nordischer Urgeschichte, doch wie weit darf das gehen?

SONNENKULT STATT NIBELUNGENTREUE?

Egal, ob wir in der Nacht zum 21. Juni Stonehenge, Newgrange oder die Externsteine bei Detmold aufsuchen, überall bietet sich das gleiche Bild: Eine wachsende Fan-Gemeinde von New-Age-Aktivisten, selbst ernannten Druiden und einfach Neugierigen drängt sich um die Kultstätten und vorhistorischen Bauwerke, die in der nordischen Mythologie eine Rolle spielen. Seit dem 19. Jahrhundert werden an nordischen Megalithtempeln wie Stonehenge aufwendige Rituale zelebriert, auch wenn diese vor allem von Künstlern der Nationalromantik mit Leben erfüllt wurden. Es ist eine in Gedichten, Romanen und Gemälden kolportierte Vergangenheit, in der Druiden in kunstvollen Gewändern vor den Steintempeln ihre Kulte vollzogen und aus der wiederum neu gegründete Druidenorden und Keltenfeste die Ideen für ihre Feierlichkeiten schöpfen. Ihre Mitglieder organisierten sich in logenartigen Bruderschaften und zelebrierten Rituale und Initiationen wie das „Gorsedd" zur Mittsommerwende.

Der Kult um urnordische Kraftzentren lebt, selbst wenn wie im Fall der Externsteine deren vorgeschichtliche Bedeutung recht umstritten ist. So brachte eine in den 1990er-Jahren durchgeführte Analyse der Fundstücke und Freilegungen aus den 1930er-Jahren den ernüchternden Beweis: Es wurden keine Objekte oder Benutzungsspuren aus der für die Germanen relevanten Zeit vor 800 n. Chr. geborgen, sondern nur Keramik und Metallobjekte aus jüngeren Zeiten sowie einige Steinartefakte von Jägern und Sammlern der späten Altsteinzeit. Damit steht definitiv fest, dass die Externsteine kein germanischer Kultort waren. „Nach dem Motto ‚Früher war alles besser' projizieren die Menschen ihre Sehnsüchte in die Vergangenheit, viele interpretieren den keltischen und germanischen Glauben als eine Art Ökoreligion", urteilt der Altnordist Klaus Böldl. „Die Mythen reflektieren jedoch ein Stadium der Zivilisationsgeschich-

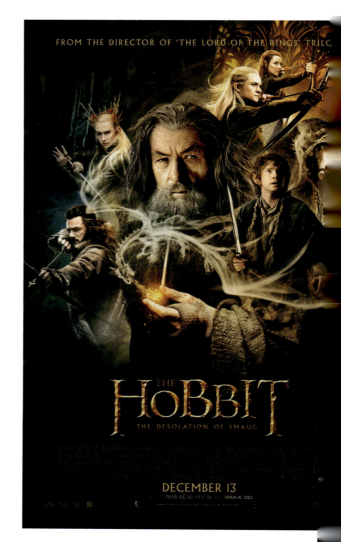

Hobbit-Filmplakat: Tolkien versucht in seinen Romanen die nordischen Mythen weiter zu erzählen – dieses Mal mit gutem Ende.

te, das seit mehr als 1000 Jahren überwunden ist." Die nordische Mythologie reflektiert in ihren Geschichten nur die Kraft der bestehenden Naturgewalten: Die Kreisläufe der Weltordnung und höhere Schicksalsmächte ersticken jede Hoffnung des Menschen auf einen versöhnlichen Ausgang seines irdischen Wirkens. Das wusste keiner besser als J.R.R. Tolkien.

ERZÄHL-ZAUBER GEGEN MYTHEN-KRITIK

Zwar schätzte auch Tolkien die ganze Tragik der alten nordischen Epen. „Lasst uns in jedem Fall die alten Helden wertschätzen: Menschen, die in den Ketten der Umstände oder ihrer eigenen Natur gefangen sind, hin und her gerissen zwischen gleichermaßen heiligen Pflichten, mit dem Rücken zur Wand dem Tod ins Auge blickend." Doch diese Helden waren letztlich alle zu einem verdammt: zum Untergang! Damit wollte sich Tolkien nicht abfinden, er wollte die Mythen für das 20. Jahrhundert retten, für eine Menschheit, die mit Vernunft und Technik ihr Schicksal in die eigenen Hände genommen hat. Tolkien, der sich auch von den Nazis nicht daran hindern ließ, die nordischen Mythen weiterzuerzählen, nahm diese zwar als Inspirationsquelle, richtete sein eigenes Werk jedoch an zwei eigenen Grundsätzen aus. Der erste ist Glaubwürdigkeit oder wie er es nannte, der Erzähl-Zauber! Wie dieser Erzähl-Zauber wirken muss, hat Tolkien einmal am Beispiel einer „grünen Sonne" erklärt: Jeder, der über die menschliche Sprache und ein gewisses Maß an Fantasie verfüge, könne einfach von einer grünen Sonne sprechen oder sie in eine Erzählung einbauen, aber das heißt noch lange nicht, dass diese grüne Sonne auch in der Fantasie des Zuhörers oder Lesers zum Leben erweckt wird, dass sie eine sinnvolle Funktion erfüllt. „Eine Sekundärwelt zu schaffen, in der die grüne Sonne überzeugend ist und Sekundärglauben hervorruft, wird vermutlich Mühe und Gedanken erfordern und sicherlich eine spezielle Fähigkeit voraussetzen, eine Art elbische Kunst. Nur wenige wagen sich an solch schwierige Aufgaben. Doch wenn man es versucht und bis zu einem gewissen Grade Erfolg damit hat, ist dies eine seltene künstlerische Leistung, wahre Erzählkunst, Geschichtenschöpfung in ihrer primären und mächtigsten Weise", so Tolkien. Außer Zweifel steht, dass Tolkiens Erzählungen mit ihren Elben, Zwergen, Hobbits, Wizards und Orks funktionieren, ganz besonders das umfangreiche, in den Jahren 1937 bis 49 geschriebene, jedoch erst 1954/55 publizierte, sechs „Bücher" umfassende Epos „The Lord of the Rings" (Der Herr der Ringe). In dieser grandiosen Erzählung geht es um die Verführung zur absoluten Macht, die durch einen magischen Ring symbolisiert wird; manche sehen in der Geschichte eine Parabel auf Demokratie und Diktatur. Während der dunkle Herrscher Sauron in den Besitz des Rings gelangen will, hütet sich der gute Zauberer Gandalf, ein Wizard, davor, den Ring auch nur anzufassen. Und deshalb kann ihn nur der arglose Hobbit Frodo Beutlin ergreifen, um ihn in Mordor zu vernichten. Nach vielen Abenteuern können die Guten in einem Endkampf die bösen Mächte und Sauron besiegen, der Ring wird vernichtet, und der vergiftete Hobbit Frodo wird wieder gesund. Dieses Ende nennt Tolkien, sein zweiter Grundsatz, eine „Eucatastrophe", eine gute Katastrophe. Diese Unterscheidung in helle und dunkle Mächte und der letztendliche Sieg des Guten über das Böse bildeten seinen Gegenentwurf zu den Diktaturen des 20. Jahrhunderts.

Doch dieses Erzählmuster scheint nicht auszureichen, um eine immer komplexer werdende Welt zu erklären, in der ein immer größerer Teil der Menschheit gleichzeitig Täter und Opfer einer immer verstrickteren Globalisierung wird. Hier wirken plötzlich die originalen nordischen Mythen, die vom Aufstieg und Fall der Götter berichten und in denen es kein klares Gut und Böse gibt, wieder aktuell. Ihre wichtigste Botschaft lautet: Nichts ist umsonst! Selbst Wodan muss den Skalden-Met, der ihn zum Dichten inspiriert, der Riesin Gunnlöd rauben und mit einem Auge für die aus dem Mimirsbrunnen angeeignete Weisheit zahlen. Und der Blendendste der Götter,

Als eine Art weisen Wikingerhäuptling mit Kronenhelm und Rauschebart, stellte der Maler Max Koch Wodan/Odin um 1905 dar.

Balder, ist dem Tode geweiht, gerade weil er so stark von den anderen Göttern beschützt wird. Nicht anders ergeht es den Helden des Nordens: Arminius/Hermann, Beowulf, Siegfried, sie alle starben im Kampf oder durch den Verrat der eigenen Leute, und selbst Artus wurde tödlich verwundet vom Schlachtfeld getragen. Bei den Nibelungen gar machen sich die Handelnden nach dem Verständnis des christlichen Mittelalters der Hauptsünde schuldig, der Selbsterhöhung. Denn sie stellen ihre Ehre, ihre Racheabsichten über alle anderen Werte. Diese Botschaft kann nicht deutlich genug an die heutige Szene der Mittelalter-Euphorie herangetragen werden: Soziale Verantwortung geht vor egomanem Ehrgefühl! Gleichzeitig bleiben wichtige Fragen weiter unbeantwortet. Hat die Identifikation mit den Nibelungen das deutsche Schicksal entscheidend mitgeprägt oder hat der deutsche Charakter zur Vorliebe für die Nibelungen geführt? Der Drang zur bedingungslosen Treue, der Wunsch, im Nachhinein alle Vergehen auf einen Sündenbock abzuwälzen, die Dolchstoßlegende und die immerwährende Angst vor den Hunnen, haben wir Deutschen den Nibelungenkomplex wirklich überwunden?

WAS BLEIBT VOM NORDISCHEN MYTHOS?

Können wir den echten Mythos vom verfälschten heute unterscheiden? Ist es heute möglich, so weit zu diesen Wurzeln zurückzukehren, dass wir sie als Kraftquell nutzen können? Es ist wahr, wir brauchen auch weiterhin Mythen und Legenden, denn die Wissenschaft kann uns auf viele Fragen immer noch oder weiterhin keine hinreichenden Antworten liefern. So könnten die nordischen Mythen beispielsweise historische Orientierung bieten, in einer Zeit, in der wir fragen, wo die Staaten und Nationen in Europa stehen und wo sie hin wollen. „Die reichische Idee wird in Gestalt der europäischen Einigung neu entstehen", hat Otto von Habsburg bereits 1977, lange vor dem Fall des Eisernen Vorhangs, prophezeit. Europa hat zwar etliche Länder, gerade auch osteuropäische, aufgenommen, aber noch größer ist inzwischen wieder der Trend zur Abschottung: gegenüber dem Osten, gegenüber den Flüchtlingsströmen aus dem Süden und gegenüber einem gerechten Wirtschaftsaustausch mit der Restwelt. Europa ist auf dem Weg zu einer Festung, also zu einem neuen Reich, und prompt stellen sich wieder im Grunde uralte Untergangsängste ein. Noch ermöglicht die vorübergehende Überwindung des Nationalismus in Europa einen unverfälschten

Dieser Mythen-Fan bei der Sonnenwendfeier in Stonehenge ist ein echter Europäer. Mit keltischen Tatoos und T-Shirt mit Löwenwappen praktiziert er einen Druidenkult, den erst die europäischen Nationalbewegungen des 19. Jahrhunderts hervorgebracht haben.

Blick auf unsere nordischen Mythen. Nötig wäre eine neue Erzählung von Europa, eine, die Völkerwanderungen und andere Veränderungen als die Herausforderungen und Chancen in den Mittelpunkt stellt, die sie für diesen Kontinent schon immer waren. Einheit im Wandel und Vielfalt! An welchen Geschichten will sich das künftige Europa orientieren?

Ähnlich ausloten müssen wir heute unsere existenzielle Grundeinstellung. Ohne ein Sich-Hingezogen-Fühlen zum Dunkeln und zum Untergang hätten sich unsere Vorfahren vermutlich gar nicht in die nordischen Breiten vorgewagt. Hinzu kommt die genetische Affinität zum Norden, die wir von den Neandertalern vererbt bekommen haben: helle Haut, helles Haar und die Fähigkeit, einer langen Dunkelheit ins Auge zu schauen. Haben uns, die wir eigentlich aus der Savanne Afrikas stammen, die Geschichten von Riesen, Elfen und rasenden Göttern dabei geholfen, im Norden heimisch zu werden und den Gefahren der schroffen Natur zu trotzen? Als entscheidende Frage kristallisiert sich dabei heraus: Wie gehen wir mit einer gewissen Untergangssehnsucht um? Nietzsches Empfehlung, was fällt, das soll man stoßen, führt hier eindeutig in die Irre. Denn es geht darum, mit dieser dunklen Sehnsucht umzugehen, ja, sie als Stärke einzusetzen. So wie es die Wikinger kultivierten, denn es trieb sie zu Abenteuern und gewagten Aktionen an. Was großmäulerisch bei Met den ganzen Winter über propagiert wurde, das musste im Frühjahr auch getan werden oder man wurde als Daheimgebliebener verspottet. Gemeinsam mit den alten Mythen gingen solche Initiationen im Laufe der Zeit verloren oder sie wurden von Demagogen gezielt eingesetzt. Immerhin, die Notwendigkeit, die Umwelt zu kontrollieren, führte langfristig zu den Industrieländern mit ihren Sozialsystemen, wie wir sie heute kennen. Die Restwelt beneidet uns darum. Aber in uns existiert auch eine Sehnsucht nach der Leichtigkeit des Südens, nach der Wärme. Was uns fehlt und wobei uns die nordischen Mythen helfen können, das ist die Fähigkeit stetigen Wandels und die Anpassungsbereitschaft in Rückbesinnung auf alte Werte immer neu auszubalancieren.

LITERATURVERZEICHNIS

Arnulf Krause (Hrsrg.): Die Edda des Snorri Sturluson, Stuttgart 1997

Arnulf Krause (Hrsrg.): Die Götterlieder der Älteren Edda, Stuttgart 2006

Axboe, Morten und Heinzmann, Wilhelm (Hrsg): Die Goldbrakteaten der Völkerwanderungszeit – Auswertung und Neufunde (Reallexikon der Germanischen Altertumskunde – Ergänzungsband) 2011

Behringer, Wolfgang: Kulturgeschichte des Klimas, München 2007

Beinhauer, Karl W. u.a. (Hrsg.): Studien zur Megalithik, Mannheim/Weißbach 1999

Bengen, Etta u.a. (Hrsg.): Steinreiche Heide. Verwendung und Bearbeitung von Findlingen in der Lüneburger Heide, Uelzen 1998

Bengen, Etta: O Wunner, o Wunner. Wat ligg hier woll unner? Großsteingräber zwischen Weser und Ems im Volksglauben, Oldenburg 2000

Böldl, Klaus: Götter und Mythen des Nordens, München 2013

Bonnetain, Yvonne S.: Loki – Beweger der Geschichte, Remda-Teichel 2015

Boyer, Régis: Die Piraten des Nordens, Stuttgart 1997

Capelle, Torsten: Bilderwelten der Bronzezeit, Mainz 2008

Carver, Martin: Sutton Hoo – Burial Ground of Kings?, London 1998

Cremin, Aedeen (Hrsg.): Große Enzyklopädie der Archäologie, Stuttgart 2013

Diamond, Jared: Kollaps – warum Gesellschaften überleben oder untergehen, Frankfurt am Main 2011

Eliade, Mircea: Das Heilige und das Profane, Frankfurt 1990

Elsner, Hildegard: Wikinger Museum Haithabu, Schleswig 1989

Fansa, Mamoun/Both, Frank/Haßmann, Henning (Hrsg): Archäologie/Land/Niedersachsen, 400 000 Jahre Geschichte, Stuttgart 2004

Focke-Museum (Hrsg.): Graben für Germanien – Archäologie unterm Hakenkreuz, Stuttgart 2013

Forte, Maurizio und Siliotti, Alberto (Hsg.): Die neue Archäologie – virtuelle Reisen in die Vergangenheit, Bergisch-Glacbach 1997

Gareth, Williams u.a. (Hrsg.): Die Wikinger, München 2014

Garth, John: Tolkien und der Erste Weltkrieg. Das Tor zu Mittelerde, Stuttgart 2014

Geier, Fabian: J.R.R. Tolkien – Monographie, Reinbek bei Hamburg 2009

Gerdsenk, Hermann: Dolmen, Menhire und Hügelgräber am Atlantik. Megalithbauten in Westfrankreich in: Antike Welt 6/1999

Goodrick-Clarke, Nicholas: Die okkulten Wurzeln des Nationalsozialismus, Matrix-Verlag 2012

Hansen, Walter: Asgard, Köln 2009

Heinzle, Joachim (Hrsg.): Mythos Nibelungen, Stuttgart 2013

Herder-Lexikon: Germanische und keltische Mythologie, Freiburg 1993

Hope, Jane: Die Sprache der Seele, Düsseldorf 2014

Jacoby, Edmund: 50 Klassiker – Mythen und Sagen des Nordens, Hildesheim 2011

James, Simon: Das Zeitalter der Kelten, Augsburg 1998

Kelm, Rüdiger: Wege in die Vorgeschichte Norddeutschlands. Ein Forschungsprojekt zur prähistorischen Kulturlandschaft in Westholstein, in: Antike Welt 2/2003

Kind, Claus-Joachim: Waldjäger der Nacheiszeit, in: Archäologie in Deutschland 4/1999

Klüche, Hans: Dänemark, Köln 2004

Koop, Volker: Himmlers Germanenwahn: Die SS-Organisation Ahnenerbe und ihre Verbrechen, Berlin 2012

Korn, Wolfgang: Das Rätsel der Varusschlacht – Archäologen auf der Spur der verlorenen Legionen, Hildesheim 2015

Korn, Wolfgang: Megalithkulturen – Rätselhafte Monumente der Steinzeit, Theiss-Verlag, Stuttgart 2005

Korte, Sabine und Weigold, Matthias: Magisch Reisen - Irland, München 1992

Krause, Arnulf: Die Welt der Wikinger, Hamburg 2013

Krause, Arnulf: Die wirkliche Mittelerde. Tolkiens Mythologie und ihre Wurzeln im Mittelalter, Stuttgart 2012

Ling, Johan: Elevated rock art. Towards a maritime understanding of Bronze Age rock art in northern Bohuslän, Sweden, Göteborg 2008

Mahlstedt, Ina: Die religiöse Welt der Jungsteinzeit, Stuttgart 2004

Meller, Harald (Hrsg.): Der geschmiedete Himmel – Die weite Welt im Herzen Europas vor 3600 Jahren, Stuttgart 2004

Mende, Jan: Magische Steine – Führer zu archäologischen Sehenswürdigkeiten in Mecklenburg-Vorpommern, Stuttgart 2002

Millmann, Lawrence: Auf den Spuren der Wikinger, München 1995

Montgomery, David R.: Dreck – Warum unsere Zivilisation den Boden unter den Füßen verliert, München 2010

Müller, Rolf: Der Himmel über den Menschen der Steinzeit, Berlin-Heidelberg 1989

Müller-Wille, Michael: Opferkulte der Germanen und Slawen, Stuttgart 1999

Oberste, Jörg: Der Schatz der Nibelungen – Mythos und Geschichte, Bergisch Gladbach 2008

Rätsch, Christian: Der Heilige Hain – Germanische Zauberpflanzen, heilige Bäume und schamanische Rituale, Aarau und München 2005

Renfrew, Colin: Archaeology. Theories, Methods and Practice, London 1996,

Richter, Werner u. Ebeling, Hermann: Bretagne – Land der Mythen und Legenden, Karlsruhe 1993

Sawyer, Peter (Hrsg.): Die Wikinger. Geschichte und Kultur eines Seefahrervolkes, Stuttgart 2000

Schmidt, Ingrid: Hünengrab und Opferstein. Bodendenkmale auf der Insel Rügen, Rostock 2001

Schreiber, Hermann: Irland – Seine Geschichte, seine Menschen, Augsburg 1997

Seraphim, Hans-Günther (Hrsg.): Das politische Tagebuch Alfred Rosenbergs 1934/35 und 1939/40, München 1964

Simek, Rudolf: Religion und Mythologie der Germanen, Darmstadt 2014

Tacitus: Germania, Stuttgart 1978

Taylor, Ken: Kosmische Kultstätten der Welt, Stuttgart 2012

Tolkien, John Ronald R.: Der Herr der Ringe, Stuttgart 1972

Toynbee, Arnold: Menschheit und Mutter Erde – Die Geschichte der großen Zivilisationen, Hildesheim 1996

Wagner, Richard: Das Rheingold, Stuttgart 1979

Wagner, Richard: Die Walküre, Stuttgart 1979

Wille, Hermann: Germanische Gotteshäuser, Leipzig 1934

Wolf, Jürgen: Auf der Suche nach König Artus, Darmstadt 2009

Viele neue Forschungsergebnisse werden heute von den Wissenschaftlern direkt ins Internet gestellt. Da die Websites jedoch häufig nach einiger Zeit umgestaltet werden, hat sich eine Wiedergabe in Büchern als unfruchtbar herausgestellt. Es empfiehlt sich, mit mehreren Suchbegriffen präzise danach zu fahnden.

REGISTER
Die *kursiven* Seitenzahlen verweisen auf die Bilder

Aachen 292
Adam von Bremen 170, 202, 233, 244
Aeneas 224, 226, 279
Alanen 190 ff.
Alarich 192, *192*
Alberich 272, 288, *288*
Alemannen 178, 181, 188, 203, 279, 290
Alesia *139*, 141, 284
Alfenheim 238
Alt Gaarz, Dolmen von *70–71*
Ältere Edda siehe Lieder-Edda
Althin 26 f.
Ambronen 152 ff.
Amesbury 89, 91
– Bogenschütze von 91
Amt Rosenberg 304
Anderwelt 149
Andvaranaut 258 f.
Andvari 257, 270
Angeln 195, 212
Angelsachsen 212 f., 218 ff.
Angrboda 36, 44, 77
Angrivarier 194
Ansgard 170, 180
Ariovist 155 f., *155*, 156
Arminius, Gaius Iulius 167 ff., *168*, 172, 265, *267*,281 ff.
Artus, König 207, *210*, 211 f., 215 ff., *216*, *218*, 220 ff., 227
Artussage 212
Asen 36, 77, 102, 162 f., 175, 180, 189, 198, 206 f., 238, 302
Asenheim 162, 238. 240
Asgard 20, 177, 198, 237 f.
Aspeberget, Felszeichnungen von 112
Atlantis, nordisches 305, 314 f.
Attila, König der Hunnen 254 f., 258, 263 f.
Audumia 49, 64
Augustinus, Erzbischof von Canterbury 23
Aunjetitzer Kultur 111
Aurelius Ambrosius 219
Austri 65

Avalon 227
Avebury 84, 88
– Steinkreis von *85*, 88
Averner 141, 284

Baetke, Walter 40
Balder 45, 162, 177, 180, 199, 303
Balmung 273
Barbarenschätze 254, 259
Barden 133 f., 149
Barnenez 69
Bataver 156
Batey, Coleen 246 f.
Baugi 77
Bayeux, Teppich von 224, *224–225*
Bayreuth 287
Becker, Helmut 1 13
Beowulf 207, 213, 215, 228 f., *229*
Bergelmir 64, 77
Berliner Goldhut 106
Bertilsson, Ulf 107
Bestla 44, 64
Bifröst 198
Bill, Jan 242
Bismarck, Otto von 286
Boddason, Bragi 34
Bohuslän, Felszeichnungen von 110
Böldl, Klaus 320
Bölthorn 77
Boomborg-Hatzum 164
Borr 44
Boyer, Regis 248
Braak 175 f.
Bragi 45, 162, 180, 185
Brakteaten 1 97, *197*, 200, *245*
Brimir 65
Brodgar, Ring von *68*, 69, 84
Bronzezeit 92–123
Brünhild 253, 260 ff., 266, 269 f.
Buch von der Landnahme Irlands 148
Bügelfibel von Nordendorf 170, 173, *174*

Bülow, Bernhard Fürst von 298
Burenhult, Göran 75
Burgunder 188, 191, 254, 264, 279, 312
Buri 44, 64
Byzanz 191

Cadbury Castle 227
Caesar, Gaius Iulius 42, 44, 127, 138, 141 f., 154 ff., *155*, 166, 170, 173, 291
– „Germania" 154
– Commentarii De Bello Gallico 42, 44
Cambry, Jacques de 291
Camelot *210*, 227
Capelle, Thorsten 112
Carnac 291
Carrowmore 75, *78*
Carver, Martin 215
Chamberlain, Houston Stewart 305
Chatten 156
Chauken 157, 160 f., 194
Cherusker 15 *160*, 167, 194, 282
Childrich I., König der Franken 204
Chlodwig, König der Franken 204, 290
Chrétien de Troyes 222
Clonard 149
Codex Regius siehe Lieder-Edda
Codex Upsaliensis *28*

Dahn, Felix 297
De Vries, Jan 64
Defleur, Albert 55
Dietrich von Bern 193, 224, 261, *265*, 273
Doepler, Carl Emil 271, 288, *289*
Dolchstoßlegende 297 f., 300 f., 304
Dolmen 69, 72
Donar siehe Thor
Donaueschinger Handschrift 260

Drachenboot 236
Drente 63
Druiden 133 f., 149
Durrington Walls 84, 89

Egils Saga 26
Einbaum von Pesse 63
Einhard (Biograf Karls des Großen) 22
Einhard 292
Eiszeit 50 f., 62
Eliade, Maurice 174
Eliade, Mircea 238
Embla 65
Emile Picault 284
Engelstrup, Stein von 110, *110*
Entremont *139*, 140
Eratosthenes, Weltkarte des 152
Ermanrich 263
Ertebøllekultur 75, 78
Estorff, Georg Otto Carl von 72 ff., *74*
Etzel, König der Hunnen 264, 270, 298
Excalibur 220 f.
Externsteine 320
Eyjafjallajökull *48*

Fafnir 257 f.
Farbauti 36, 77
Felsritzungen von Simrishamn 104
Felszeichnungen *108*, 109 f., 112
– Felszeichnungen von Aspeberget 112
– Felszeichnungen von Bohuslän 110
– Felszeichnungen von Tanum *108, 109*
Fenriswolf 37, 77, 199, 303
Findlinge 50, *51*
Finnian 149
Flavius Aetius 264
Forseti 45, 162, 177

Franken 188 ff., 193, 203 f., 259, 279 f., 292
Freia siehe Freyja
Freyja 36, 45, 102, 123, 162, 206 f.
Freyr 102, 162
Friederich, Susanne 79
Friedrich der Große, König von Preußen 282
Friesen 157, 160
Frigg 177, 180, *180*, 206, 257
Frigg(a) siehe Frija
Frija 45, 177, 180, *180*, 206
Furor gallicus 138
Fürstengrab von Glauberg 128, 130, *135*, 137
Fürstengrab von Gommern 172
Fürstengrab von Leubingen 111
Füssli, Johann Heinrich *301*
Futhrak 246 f.

Gallé, Volker 185, 253
Gallier 42, 124–149, 154, 284, 291
Galloromanen 191
Gauten 213
Gavrinis, Megalithanlage *82–83*
Geibel, Emanuel 286
Geißenklösterle *63*
Geitskór, Grímur 26
Geoffrey von Monmouth 218
Germanen
Germanen 42, 44, 150–181, 199 ff., 200, 202, 204, 280, 286, 306 ff., 320
– Göttervorstellung 175
– Sprache 167
Gernot 261, 263, 312
Gesta Karoli Magni 292
Giebichstein 51, *50–51*
Giesebrecht, Adolf 265, 282
Gildas 217
Ginnungagap 64 f., 237
Giselher 261, 263
Glastonbury, Kloster 221 f., 227
Glauberg, Fürstengrab von 128, 130, *135*, 135
Glencolumbkille 1 *124–125*
Glendalough 149

Goebbels, Joseph 297
Gokstadt, Schiffsgrab von 242
Goldhut von Schifferstadt 106, *107*
Goldhut, Berliner 106
Gommern, Fürstengrab von 172
Göring, Hermann 313
Goseck, Kreisgraben- anlage von *112–113*, 113
Götavi 244
Goten 185, 188, 191 f., 203, 228, 279
Götterdämmerung 103, 171, 177, 189, 198, 240, 302 f., 313
Götterwelt, germanische 162 f., *158–159*, 185, 201, 237
– Stammbaum *158–159*
Gotteshäuser, germanische 306 f.
Gournay 127
Gournay-sur-Aronde 134, 140
Grab von Kivik 104 ff., *105*, *106*
Grabhügel von Oberlöstern 136
Gregor von Tour 228
Gregor, Papst 23
Grendel 213, 228
Gridur 45
Grimm, Jakob 302
Grotte du Noisetier *55*
Grümbke, Johann Jacob 71
Gudrun 262, 270
Gudrunlied 262
Guinevere 211, 221
Gulltop 198
Gullveig 162
Gundahar 261
Gundestrup, Kessel von 144, *145*
Gundomar 261
Gungnir 170
Gunnar 258, 262
Gunnlöd 77
Gunther 253, 261, 266
Günther, Detlef 178

Haas, Alfred 70
Hadrianopolis 192
Hadrianswall *182–183*

Hagen von Tronje *252*, 253, 262, 272 f., 288, 298, 300, 304, 312
Hain, heiliger 152 ff., 174
Haithabu 236, 276
Halle, Uta 304, 311
Hallstattzeit *128*, 129–133
Hamburger Kultur 61
Hänsel, Bernhard 97
Hansen, Walter 49
Harbou Thea von 298
Hartmann von Aue 211
Hastings, Schlacht von 224
Heidi 162
Heidrun 240, *241*
Heiliger Gral 221, 226
Heiliges Römisches Reich 280
Heimdall 45, 123, 162, 198, 240, 303
Heimskringla 29, 34, 239, 244, 278
Heinzle, Joachim 286, 290
Hel 36, 77, 177, 238
Henge 54 f.
Hermann der Cherusker siehe Arminius, Gaius Iulius
Hermannsdenkmal *281*
Hermod 177
Herrmann, Fritz-Rudolf 137
Heuneburg 129 f, *130*, *131*
Hildebrandslied 2 2
Himmelsscheibe von Nebra 116 f., *117*
Himmler, Heinrich 308
Hindenburg, Paul von 300, 304
Hitler, Adolf 304, 306, 312 f.
Hödr 37, 162, 177, 199, 37
Hödur 180
Högni 262 f., 263, 270
Hohenems-Münchener Handschrift 260
Holtsmark, Anne 40 f.
Homo erectus 52 f.
Homo heidelbergensis 53
Homo neanderthalensis siehe Neandertaler
Homo sapiens 59 f.
Homo sapiens sapiens 57
Hönir 45, 65
Hörbiger, Hanns 314

Hördr 303
Hortfund von Neupotz 181, *181*
Hreidmar 257 f., 270
Hügelgräber 104 ff.
Hugin *35*
Hühnengräber 69 ff.
Hunnen 185, 191, 263, 273
Hylestad, Stabkirchen- portal von 258, *259*
Hymir 189, 77
Hyrrokkin 77

Iduna 45
Island, Besiedlung 25 ff.
Íslendingabók 26

Jacoby, Edmund 303
Jastorf-Kultur 164 ff.
Jörd 45
Jötunen 77
Jötunheim 77, 237 f.
Jüngere Edda siehe Snorra-Edda
Jüten 195, 212
Juthungen 178, 259

Kalkriese 282
Karl der Große 20 ff., *21*, 224, 279, 292, *293*
Karl Martell 211
Karlmann 292
Karlmeinet 293
Karolinger 279
Kaul, Flemming 95, 115, 121
Kelly, Eamonn 144 f.
Kelten 20, 124–149, 154, 291
Kessel von Gundestrup 144, *145*
Kilclooney-Dolmen 79, *81*
Kimber 152 ff.
Kiss, Edmund 305
Kivik, Grab von 104 ff., *105*, *106*
Klenze, Leo von 284
Knaut, Matthias 212
Köln 204, *227*
König Artus 207, 210, 211 f., 215 ff., *216*, 218, 220 ff., 227

Konstantin der Große, römischer Kaiser 190, 191, 201, 264	Merlin 218 ff.	– Handschrift C (Donaueschinger Handschrift) 260	libri XX" 44, 157
	Merowinger 204, 207	Nibelungentreue 295 ff., 300, 304, 312, 320	Pohl, Walter 166, 188, 203
Krause, Arnulf 32 f., 142, 148 f., 167	Merseburger Zaubersprüche 22, 170, 177, 180		Pömmelte-Zackmünde, Kreisgrabenanlage 117, *119*
Kreisgrabenanlage von Goseck 112–113	Midgard 20, 198, 237 f., 303	Nidhögg 44	Þorgilsson, Ari 25
	Midgardschlange 36, 77, 303	Nietzsche, Fiedrich 49	Price, Neil 200, 237, 239, 245
Kriemhild 253, 260 ff., 269 f., 272 f., *272*, 298	Millmann, Lawrence 41	Niflheim 20, 49, 59, 64, 238	Prosa-Edda siehe Snorra-Edda
	Mimir 44, 77, 262	Niflungen 253 ff., 262 f.	
Kultäxte 99	Mimirsbrunnen 171	Niflungenhort 257	
Kurzzweig-Runen-Alphabet 247	Minne 224, 266	Njörd 100, 102 f., 162, 175, 206	Ragnarök 189, 302 f.
	Mjöll 77	Noatun 102 f.	Ragnhild 77
	Mjöllnir 122 f.	Nobbin, Steinsatz von 71	Ramsundritzung *255*
Lachmann, Karl 260 f., 282	Mohen, Jean-Pierre 74	Nordendorf, Bügelfibel von 170, 173, *174*	Rätsch, Christian 171, 174
Ladby, Schiffsgrabes bei 236	Montelius, Oskar 72		Ravenna 193
Landnámabók (Landnahmebuch) 25	Mooropfer 97 ff., 104, 144, 152 ff., 174 ff.	Notker Balbulus – „Gesta Karoli Magni" 292	Regin 257, 258, *259*
			Reich der Riesen 237
Lang, Fritz 298, *299*	Mordred 220 f.	Novemberrevolution 301	Reinhard, Wolfgang 44, 188, 280, 286
Langobarden 186, 193, 292	Morgause 220	NSDAP 304	
Langzweig-Runen-Alphabet 247	Mortillet, Gabriel de 72	Nydam 195, 212	Revolution, Französische 290
Lanz, Adolf Joseph 305	Moula-Guercy, Höhle von 55	Nydamboot *196*	Reykholt 27, *26–27*, 29
Lanz, Urnenfeld von 164 f.	Müller, Sophus 114		Reykjavik 26
Lanzelot 221 f.	Müller-Wille, Michael 95, 234		Rheingold 288
Lascaux, Höhle von 59, *62*	Münkler, Herfried 276	O'Donohue, John 146	Rheintöchter 288
La-Tène-Zeit *132*	Muspellsheim 59, 64, 238	Obereit, Jakob Hermann 282	Ribemont-sur-Ancre 127, 140
Le Goff, Jacques 203	Myrkheim 238	Oberlöstern, Grabhügel von *136*	Richard Löwenherz 222
Lelgemann, Dieter 314		Oberste, Jörg 38 f., 253, 270, 300	Rieckhoff, Sabine 140, 147
Leo III., Papst 292		Odin siehe Wodan	Riesen 76 f.
Leubingen, Fürstengrab von 111	Nanna 45, 177	Odoaker 192 f., 204	Riesenberg, Rügen 70
Lex Burgundionum 261	Nationalismus 274–293	Odr 206 f.	Ring der Nibelungen 271, 284, 287 ff., *288*, *289*, 290
Lieder-Edda 24 f., 33f., 38, 170, 206	Nationalsozialismus 303 ff., 309, 312, 314	Opferrituale 95, 97 ff., 112, 121, 174 f.	
Lilla Ullevi 243	Naumann, Hans 312	Oseberg, Schiffsgrab von 242, *243*	Ritter der Tafelrunde *216*, 221 ff., 226
Lodur 45, 65	Neandertaler 53–59, *54*, *56*, *58*	Ostgoten 191, 193	Rittertum 224 ff., 260 ff.
Loki 36 f., 45, 138, 177, 198 f., 199, 257, 270, 303	Nebra, Himmelsscheibe von 116 f., *117*	Oströmisches Reich 191	Rök, Runenstein von *246*
		Otur 257	Rök-Runen-Alphabet 247
Ludwig der Fromme, König der Franken 20 f.	Nerthus 100, 102 f., *103*, 162, 175		Rolandslied 292
	Neupotz, Hortfund von 181, *181*		Romulus Augustus, weströmischer Kaiser 193, 203
Ludwig I., König von Bayern *283*, 284	Newgrange 320	Pääbo, Svante 57, *57*	
	Nibelungen 207, 250–272, 284, 287 ff., 300, 313	Parzival 222, *223*, 269	Roselius, Ludwig 306
Ludwig II., König von Bayern 290		Pax Romana 141, 154	Rosenberg, Alfred 304, 309
Luren 99, 100	-„Ring der Nibelungen" 271, 284, 287 ff., *288*, *289*, 290	Pesch, Alexandra 197, 199 f.	Roskildewarack 3 236
Luttra, Ganggrab 80		Petrie, George 75	Roter Franz 1 78 f., *179*, 181
	Nibelungenhort 181, 254, 259, 272	Petroglyphen 104 ff., 112	Runenschrift 246 f.
	Nibelungenlied 191, *252*, 255 f., 260 ff., *260*, 264 f., *265*, 269, 272 f., *272*, 276, 282, 297, 312	Petrus von Blois 226	
Mark Aurel, römischer Kaiser *187*		Picardt, Johan 70	
		Pilgrim, Bischof von Passau 261	Saalburg, Römerkastell *190*
Markomannen 168, 186, *187*	– Handschrift A (Hohenems-Münchener Handschrift) 260	Pingvellir 26	Sachsen 188, 194 ff., 212, 279, 292
Maumbury Rings 84		Pippin III. 292	Sachsenbaum 23
Megalithkulturen 66–91, 291	– Handschrift B (St. Gallener Handschrift) 260	Plinius der Älter 24, 44, 157, 161 – „Bellorum Germaniae	Sacrum imperium Romanum 280
Menhir von Saint Uzec *23*, 24			

Saint Uzec 23, 24	– Bauphasen 87 f.	Thursen 77	– „Ring der Nibelungen" 271, 284, 287 ff., 288, 289, 290
Saxo Grammaticus 24	Strabon 24, 127	Tintagel 227	
Schifferstadt, Goldhut von 106, 107	Strandhagg 235	Titus, römischer Kaiser 157	Walhall 171, 201, 227, 240 ff., 241, 283 f., 288, 303
	Sturlurson	Tiwaz siehe Tyr	
Schiffsgräber 242	Sturluson, Snorri 27 ff., 26–27, 32 f., 40, 239, 244, 278	Tolkien, J.R.R. 229, 320, 320 ff.	Walhalla 283
Schlosser, Wolfhard 117		– „Der Herr der Ringe" 322	Wali 45, 77, 162
Schlunk, Andreas 224, 266	– Heimskringla 29, 34, 239, 244	– „Der Hobbit" 320	Walküren 171, 180, 240, 248
Schmitt, Guido 286		Trajan, römischer Kaiser 43	Wanen 77, 102 f., 162 f., 206 f., 207, 238
Schmitt, Tassillo 154	Sudri 65	Trajanssäule 43	
Schnurbandkeramik 82, 84	Sueben 155, 155, 190 ff.	Trichterbecherkultur 78 ff., 79, 82 f., 162	Wanenheim 162, 238
Schöningen, Wildpferdlager 52, 52	Sugambrer 167		Wé 45, 64 f.
	Sutton Hoo 213, 214, 215, 217	Trundholm 114	Westgoten 191
Schöniger Speere 52, 52		– Sonnenwagen von 113 ff., 114–115, 121	Westri 65
Seahenge 84			Weströmisches Reich 191
Sidhe 149	Tacitus, Publius Cornelius 20, 24, 42, 44, 102, 153, 156 f., 168, 170, 173, 176, 194, 265, 280 f., 282, 286	Túatha Dé Danann 77, 148 f.	Widarr 45, 162, 303
Siegfried 207, 213, 252, 253 f., 264 ff., 270, 272 f., 281 f., 288, 300, 304		Tyr 45, 162, 170, 189, 195, 199, 201	Wikinger 20, 195, 207, 230–249, 276
			Wilhelm I., König von Preußen 286
Sieglinde 288	– „Annales"1 56, 168, 280	Ull 45, 162	Wilhelm II., Deutscher Kaiser 298
Siegmund 258	– „Germania" 20, 42, 156, 281	Urnenfeld von Lanz 164 f.	Wili 45, 64, 65
Sif 36, 45	– „Historiae" 156	Urnes, Stabkirche 39	Wille, Hermann 308
Sigibert I., König der Franken 264	Tafelrunde, Ritter der 216, 221 ff., 226	Utgard 77, 237	Winchester Castle 218
		Utgardaloki 77	Wirth, Herman 306, 309, 314
Sigmund 288	Tanum, Felszeichnungen bei 94, 108, 109	Uther Pendragon 219 f.	Wochentage, germanische 201 ff.
Signy 258	Taylor, Ken 79		Wodan 35, 36, 45, 64 f., 77, 122, 162, 170 f., 171, 173, 174, 177, 180, 189, 199, 201, 206 f., 239, 240, 244 f., 303
Sigurd 213, 254, 257 f., 258, 259, 262, 263, 270, 276	Teudt, Wilhelm 306 ff.	Vaftrudnir 77	
	Teufelsbackofen 77	Valens, oströmischer Kaiser 191 f.	
Sigurdlied 254, 262	Teutates 142		
Sigurdsaga 257	Teutoburger Wald 281, 284	Van der Sanden, Wijnand 176	Wolfram von Eschenbach
Simek, Rudolf 121, 207, 235	Teutonen 152 ff.	van Vilsteren, Vincent 63	Wolfram von Eschenbach 269
Simrishamn, Felsritzungen von 104	Theoderich der Große, König der Ostgoten 193, 204, 261 ff., 265	Vandalen 185 f., 188, 190 ff., 203, 279	– „Parzival" 269
		Varus 156, 168, 282	Wolfram, Herwig 188, 204
Sjögren, Karl-Göran 80		Varusschlacht 157 ff., 168, 172, 173, 186, 188, 365, 281	Woodhenge 84, 89
Skade siehe Skadi	Theodosius, römischer Kaiser 190, 192		Wotan siehe Wodan
Skadi 45, 77, 103		Veil, Stephan 63, 100	Wurt Feddersen Wierde 161
Skalden 33 f., 238, 244, 254, 257, 276	Theweleit, Klaus 301	Vercingetorix 141, 141, 276, 284, 284, 291	
	Thidrek von Bern siehe Theoderich der Große		Yamir 77
Skaldendichtung 34, 38		Vespasian, römischer Kaiser 157	Ygerna 220
Skrymir 77	Thing 174, 244	Völkerwanderungszeit 36, 162, 182–207, 254	Yggdrasil 20, 171, 238, 240
Sleipnir 170, 171, 177	Thökk 177, 303		Ymir (Urriese) 44, 64, 237
Sligo, Bucht von 75, 78	Thor 36, 45, 112, 123, 162, 174, 202, 303	Völsung saga 262	
Snorra-Edda 24 f., 28, 32 f., 32, 35, 40; 102, 122, 162, 170, 198		Völuspá 33f., 64, 77, 198, 302	
	Thoreau, Henry David 33		Zaubersprüche, Merseburger 22, 170, 177, 180
Sommerfeld, Christoph 121 f.	Thorshammer 248 f.		
Sonnenwagen von Trundholm 113 ff., 114–115	Thridrekssaga 258, 262 f.	Wafthrudnir 44, 77	Zenon, oströmischer Kaiser 193
	Thrym 77, 122 f.	Wagner, Richard 266, 271, 284, 287 ff., 290, 303, 305	
Sprockhoff, Ernst 72	Thrymheim 103		
St. Gallener Handschrift 260	Thule 305, 314 f., 315		
Stein von Engelstrup 110, 110	Thüringer 188, 279		
Stonehenge 69, 84–89, 218, 320			

BILDNACHWEIS

Klaus Ensikat, Berlin
U2/Vorsatz, Seite 158–159, Nachsatz–U3

Fotolia.com
Seite 23 (© Hans-Martin Goede), 208–209 (© vlorzor), 220 (© Vincent), 281 (© Engineer), 283 (© T. Linack), 296 (© dihetbo), Hintergrund-Illustrationen Seite 10–11, 36–37, 44–45, 64–65, 76–77, 90–91, 102–103, 106–107, 111, 123, 162–163, 177, 180, 189, 198, 206–207, 220–221, 228–229, 240–241, 246–247, 262–263, 272–273, 284, 292–293, 302–303, 314–315 (© drutska)

Interfoto, München
Seite 15 (picturedesk.com/ÖNB), 16, 44, 98, 132, 138, 140, 141, 147 und 148 (Hermann Historica GmbH), 156 (Bahnmüller), 176, 184 l. und 184 r. (Hermann Historica GmbH), 193 (Toni Schneiders), 200 und 203 (ARTCOLOR), 205 (PHOTOAISA/BEBA), 235 (PHOTOAISA), 260 (Toni Schneiders), 277 (imageBROKER/MLNG), 284 (Hermann Historica GmbH), 293 (DanielD), 302 (Mary Evans), 305 (Hermann Historica GmbH), 308–309 (Hans G. Hegeler), 312 und 313 (Hermann Historica GmbH)

Wolfgang Korn
Seite 70, 71, 76, 89

mauritius images, Mittenwald
Vorsatz Seite 1 (Loop Images), 2–3, 4–5, 12 und 14 (alamy), 18–19, 24 und 25 (Cultura), 26–27 (imageBROKER/Christian Handl), 29–30 (Cultura), 38–39 (imageBROKER/Daniel Kreher), 40 (alamy), 46–47 (Stefan Hefele), 48 (Nature Picture Library), 54 und 56 (United Archives), 58 (imageBROKER/mirafoto), 62 (JT Vintage), 63 (alamy), 65 (United Archives), 66–67 (age), 68 (United Archives), 72–73 (Andreas Vitting), 79 und 81 (alamy), 82–83 und 85 (age), 86–87 (Robert Harding), 92–93 (alamy), 94 und 106 (age), 112–113, 124–125 und 126 (alamy), 130 und 131 (imageBROKER/Markus Keller), 135 (Travel Collection), 139 o. und 139 u. (United Archives), 143 (imageBROKER/Martin Siepmann), 146 (John Warburton-Lee), 150–151 (imageBROKER / Justus de Cuveland), 155 (alamy), 182–183 (Cultura), 187 (United Archives), 190 l. (Robert Knöll), 190 r. (imageBROKER/Kurt Möbus), 210 (United Archives), 214 und 218 (alamy), 224–225 und 229 (United Archives), 230–231 (alamy), 232 (imageBROKER/Wolfgang Diederich), 236–237 (Robert Harding), 238–239 (imageBROKER/Dirk Renckhoff), 242, 243, 248, 252 und 255 (alamy), 256, 258 und 259 (United Archives), 263 (alamy), 267 und 274–275 (United Archives), 306–307 (alamy), 315 (United Archives), 316–317 (alamy), 319 r. (United Archives), 320 und 334–335 (alamy), 336–Nachsatz (imageBROKER/Martin Siepmann)

picture-alliance, Frankfurt am Main
Seite 6–7 (Quagga Illustrations), 21 (akg-images), 22 (© dpa-Report), 28 (Heritage Images), 35 (CPA Media), 37 (CPA Media), 43 (akg-images/A. Lorenzini), 57 (dpa/Max-Planck-Institut/Frank Vinken), 61 (© dpa-Report), 78 (Westend61), 90–91–(Robert Harding), 96 (akg-images), 99 (Heritage Images), 100–101 (© dpa), 103 (akg-images), 107 (© dpa-Bildarchiv), 108 (United Archives/DEA PICTURE LIBRARY), 109 (United Archives/DEA PICTURE LIBRARY), 110 (United Archives/WHA), 111 (© dpa), 114–115 (United Archives/WHA), 117 (© dpa-Report), 118–119 (© dpa), 120 (© dpa-Bildarchiv), 123 (CPA Media), 128 l. (akg-images/Erich Lessing), 128 Mitte (akg-images/Erich Lessing), 128 r. (akg-images/Erich Lessing), 136–137 (DUMONT Bildarchiv), 144–145 (United Archives/WHA), 153 (akg-images), 160 (akg-images), 163 (CPA Media), 165 (akg-images),

166 (Heritage Images), 168–169 (akg-images), 170 (CPA Media), 172 (akg-images/Museum Kalkriese), 173 (akg-images/Museum Kalkriese), 177 (CPA Media), 179 (© dpa-Report), 180 (Mary Evans Picture Library), 181 (© dpa), 188 (akg-images), 189 (CPA Media), 191 (akg-images), 192 (akg-images), 195 (Heritage Images), 196 (akg-images), 197 l. (Heritage Images), 197 r. (Heritage Images), 198 (Mary Evans Picture Library), 201 (Heritage Images), 206 (Heritage Images), 213 alle (Photoshot), 216 (akg-images), 219 (akg-images), 223 (akg-images), 227 (Bildarchiv Monheim), 234 (AP Photo), 241 (CPA Media), 244 (AP Photo), 245 (akg-images/Werner Forman), 246 (© Rainer Binder/Helga Lade), 249 (Heritage Images), 250–251 (Romain Fellens), 250–251 (Westend61), 264 (akg-images), 268 (akg-images), 270–271 (akg-images), 272 (akg-images), 278 (Heritage Images), 280 (akg-images), 287 (alg-images), 288 (akg-images), 288 r. (akg-images), 289 (akg-images), 290-291 (United Archives/DEA PICTURE LIBRARY), 294-295 (picture-alliance), 299 (© dpa), 300–301 (akg-images), 310 (picture-alliance), 319 l. (Heritage Images), 323 (akg-images), 325 (picture-alliance), 322–333 (akg-images), 324 (empics)

shutterstock.com
Seite 50–51 (© Ralf Neumann), 105 (© Steffen Hoejager)

Wikipedia
Seite 52 l. und 52 r.: © NLD + K. Cornelius, Wikimedia Commons, lizenziert unter Creative Commans-Lizenz Attribution-Share-Alike 3.0 Germany, URL: https://creativecommons.org/licenses/by-sa/3.0/de/deed.en, 55: Wikimedia Commons, lizenziert unter GNU Free Documentation License, version 1.2, URL: https://commons.wikimedia.org/wiki/Commons:GNU_Free_Documentation_License,_version_1.2, 174: Bullenwächter, Wikimedia Commons, lizenziert unter Creative Commons Attribution-Share Alike 3.0 Unported, URL: https://creativecommons.org/licenses/by-sa/3.0/deed.en

Bildstrecke am Beginn des Buches: Stammbaum der germanischen Götter; Stonehenge; Detail des Kessel von Gundestrup aus der La-Tène-Zeit; „Spaziergang in der Abenddämmerung" von Caspar David Friedrich (1774–1840)

Bildstrecke am Ende des Buches: „Karl der Große zerstört die Irminsäule" (772 bei Eresburg in Westfalen). Fresko, 1879/97, von Hermann Wislicenus (1825-1899) im Reichssaal der Kaiserpfalz in Goslar. Kampf zwischen Germanen und Römern (Detail des sogenannten Ludovisischen Schlachtensarkophags aus dem 3. Jahrhundert n. Chr.); Steinkreis von Derreenataggart nordwestlich von Castletownbere im County Cork, Irland; Stammbaum der germanischen Götter